# 강원도 강촌 문화

# 강원도 강촌 문화– 홍천강변 사람들의 이야기

초판 제1쇄 인쇄  2015. 12. 15.
초판 제1쇄 발행  2015. 12. 22.

지은이    김세건·강명혜·박관수·유명희·이영식·최명환
펴낸이    김 경 희
펴낸곳    (주)지식산업사
         본사 ● 10881, 경기도 파주시 광인사길 53(문발동)
               전화 (031)955-4226~7  팩스 (031)955-4228
         서울사무소 ● 03044, 서울시 종로구 자하문로6길 18-7
               전화 (02)734-1978  팩스 (02)720-7900
         한글문패 지식산업사
         영문문패 www.jisik.co.kr
         전자우편 jsp@jisik.co.kr
         등록번호 1-363
         등록날짜 1969. 5. 8.
책값은 뒤표지에 있습니다.

ISBN 978-89-423-4834-3  (93380)

이 책을 읽고 저자에게 문의하고자 하는 이는
지식산업사 전자우편으로 연락바랍니다.

이 책은 2011년도 정부(교육과학기술부)의 재원으로 한국연구재단의 지원을 받아 연구
되었음(NRF-2011-32A-A00022).

# 강원도 강촌 문화

## 홍천강변 사람들의 이야기

김세건 · 강명혜 · 박관수
유명희 · 이영식 · 최명환

지식산업사

# 차    례

# 머 리 말


　이 책은 2012년 9월부터 2013년 8월까지 한국연구재단의 지원을 받아 진행한 홍천군 강촌 지역 연구의 결과물이다. 문학, 민속학, 미디어, 지역학, 인류학 등 분야의 연구자로 구성된 연구팀은 홍천강 주변 지역에서 행해지는 민속 문화, 특히 구비문학을 채록하고 그 구비문학의 사회문화적 배경을 연구하고자 하였다.

　홍천강은 길이가 150킬로미터로, 서석면 생곡리 미약골에서 발원해 북한강으로 흘러들기까지 많은 소하천들을 아우른다. 홍천을 중심으로 한 강원도 중부 산간 지역과 서울 사이의 주요 운송로였으며, 홍천강 유역은 서울과 통하는 하류 쪽을 제외하고는 사방이 산지로 막혀 단일 유역을 형성하고 있다. 화촌면, 홍천읍, 북방면, 서면에 이르는 홍천강 하류 지역은 예부터 북한강 수운의 중심축으로 홍천강과 관련된 다양한 활동들이 이루어졌다. 강촌 지역은 산간 지역이나 평야 지역과는 다른 문화 양상을 보이고 있다.

　홍천강변의 많은 마을들은 나루터, 주막, 교류 거점 등으로 조선시대와 일제강점기에 한양을 중심으로 형성되었던 한강 수운을 활성화하는 데 큰 역할을 담당하였다. 동시에 홍천강은 마을과 마을을 나누는 장애물, 이른바 반反소통로가 되기도 하였다. 마을 사람들은 이 장애물을 극복하기 위해서 나룻배를 띄우고 때로는 다리, 이른바 섶다리를 놓았다. 이처럼 홍천강변 사람들은 한편으로 동서를 가로지르는 홍천강을 오르내렸던 뗏목과 장삿배를 통해 한양 나아가 일본, 중국 등의 외부 세계와 소통하였고, 다른 한편으로 마을을 남북으로 나누던 홍천강을 나룻배와 섶다리로 건너며 마을 사이의 관계망을 형성하였다.

강촌 지역에서는 생활문화가 나루터를 중심으로 향유되었다. 따라서 강촌 지역에서는 산신 중심의 마을제가 행해졌던 산간 지역과는 달리, 각 지류에 따라 서낭신앙·장승신앙·무속신앙·용왕신앙·거리제 등으로 다양한 마을제가 이루어지고 있다. 홍천강 지역민들이 대보름날 행했던 민속 가운데는 '어부슴'이 상당히 성행했고, 비록 적은 수이지만 지금도 행하고 있다. 달과 물, 그리고 여인이 모두 모여서 했던 우리나라 대보름 풍습이 바로 '어부슴'이었다. 기우제의 경우도 마을마다 조금씩 그 양식이나 형식 등이 달랐지만 '여자'가 주체가 되어 '물'에 가서 한다는 점에서는 모두 동일했다. 홍천강 인접 지역에서는 여자들이 강가에 가서 키를 까부는 기우제가 주를 이룬다. 가뭄이 들어 까불 곡식이 없어 그 대신 물로 키질을 하면 하늘은 이를 애처롭게 여겨 비를 내려 주거나, 또는 여자들이 키로 물을 까불면 하늘이 부정을 씻어 내기 위해 비를 내리게 한다는 것으로 홍천 지역 주민들은 해석한다.

홍천강을 끼고 있는 홍천군은 강원도 북부 지역 다른 군에 견주어 벼농사가 상대적으로 많이 이루어진다. 강촌 지역의 〈논매는소리〉 권역을 정리하자면, 서면을 경계로 북쪽 가평군과 춘천시에서는 〈상사소리〉, 〈방아소리〉, 〈미나리〉가 조사되었다. 이에 반해 서쪽인 가평군 설악면과 양평군 단월면에서는 〈방아소리〉이, 서면의 동쪽인 북방면에서는 〈방아소리〉, 〈상사디여소리〉 등의 〈논매는소리〉가 조사되었다. 이러한 차이는 산과 강으로 둘러싸인 홍천군 각 지역들의 관계망에서 비롯된다.

설화는 일반적으로 지명설화가 주로 채록되었고, 인물설화는 많이 나타나지 않았다. 인물설화 가운데서는 〈이괄설화〉 전승이 활발하다. 홍천강의 다양한 지역들이, 이괄이 '어려서 무술을 연마하던 곳', '군사를 훈련시키던 곳', '거주하며 생활하던 곳' 등으로 전해 온다. 설화 속에서 이괄은 홍천강을 무대로 해서 비범함을 보이지만, 오히려 그 비범함은 때로 무모한 행동으로 그려지기도 한다. 이는 이괄의 난이 실패한 것에 대한 지역 주민들의 인식 결과이다.

연구팀은 사회문화적 토대에 기반을 둔 현지연구 및 현재까지 소통되고 있는 구비물을 채록하고 이를 기존의 구비문학 연구와 대비하면서 정리, 파악, 연구하여 통학문적인 결론에 도달할 수 있었다. 다만, 산간 지역과 달리 홍천강 지역 주민들이 강 자체를 생업의 터전으로 인식하고 있지 않았고 또한 강에서 지속적인 생계활동이 이루어지지 않았기 때문에, 사회문화적 배경을 반영하고 있는 구비문학 전승이 활발하지 않았다. 결과적으로 이 지역에서 전승되는 구비문화와 그것이 생성하게 된 사회문화적 토대와의 상호관계보다는 강촌 지역의 민속 문화에 초점이 맞추어졌다.

여기에 수록된 글들의 출처는 다음과 같다.

• 김세건, 〈소통로로서의 홍천강의 특징과 적응방식—강따라 흐르고 가로지르기〉, 《한국민속학》 60, 한국민속학회, 2014, 7~49쪽.
• 이영식, 〈홍천강 지류별 마을제의 존재양상〉, 《사회과학연구》 54집 1호, 강원대학교 사회과학연구원, 2015, 31~54쪽.

- 박관수, 〈홍천강 지역 기후 풍속의 존재 양상— 홍천강 지역을 중심으로〉, 《사회과학연구》 53집 2호, 강원대학교 사회과학연구원, 2014, 113~143쪽.
- 유명희, 〈홍천 지역의 지리적 조건과 민요권역 고찰〉, 《동아시아 고대학》 33, 동아시아고대학회, 2014, 399~428쪽.
- 최명환, 〈강원도 홍천군 인물설화의 지역적 특징 연구—강촌지역 전승의 이괄설화를 중심으로〉, 《온지논총》 41집, 사단법인 온지학회, 2014, 311~334쪽.
- 강명혜, 〈강지역 주민의 의식구조적 특성 및 원형—홍천 지역을 중심으로—〉, 《온지논총》 37집, 사단법인 온지학회, 2013, 359~394쪽.

위 논문들은 2011년도 정부(교육과학기술부)의 재원으로 한국연구재단의 지원을 받아 연구되었다(NRF-2011-32A-A00022). 한국연구재단의 지원에 감사드린다. 또한 이 연구는 홍천군 주민들을 비롯한 여러 관계자들의 도움이 없었으면 마무리되지 못했을 것이다. 무엇보다 언제나 연구자들을 반갑게 맞아 주시고 기꺼이 당신의 삶의 기쁨과 슬픔을 드러내 주신 주민들께 지면을 빌려 깊은 감사의 마음을 전한다. 마지막으로 늘 즐겁게 '함께하는 연구회'를 위해 노력하시는 강원산촌문화연구회 선생님들께 감사드린다.

연구팀을 대표하여
김세건

# 1. 소통로로서의 홍천강의 특징과 적응방식

## -강 따라 흐르고 가로지르기-

김 세 건(강원대학교 문화인류학과)

## Ⅰ. 들어가는 말

물은 생명의 원천이다. 굳이 물이 우주의 근원이며, 물을 통하여 모든 것이 창조되었다고 주장하는 동서고금의 철학자들을 이야기하지 않더라도, 우리는 물이 없는 삶을 생각할 수 없다. 따라서 물이 있는 곳에는 사람들이 모여들어 사회를 이루었는데, 그 대표적인 장소가 강촌이다. 예부터 강은 사람과 물자와 함께 흐르며, 이곳저곳에 마을을 낳았고 또 그렇게 마을과 마을을 이으며 하나의 문화, 이른바 강(촌) 문화를 형성하였다. 강이라는 자연지리적, 물적 토대 위에 구축된 강촌 문화는 때로는 장기 지속되고 때로는 변화하고 단절되며 역사적 질서를 형성해 왔다. 지금은 수력자원의 공간이나 심미적 경관지 또는 유원지로 자리매김이 되고 있는 한국의 한강, 낙동강, 영산강, 금강 등과 같은 큰 강에는 1940년대, 가깝게는 1960년대까지만 하더라도 선박 또는 뗏목들이 떠다녔다. 과거에 이 강들은 사람과 상품이 흐르는 교역로로 마치 오늘날의 도로와 같은 역할을 하였다. 일제강점기에 식민화정책의 일환으로 철도와 신작로가 건설되면서 하천을 이용한 원거리 유통은 점차 쇠퇴하였다.[1] 강원도 홍천군을 가로지르는 홍천강도 그 가운데 하나였다.

오늘날 홍천강은 전원생활을 위한 고급 펜션촌과 휴가철과 주말이면 관광객들로 붐비는 유원지가 되었다. 그러나 일제강점기까지만 해도 홍천강에 뗏목이 떠다니고, 장삿배들이 강을 오르내리며 홍천 나아가 강원도 산골 마을들과 서울을 연결하였다. 사실 한강 수운하면 북한강과 남한강을 먼저 떠올리며, 홍천강 등과 같은 지류들의 역할은 무시되는 경우가 많다. 홍천강은 소양강과 더불어 북한강 수운의 가장 중요한 축이었다. 그리고 홍천강변의 많은 마을들은 나루터, 주막, 교류거점 등으로 조선시대와 일제강점기에 한양을 중심으로 형성되었던 한강 수운을 활성화하는 데 큰 역할을 담당하였다. 홍천강은 가장 효율적인 방식으로 홍천의 산간 마을들을 서울 나아가 일본, 중국과 연결하는 소통로였다. 다른 한편으로 홍천강은 마을과 마을을 나누는 장애물, 이른바 반反소통로가 되기도 하였다. 마을 사람들은 이 장애물을 극복하기 위해서 나룻배를 띄우고 때로는 다리를 놓았다. 이처럼 홍천강 사람들은 강을 이용하는 목적에 맞게 다양한 적응방식과 생활양식을 창조해 왔다.

교통로로서의 남한강과 북한강이 그동안 맡아 왔던 역할에 대하여 연구한 논문 가운데 대표적인 것으로는 최영준,[2] 김종혁,[3] 최종

---

1 김종혁, 〈북한강 수운연구〉, 고려대학교 석사학위논문, 1991, 1쪽 참조.

2 최영준, 〈남한강 수운연구〉,《지리학》35, 대한지리학회, 1987, 49~82쪽.

3 김종혁, 앞의 글; 〈조선후기 한강유역의 교통로와 시장〉, 고려대학교 박사학위논문, 2001; 〈전근대 수로의 경제적 기능과 문화적 의미―한강을 중심으로〉,《역사비평》74, 역사비평사, 2006, 190~212쪽; 김종혁, 〈땅길과 물길의 근대적 변화와 지역사회〉,《쌀·삶·문명연구》창간호, 전북대 쌀·삶·문명연구원, 2008,

일,[4] 김재완·이기봉,[5] 정승모 외,[6] 권혁희[7] 등을 들 수 있다. 이들은 조선시대 한강을 중심으로 이루어진 물길, 곧 수운에 대한 연구로 서울과 한강 주변 마을 사이의 교역관계를 밝혀 냈다. 이들은 물길을 중심으로 물류의 흐름과 그에 따른 나루·진·포구의 발전과 일제강점기의 변화에 초점을 맞추었다. 한강 수운의 전체적인 모습을 담아낸 이들 연구는 한강을 둘러싼 강 문화를 이해하는 길잡이가 되고 있다. 더욱이 남·북한강 수운과 관련하여 독특한 목재 운송수단이었던 뗏목과 〈뗏목아리랑〉에 초점을 맞춘 연구들이 많이 이루어졌는데, 대표적인 연구로는 최승순 외,[8] 박민일,[9] 진용선,[10] 장정룡·이한길[11] 등을 들 수 있다. 이들 연구는 뗏목을 둘러싼 강원도 사람들의 삶과 애환을 통해 산과 강으로 둘러싸인 강원도 마을 문화의 한 단면을 잘 보여 주고 있다.

　그런데 이들은 강을 따라 오르내리는 장삿배와 뗏목에 의한 물류

81~96쪽.

4　최종일, 〈북한강 수운 연구〉,《강원문화사연구》4, 강원향토문화연구회, 1999, 146~174쪽.

5　김재완·이기봉, 〈구한말—일제강점기 한강 중류지역에 있어서 교통기관의 발달에 따른 유통구조의 변화〉,《한국지역지리학회》6권 3, 한국지역지리학회, 2000, 1~36쪽.

6　정승모·오석민·안승택, 〈한강유역의 나루터〉, 경기도박물관,《한강-경기도 3대 하천유역 종합학술조사 Ⅱ》1, 경기도박물관, 2002, 373~455쪽.

7　권혁희, 〈1900~1960년대 한강수운의 지속과 한강변 주민의 생활〉,《한국학연구》44, 고려대학교 한국학연구소, 2013.

8　최승순·박민일·최복규,《인제 뗏목》, 강원대학교출판부, 1973.

9　박민일, 〈북한강 뗏목:인제·소양강 뗏목을 중심으로〉,《강원문화연구》12, 강원대학교 강원문화연구소, 1993, 55~88쪽.

10　진용선,《정선뗏목》, 정선문화원, 2001.

11　장정룡·이한길,《인제뗏목과 뗏꾼들:박해순의 삶과 생애》, 인제군, 2005.

흐름, 교역결절점인 나루터를 중심으로 한 물길의 상업적 기능에 초점을 맞추는 경향이 있다. 따라서 이들 연구는 상업 활동이 활발하게 이루어졌던 남한강과 북한강 본류에 집중되었고, 상대적으로 상업적 중요성이 떨어졌던 홍천강은 연구에 관심을 끌지 못했다. 단지 김종혁만이 홍천강 수운을 북한강 수운의 한 축으로 다루고 있을 뿐이다. 다른 한편으로 기존의 연구들은 강의 교역로 역할에 관심을 두고 있어, 강촌 마을에서 이루어졌던 강을 둘러싼 적응방식에 대해서는 크게 다루고 있지 않다. 곧 강촌 마을 주민들이 마을들 사이를 갈라놓는 강을 건너가기 위한 방법, 예를 들어 나룻배와 섶다리를 어떻게 만들고 운영하는지에 대한 연구는 이루어지지 않았다.

이 글은 먼저 홍천강 수운을 통해 이루어진 교역활동을 정리해 보고, 다음으로 강변 마을 주민들이 이웃 마을에 왕래하기 위해 어떤 방식으로 홍천강을 건너다녔는지에 대해 고찰해 볼 것이다. 곧 소통로와 소통 장애물로써 홍천강의 양 측면을 둘러싼 홍천강변 마을 사람들의 적응 양상을 살펴보고자 한다. 오늘날 도로 교통과 교량 건설 기술의 발달로 홍천강은 이미 소통로와 소통 장애물로써의 기능은 거의 사라졌고 강변 유원지와 휴양지 등과 같은 자연경관의 심미적 소비가 중요시되는 또 다른 역사의 사회문화적 체계에 포섭되어 있다. 이 현실에도 이 글은 오늘날 홍천강 사회문화적 체계 속에 겹겹이 쌓인 다양한 층위들 가운데 하나를 구성하며 장기 지속되고 있는 과거 사회문화의 변형적 모습들을 맥락화할 수 있는 옛 홍천강 사회문화의 역사적 질서를 구성하고자 한다는 점에서 의의를 찾을 수 있다.

이 글은 2012년 5월부터 12월에 걸쳐 완성되었다. 조사 지역은 홍천강 하류 지역인 북방면, 서면, 홍천읍, 화촌면 등의 마을 가운데 홍천강변에 위치한 마을들이다. 연구자는 마을들의 이른바, '토박이' 어른들을 만나 홍천강을 둘러싼 여러 활동들에 대하여 질문하였다. 주로 70~80대 연령의 제보자들이 홍천강에서 활동했거나 이곳에서 이루어진 활동들을 기억할 수 있는 시기는 일제 말기 이후였다. 따라서 이 글은 일제강점기 말기 이후의 홍천강에서 이루어진 활동을 중심으로 서술하였다.

## II. 홍천강과 마을들

강원도지에 기록된 홍천의 군명부郡名賦는 '三農足於沃土 百川合於洪川'라고 하여, 곧 백 개의 내[川]가 모여 큰 강을 이룬 땅이 홍천이다.[12] 여기서 큰 강이 바로 홍천강이다. 홍천강은 태백산맥의 한 골짜기인 홍천군 내면 율전리 뱃재에서 발원하여 홍천읍을 거쳐 경기도 청평까지 150킬로미터를 흘러 북한강에 합류한다.[13] 북한강은 금강산에서 발원하는데, 춘천시의 우두벌 앞에서 북한강의 제1지류인 소양강을, 청평에서는 홍천강을 합류하고 경기도 양평군 양수리에서 남한강과 합류하여 한강 본류를 이루어 서울을 지나 서해로 흘러 나간다. 북한강은 강원도의 서북부 및 경기도 동북부 지방과 서울을 관류하기 때문에 20세기 초까지 강원도 서북부와 서울을 연결하는 교통로로서 가치가 컸다.[14] 홍천강의 옛 이름은 홍천 남천南川

---

12  허림, 《400리 홍천강 물길을 따라》, 홍천문화원, 2010, 857쪽 참조.

13  위의 책, 8쪽 참조.

14  김종혁, 앞의 글(2001), 6쪽 참조.

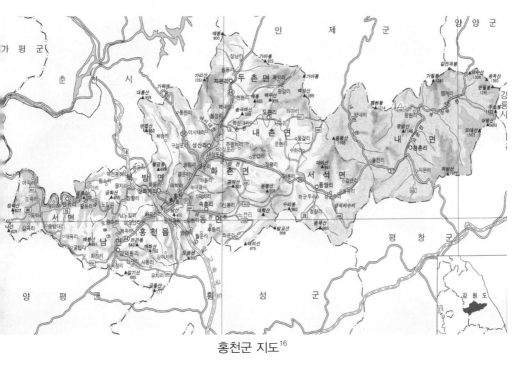

홍천군 지도[16]

이며 벌력천伐力川 · 녹효강綠驍江 · 화양강華陽江이라고 하였다.[1516]

　더욱이 대부분의 홍천 사람들은 홍천시내를 감싸고 흐르는 강을 화양강이라고 부른다. 홍천시내 초 · 중 · 고교의 교가에도 화

---

**15** 벌력천은 고구려 때의 홍천 이름, 곧 벌력천현을 딴 것으로 기세등등한 물줄기에서 비롯되었다. 화양강이란 이름이 등장하는 자료는 1864년에 편찬한《관동지》가 유일하며, 홍천 지역에서는 홍천문화원에서 발행한《화양시사집록》에 짧게 소개하였다. 정자에 올라 홍천강을 바라보면 북쪽으로는 석화산이 서쪽으로 이어지고 옛 산성터의 봉우리가 우뚝 서 있다. 남쪽을 바라보면 봉우리가 연달아 달리는데 그 모양이 푸른 갈기를 휘날리며 달리는 말의 형상이라 녹효綠驍라 하고, 남산(옛 이름은 녹효)과 화산(지금의 석화산)을 안고 도는 강 양편에 철쭉과 단풍이 물빛에 환히 비추어 밝게 빛난다하여 강을 화양강이라 하였다고 했다(허림, 앞의 책, 9쪽).

16 한국민족문화대백과사전.

양강이란 이름이 들어 있는 것을 보면 화양강은 홍천 사람들에게 오래도록 자리 잡은 이름이다.[17]

홍천강은 뱃재에서 발원해 내촌천乃村川이라고 불리며 흐르다가 두촌면 남쪽에서 장남천長南川을 합하고 남서쪽으로 흘러 야시대천 也是垈川 · 풍천천楓川川 · 덕치천德峙川이 차례로 합류한다. 홍천읍을 지나 물줄기를 서쪽으로 바꾸면서 오안천吾安川 · 성동천城東川 · 어룡천魚竜川 · 중방천中坊川을 차례로 합친 뒤 경기도 가평군 설악면과 강원도 춘천시 남면 관천리 경계에서 북한강으로 흘러든다.[18] 이처럼 홍천강은 홍천군내에서 발원하여 본류와 많은 지류들을 통해 홍천군의 거의 모든 마을들을 거치며 흐른다. 홍천군의 마을들 가운데 어느 마을 하나도 홍천강과 관계를 맺고 있지 않다고 말할 수 없을 정도로 주민들의 삶은 홍천강과 떼려야 뗄 수 없다. 이 관계는 홍천강의 하류 지역일수록 더욱더 밀접하다.

북한강 유역은 본류 유역과 소양강 유역과 홍천강 유역으로 나눌 수 있다. 본류와 소양강 두 유역은 춘천을 기점으로 서로 연결되어 있으며, 예부터 영서 북부와 영동 지역의 임산물과 해산물, 그리고 서해안의 소금, 새우젓과 서울의 기타 물품이 운송되는 주요 경로였다. 반면 홍천강 유역은 서울과 통하는 하류 쪽을 제외하고는 사방이 산지로 막혀 단일 유역을 형성하고 있기 때문에 홍천을 중심으로 한 강원도 중부 산간 지역과 서울 사이의 주요 운송로였다. 따라서 본류 유역과 소양강 유역 사이의 교역은 비교적 쉽게 이루어질 수 있었으나, 홍천강 유역은 북한강 유역의 최대 도시인 춘천과 연결되는 육로 · 수로 모두 접근성이 좋지 않았기 때문에 오히려 서울과

---

17  허림, 앞의 책, 9쪽.

18  http://100.daum.net/encyclopedia/view.do?docid=b25h2077a.

교역하는 것이 더 유리했다.[19] 일제강점기 조선총독부가 간행한《朝鮮の河川》에 나타난 홍천강의 항행 구역을 보면, 홍천강으로는 홍천군 화촌면 철평진까지 배가 드나들었다고 한다.[20] 이 연구의 대상 지역인 서면, 북방면, 홍천읍, 화촌면에 이르는 홍천강 하류 지역은 예부터 북한강 수운의 중심축으로 홍천강과 관련된 다양한 활동들이 이루어졌다.

## Ⅲ. 홍천강 넘나들기

### 1. 강 따라 흐르기: 마을과 세상을 잇다

북한강이 내륙수로로써 자리를 잡게 된 계기는 고려왕조의 조운제漕運制 성립이다. 조운제는 조선 말기까지 지속되었는데, 특히 조선왕조가 서울에 자리를 잡으면서 북한강은 내륙수로로써 확고한 지위를 확보하였다.[21] 조운에 따른 세곡의 운반은 당시 가장 큰 규모의 물자 수송이었다. 조선 초기에는 관선官船이 세곡미稅穀米를 운반하였으나, 관선의 부족으로 말미암아 일부는 사선私船이 이용되기도 하였다. 이 점은 조선조 세조 8년(1462년 2월 30일) 호조戶曹에서 전세田稅를 운반할 참선站船을 만들기 위해 제시

---

19  김종혁, 앞의 글(1991), 8쪽 참조.

20  《朝鮮の河川》(1935, 朝鮮総督府)에 나타난 한강 본류 및 지류의 항행 구역은 다음과 같다. 배들은 북한강으로는 양구군 만산면 서호리까지, 홍천강으로는 홍천군 화촌면 철평진까지, 소양강으로는 인제군 남면 청구리까지, 섬강으로는 원주군 호저면 종포까지, 달천으로는 괴산군 감물면 산수동까지 올라갔다.

21  김종혁, 앞의 글, 20쪽 참조.

한 조건[22]에서 잘 드러난다.

전라도 · 충청도의 전세는 새로 만든 조선漕船으로 전운轉運하고, 충청상도忠淸上道와 강원도 · 경상도의 전세와 포화布貨는 모두 좌도左道의 참선으로 운송하는데, 공선公船이 부족하여 사선을 사용하고 값을 주어서 조운합니다. 신사辛巳년에 사선이 패몰敗沒하여 미곡米穀을 모손耗損한 것이 800여 석에 이르렀습니다. 지금 본도에 소속한 참선을 살펴보건대, 80척 가운데 경기가 두 척, 충청도가 여섯 척, 강원도가 24척을 아직 판비辦備하지 못하고 있고, 아울러 전에 파손破損된 배도 모두 32척입니다. (…) 청컨대 여러 고을로 하여금 재목을 베어서 힘써 경편輕便하게 만들어 조선소에 교부交付하게 하고, 그 즉시 배를 만들게 하소서.

1. 조선소에서는, 청컨대 물가에 재목을 쉽게 수송할 곳을 원주의 흥원창興原倉 앞과 가평현 앞 두 곳으로 나누게 하소서.

1. 강원도의 영서에서는 소금이 매우 귀하니, 경기의 회계會計에 붙인 소금 800석石을 참선을 사용하여 전수傳輸하고, 강원도의 회계에 붙인 소금 200석을 여러 고을로 하여금 차례차례 인제 · 양구 · 홍천 · 춘천 · 원주 · 정선 등지에 전수하여서 백성들의 정원情願에 따라서 우대하여 지급하고 재목과 교환하여 조선소로 수송하여 배를 만들게 하소서.

위에서 보이듯이, 한강은 강원도에서 걷힌 세곡미와 포화 등을 서울로 실어 나르는 주요 소통로였다. 조운은 공선의 부족으로 사선이

---

**22** 강대덕 편, 《조선시대 사료를 통해서 본 홍천》, 홍천문화원, 2000, 91~93쪽 재인용.

많이 이용되었고, 이들을 중심으로 세곡미 운반 외에 주민들의 생활용품의 교역이 이루어졌을 가능성을 엿볼 수 있다. 특히 소금과 목재는 북한강 수운을 상징하는 대표 교역품이었다.

강원도와 서울을 오가는 북한강 수운에서 거래되었던 교역품 가운데 소강溯江화물은 소금과 새우젓, 공산품 그리고 하강下江 화물은 콩·팥 등의 곡물과 목재·목탄(木炭, 숯)·신탄(薪炭, 땔나무, 장작) 등의 임산물이었다. 임산물은 북한강 유역, 특히 강원도 사람들에게 매우 중요한 생계 수단이었다. 《세종실록》에 '강원도민 가운데는 농한기를 틈타 벌목하여 떼를 엮어 경강京江까지 내려와서 목재를 판다. 어떤 이는 이를 아예 업으로 일삼는다'고 기록되어 있다.[23] 이것은 임산물 생산과 유통에 유리한 강원도의 자연환경과 건축·가정용 나무의 국내 최대 소비지인 서울과 인접해 있는 인문환경이 맞물려 있었기 때문에 가능한 것이었다.[24] 북한강 수운을 통한 임산물의 교역은 석탄 사용이 일반화되기 전인 20세기 중반까지 지속되었다.

## 가. 뗏목

뗏목은 임산물의 독특한 운송방법이다. 뗏목이란 단어는 떼(群)+목(木)의 복합어, 또는 뜬(浮)+목(木)의 변성복합어로 보는데, 일반

---

**23** 김종혁, 앞의 글, 33쪽.

**24** 1940년대까지만 해도 우리나라 대부분의 건축물은 목재를 이용했고 음식물을 조리하는 연료는 나무와 숯을 사용했다. 더욱이 수도인 서울에서는 이 같은 필수 불가결한 많은 건축 재목과 땔감 등을 인제권과 정선권에서 구했다. 그 가운데 건축 재목은 인제권을 중심으로 하는 "북한강뗏목"과 정선권을 중심으로 하는 "남한강뗏목"이 주요한 공급원이었다(박민일, 앞의 글, 55쪽).

적으로 전자를 취하는 편이다.[25] 임산물은 뗏목뿐만 아니라 배로 운반되었는데, 특히 상대적으로 큰 목재는 주로 뗏목으로 엮어서 옮겨졌다. 뗏목은 〈뗏목소리〉[26]로 대표되는 떼꾼들의 애환이 어우러져 북한강 수운의 상징적 존재처럼 간주되었다.

북한강에서 뗏목이 운반되는 물길은 인제·화천에서 춘천을 거쳐 서울까지 가는 소양강과, 북한강 본류와 홍천에서 서울까지 가는 홍천강이 있었다. 두 물길 가운데 인제와 양구 등을 배후지로 하는 소양강과 북한강 본류 물길이 중심을 이루었다. 따라서 일반적으로 뗏목 하면 양질의 나무가 풍부하였던 인제 지역에서 내려오는 소양강 뗏목만을 떠올린다. 그러나 홍천강 뗏목도 풍부한 산림과 서울과 상대적으로 짧은 이동거리의 이점 등으로 소양강 뗏목 못지않게 서울을 향해 많이 내려갔다. 홍천강 뗏목 운행은 조선시대와 일제강점기뿐만 아니라 해방 후까지도 지속되었다. 다음은 일제 말기에 떼를 탔다는 굴지리 한 주민의 이야기이다.


성산, 거기매서 떼 내려가지고 홍천강 저기까지 나갔지, 청평댐 그

25 박민일, 앞의 글, 57쪽 참조.
26 홍천 지역의 민요 중에서 우리가 주목해야 할 것은 〈강원도 아리랑〉과 〈회다지소리〉와 〈소모는소리〉와 〈뗏목소리〉이다. 〈뗏목소리〉는 떼를 타고 운반하는 사람이 오랜 기일 동안 뗏목 위에서 겪는 고독과 위험과 인간 및 세속에 대한 그리움 등의 체험이 형상화된 노래이다. 그런데 인제의 〈뗏목소리〉는 채록이 되어 있는데 홍천의 〈뗏목소리〉는 채록된 것이 없고 답사를 해 보아도 〈뗏목소리〉를 잘 하는 이가 좀체 발견되지 않는다. 간신히 채록한 것이 있는데 완벽하지가 않다(전신재, 〈홍천지역의 설화와 민요〉, 한림대학교 인문대학 국어국문학과 편, 《강원구비문학전집》, 한림대학교출판부, 1989, 592쪽).

위. 거기(성산) 화목이 많거든. 산판해서 화목을 거기다 갖다 지어다 놓으면, 거기매서 떼를 매 가지고서는 청평댐 꼭대기 거기까지 온다는 얘기야. 그 당시에는 산판 많이 했지, 그 8·15 해방으로. 그 뗏목이 어디로 가냐면은 서울서 그 전부가, 목재 갖다가 집도 짓고 그러기 때문에, 화목도 많이 갔죠. (…) (산판은) 동절에 많이 했지. 강가에 운반해서 거기다 쌓아 놓지, 삼포가 그 개울이 두 군데가 나와. 서석서 나오고 삼포서 나오고, 거기가 삼갈래 길 아니야. 거기 매다 쌓아 놨다가, 6월 달이나 5월 달, 음력, 복 때가 되면 그 '복물'지고 물이 나오잖아, 초복이다 중복이다 말복이다. 물이 나오면은 각지 사람들이 가지, 떼 타러 간다고. (…) 여기서(굴지리) 아침 10시나 떠나면, (성산에서) 네 시간 반 내지 네 시간이면 황골까지 충분히 갔어요. 물이 많아 가지고, 금방 간다고, 오후 4시 내지 5시쯤 돼. 거기매 가서 목상木商한테 인수인계하고 말이야. 목상이 여기매서 그 낭구(나무)를 떼 한 뭇에 몇 개 몇 개 쳐서 세어서 일심을 해줘. 하나하나 다 세어서 받아. 공가금工価金은 여기서 거기 나가는데, 하나에 하루 죙일 가는데 쌀 닷 말. 그때 여기매서 쌀 한 말에 품 두 개씩. 농사 품 팔면, 쌀 한 말 얻을래면 이틀을 해 줘야 돼. (뗏일 딱 한나절 하고) 두 말 반이지, 그 하나가 닷 말이니깐, 두 사람이 나누면 한 사람 당 두 말 반이지, 큰 벌이지 그것도. (굴지리에) 우리네도 그렇고 많았죠, 떼 타는 사람들이, 거의 집마다 한 사람씩은 다 탔으니, 강가에 살으니깐, 이 물도 웬만한 물에 헤엄쳐 건너가고 건너오고 다 그랬으니깐. 물에 대해선 아주 이랬지. (…) 그 청평댐 생기기 전에는 그냥 마포나루까지 그냥 갔는데. 청평댐 거기 가면 강이 합수머리라 강이 몇 배 크잖우. 홍천강에서 오고, 이제 춘천강에서 온다는 거에요. 여기 오면 이제 둘이 인제 하나로 돼. 다시 엮어가지고, 여기매서 이 사람들끼리 협의를 하는 거야. 너가 (서울) 갈래, 우리가 갈래 인제 협의하는 거야. 여기(청평)매서 나가는 공가가 여느 거보단 비싸. 마포로 가는 것 똑같은데. 인제 여기 홍천강에서 내려오고 춘천강에서 내려온 목상은 같이 가지. 목상은 같이 가서 거기매서 같이 쇼부 보는 거지 이제. (…) 청평댐 생긴 후로 황골까지 밖에 못 나갔지. 황골까지 나가 가지고는, 거기서 물에서 뜯어 가지고, 그 다음에 열차로 갔지, 열차. 화물차로 가고 열차로 인제, 서울 시내를 들어갔어, 경성京城. 그때만 해도 경성이라 그랬어.

염천수, 1928년생, 홍천군 북방면 굴지리, 2013. 1. 5.

강물이나 소 등을 이용하여 집목장集木場까지 나무를 운반하기 편한 곳이면 산판이 벌어졌다.[27] 홍천군의 주요 산판은 내면, 두촌면, 내촌면, 화촌면, 북방면 지역 등이었다. 벌목은 아무 때나 할 수 있었지만, 주로 농번기를 피해 늦가을과 겨울철에 많이 이루어졌다. 겨울철 나무는 물이 내려가 있어 나무가 뒤틀릴 염려가 없었고, 특히 겨울철에는 쌓인 눈을 이용하여 나무를 쉽게 끌어내릴 수 있었다. 또한 도끼와 톱을 이용하여 나무를 베는 일은 쉽지 않았다. 벌목이 오히려 뗏목일보다 부상 위험이 더 많았다고 한다. 벌목 전에는 목상의 주도 아래 벌목하는 동안 무사 안전을 비는 산치성을 드렸다. 그런 뒤 가장 노련한 벌목꾼이 소나무 한 그루를 베어 넘기는데, 이때 톱을 쓰지 않고 도끼로만 했다고 한다.[28] 벌목된 나무는 소가 끌거나 사람들이 목도를 하여 대부분 강가에 있는 집목장으로 운반

**27** 벌목(준비 작업, 산치성)과 운목(運木, 벌목시기, 나무하산, 통길, 목도소리 등)의 자세한 과정에 대해서는 박민일, 앞의 글, 62~69쪽; 진용선, 앞의 책, 31~46쪽 또는 장정룡·이한길, 앞의 책, 51~62쪽 참조.
**28** 허림, 앞의 책, 615쪽.

하였다. 경사가 심한 곳은 통나무를 산 아래를 향해 세로로 뉘여 만든 '통길'을 이용하여 목재를 운반하였다. 강가의 집목장에 쌓아 두었던 나무들은 얼음이 녹고 봄비가 내려 강물이 불면 물에 띄웠다. 작은 천변에 모아 둔 목재들은 뗏목을 엮지 않고 그대로 강물에 띄워 내려 보냈다. 이때 소유자를 표시하기 위해 인두를 이용하여 모든 나무에 각 목상 특유의 표식을 새겼다. 그리고 큰 강과 만나는 지점에서 떠내려 온 나무들을 모았는데, 이를 '적심'이라 한다. 이 나무들을 가지고 뗏목을 엮었다. 뗏목을 띄우는 적기는 음력 5~6월이었다고 한다.

뗏목을 띄운다고 하면, 주변 지역에 살고 있는 떼꾼들이 모여들었다. 떼꾼 벌이는 당시로는 컸지만,[29] 뗏목 운항이 위험하여 누구나 떼를 탈 수 있는 것은 아니었다. 물살이 거칠 때에는 암초에 부딪쳐 떼가 부서지기도 하였고, 때론 목숨을 잃기도 하였다. 북방면 소매곡리 앞강에는 숨은 암초들이 있어 종종 떼가 부딪쳐 부서졌다고 한다.

> 저기서(성산 등) 매가지고 내려와서 여기 와서 저기 앞에다 대놓고 여기서 자고 밥을 잡숫고 이제 아침에 출발을 하는 거지. 웬만한 데는 가게 영업집이 있고 떼꾼이 자게 돼 있어. 굴지로 거쳐서 (…) 청평

---

**29** 떼꾼의 임금을 보통 '공가'라고 한다. "춘천-인제 간의 공가는 일제 치하에서는 광목 한 통을 살 수 있는 5~6원, 춘천-서울 간은 30~35원이라고 하는가 하면 군수郡守 월급이라고까지 과장하기도 한다. 이때 쌀 한 말에 1원 50전이었다 한다(박민일, 앞의 글, 84쪽)." 남한강도 비슷했다. 1960년대에도 운행하였던 남한강 뗏목은 당시 영월에서 서울로 가는 뗏목을 타면 송아지 한 마리 값을 받을 수 있었다고 하였다(권혁준, 〈인제 〈뗏목아리랑〉에 투영된 떼꾼의 삶〉,《강원민속학》 23집, 강원민속학회, 2009, 20쪽).

까지 글로 가요. (…) 우린 그때 쪼끄매서 빨개 벗고 강에 나가 목욕하고 그럴 때 그 떼가 내려오고 이러는 걸 봤거든. 떼꾼들이 내려가면 강부터 이렇게 떼꾼들이 그걸 못 보면 떼를 갖다가 (바위에) 들어 엎어요. 바우가 물속에 요렇게 가물가물하는데 잘 안 보이거든. 물속에 송곳바우가 있는데. 떼가 거기 가 탁 걸리면 꺾어지지 않으면 거가 치어 가지고 ~~(~표시가 중략이 아니라면 빼는 게 좋을 것 같습니다.) 아주 똘똘 말지 아주 이렇게. 그래 가지고 그걸 동강동강 또 끊어 가지고 꺼내서 또 저기서 매 가지고 또 가는 거여.

지금홍(1935년생), 지금풍(1937년생), 홍천군 북방면 소매곡리,
2013.1.3.

홍천강의 폭은 그리 넓지 않았기 때문에 뗏목 규모는 그리 크지 않았다고 한다. 염천수 씨에 따르면, 칡넝쿨을 이용하여 보통 12자×12자 크기의 '동가리'를 엮고, 다시 다섯여 동가리를 서로 연결하여 한 '바닥'을 만들었다.[30] 이 일은 나무가 크면 하루에 끝났지만, 나무가 작으면 2~3일이 걸렸다고 한다. 뗏목이 완성되면, 강치성을 드린 뒤 목상으로부터 '발기'를 받아 출발하였다.[31] 홍천강에서 가장 많은 떼가 벌류(筏流: 뗏목을 엮은 뒤 이를 출발시키는 것)됐던 곳은 화촌면 구성포리였는데, 성수기일 때는 뗏목을 밟고 도강할 수

---

**30** 소양강에서 벌류된 뗏목의 통나무 하나당 굵기 세 자, 길이 20자 정도로 한 바닥 전체는 너비 5~6미터, 길이 30미터 정도였고, 한 바닥을 이루는 데 총 30여 개의 나무면 충분했다. 북한강 본류에서 만들었던 떼들은 보통 굵기 두 자, 길이 12~15자 정도의 통나무로 총 60~70개 또는 백여 개가 한 바닥을 이루었다. 홍천강의 뗏목은 굵기 한 자, 길이 6~12자 정도의 목재로 보통 100여 개 이상이 한 바닥을 이루었다(김종혁, 앞의 글(1991), 35~36쪽 참조).

**31** 박민일, 앞의 글, 73쪽 참조.

24

있을 정도였다.[32] 구성포에서 청평까지는 물살과 수량에 차이가 있었지만 증수기에 2~3일, 갈수기에 7~8일 정도 소요되었으며, 청평-서울 간은 대체로 이틀이면 어느 때라도 도착할 수 있었다. 떼꾼들은 서로 앞사공과 뒷사공이 되어 '그레질(노櫓 젓기)'을 하며 뗏목을 타고 내려가면서 뗏목이나 강변 나루터의 주막에서 숙식을 해결하였다. 구성포에서 내려오는 뗏목은 보통 북방면 굴지리 앞강나루터에 머물렀다고 하는데, 이때 가끔씩 주변 마을 사람들이 떼꾼들에게 텃세도 부리기도 하였다고 한다.

> 삼포(구성포)서 오면 하루 종일 내려와 여길 와, 이 (굴지리) 앞강에. 떼가 하루쯤에 온다. 그러면 한 4~50편씩 내려와요. 40개, 30개, 보통 많이 온다 하면 한 7~80개도 오고 그런대. 그 40개만 해도 벌써 2×4=8, 80명이 아니야. 그러니깐 여기 주막거리가 세 집이가 있는데 세 집이 나눠서 밥을 해 준단 얘기죠. 떼꾼들이 와서 거래 인제, 술집에서 왕가성가 하거든. 그러면 아주 덩치도 크고 성질도 아주 나쁜 사람이 목상을 가서 불러. 목상이 나오잖아, 그럼 난 아무개라 그러고서는, 인사하자 그래, 인사하면은, 그 목상 벌써 멱살 끄드른 거야 여기 사람이. 술 한 잔 달라고 말이야. 인제 술이 얼간 하면 목상의 멱살 탁 하는 거야, 그때만 해도 무법천지거든, 너 떼 타고 온 거 반은 넘겨라.
>
> 염천수, 1928년생, 홍천군 북방면 굴지리, 2013.1.5.

구성포에서 출발한 떼꾼들이 머물렀던 주막들은 북방면 굴지리 앞강나루터, 노일리 샘골나루터, 마곡리 황골/떼내나루터 등이었

---

**32** 김종혁, 앞의 글, 38쪽.

다고 한다. 이곳에는 소규모의 주막들이 몇 채 있었는데, 뗏목이 지날 때마다 주막이 번창하고 술과 여자가 넘쳐났다고 한다.

홍천강을 따라 내려온 뗏목은 북한강과 합류하면서 강폭도 넓어지고 수량도 풍부해지는 경기도 가평군 설악면 송산리 황골에서 떼를 다시 엮어 2~3바닥(굴지리 염천수 씨)[33]으로 크게 만들었다. 이를 '결떼한다'고 한다. 이때 북한강에서 내려온 뗏목과 함께 결떼하기도 하였다. 떼꾼 일부는 고향으로 돌아가거나 다시 떼를 타러 홍천강을 거슬러 올라왔다. 그리고 이른바 경험이 많고 노련한 떼꾼 일부만 결떼한 뗏목을 타고 서울 뚝섬까지 내려갔다.

그러나 1943년 청평댐이 건설되면서 홍천강의 뗏목 운행은 점차 적어지다가 1970년대 초중반에 완전히 자취를 감추었다.[34] 댐 건설로 홍천강에서 서울로 이어지는 뱃길은 끊어졌지만, 뗏목길이 완전히 막힌 것은 아니었다. 1960년대 말까지도 북한강과 홍천강을 통하여 청평댐 근처 경기도 가평군 청평면 오대골까지 뗏목이 내려왔다. 홍천군 서면 마곡리 함종백은 댐이 생기면서 물살이 약해져 마곡리 떼내에 뗏목이 도착하면 떼가 잘 내려가지 않았기 때문에 청평댐 소속의 배 세 척(홍천환, 가평환, 양평환)

---

33 김종혁(앞의 글, 38쪽)은 청평에서 서울까지 결떼한 바닥 수가 4~8바닥, 박민일(앞의 글, 70쪽)은 춘천과 서울 사이 5바닥 내지 그 이상으로 결떼한다고 하였다.

34 청평댐과 화천댐의 건설로 식민 말기 강원도 산간 지역의 임산물의 수운 운송이 쇠락한 데 이어 이후 양평과 경기 북부 남한강 수계에서 유지된 수운은 1966년 시작된 팔당댐 공사로 인해 마지막을 고하게 된다. (…) 남한강의 경우 1960년대 전반까지 강원도 정선과 영월에서 뗏목이 뚝섬으로 내려왔으며 지류인 섬강을 통해 원주와 횡성에서도 수운이 지속되었다(권혁희, 〈밤섬마을의 역사적민족지와 주민집단의 문화적 실천〉, 서울대학교 인류학과 박사학위논문, 2012, 140쪽).

이 무료로 뗏목을 오대골 선착장까지 끌어다 주기도 했다고 한다. 오대골 선착장에서 기계 장비로 목재를 끌어올려 빈터에 쌓아 놓았다가 오대골의 기차 화물칸에 실어 서울까지 운반하였다. 경춘선에서 오대골까지 연장 설치되어 있던 철로는 1973년 무렵 철거되었고, 홍천강을 떠다니던 뗏목도 점차 자취를 감추었다. 이후 목재 운송은 철도, 특히 육로를 통하여 이루어졌다.

### 나. 장삿배

북한강 수운은 뗏목을 중심으로만 이루어진 것은 아니었다. 사실 뗏목은 한강 상류 지역의 목재를 강을 통해 한양으로 운반하는 수단에 지나지 않았다. 오히려 앞에서 언급한 것처럼 한강 수운의 주요 역할이 세곡 운반이었던 만큼 주요 운송수단은 배, 이른바 '장삿배'였다.

조선 초에 세곡의 운반은 관선이 담당하였다. 그러나 17세기 이르러서는 관선 중심의 조운제도가 점차 폐지되고 사선 중심의 조운이 성행하였다. 이에 북한강 유역의 각 지역에는 많은 수의 창고가 설치되어 해당 지역의 세곡을 북한강 수운을 통해 경창에 납부하였다. 홍천 지역에는 내촌면 물걸리의 동창東倉, 두촌면 철정리의 북창北倉, 서면 반곡리의 서창西倉, 남면 신대리의 남창南倉이 설치되어 있었다. 사선은 조운 역할 말고도 농산물, 소금, 목재 등의 교역 활동을 활발하게 벌였다. 18세기경에는 서울 지역 사람들이 소유한 선박, 이른바 경강선京江船뿐만 아니라, 지역 주민들이 소유한 선박, 이른바 지토선地土船이 등장하여 수운활동에 커다란 영향을 미쳤다. 곧 조운의 경우 한정된 물품을 특정한 계절에 한하여 수송한 데 견주어, 선상 교역활동은 결빙기를 제외하고는 거의 연중무휴로 행해졌고 취급 품목도 생활필수품 전반으로 확대되었다. 사선의 발달은 두 지역의 생산활동을 활성화하였고, 이는 한말까지 이어졌다. 《택리지》에 따르면, 북한강 유역에 속하는 춘천의 우두, 낭천(화천) 원암 주민들 가운데 일부는 배, 이른바 지토선을 가지고 한강을 오가며 고기잡이를 하거나 농산물·소금·목재 등을 교역하여 큰 부자가 되었다고 한다.[35]

홍천강에서는 청평~홍천 구간에서만 왕래하던 지토선이 있었는데, 주로 홍천강 하류 지역에 위치한 서면 모곡리와 반곡리에 집중되었다. 1930~1940년대 모곡리에는 이 지역 주민 소유의 배가 10~12척 있었다고 하는데, 이들 선박은 주로 서울에서 올라온 화물을 홍천읍까지 운반하거나 이 지역에서 수집된 쌀과 콩 등의 농산물, 그리고 신탄, 목재 등을 비롯한 임산물을 서울로 운반하였다. 결과적으로 조운으로부터 시작된 수운의 전통은 그 뒤 상선商船, 이른바 '장삿배'의 운행으로 그 맥을 이어 나가 20세기 중반까지 북한강 유역의 교역을 주도하였다.[36] 따라서 홍천강에서 장삿배를 보는 것은 어려운 일이 아니었다. 이에 대한 홍천강 주민들의 이야기이다.

> 서울에서 상인들 배가, 장사하는 배라, 그래서 장삿배라 그랬거든요. 그 돛대를 달고 뭐 장삿배라 하면 물건을 많이 싣고 그러니깐 배가 엄청 컸어요. 조그만 배가 아니고. 한 열댓 살 정도까지는 우리가 (장삿배를) 봤어요. 교통이 여기는 없고 배로 모든 것을 다, 이 물로다가 수송을 했거든요, 그 장삿배가. 장사꾼들이 서울서 소금이니 뭐니 농촌에서

---

35  최종일, 앞의 글, 157쪽, 159쪽, 169~170쪽 참조.
36  김종혁, 앞의 글, 21~22쪽, 30쪽 참조.

생활하는 데 필요한 거를 가지고 싣고 올라오면은, 그 필요한 거를 전부 뭐, 소금, 이런 걸 가져가요. 돈이 없으니깐 곡식으로 다 받는 거야. 그 곡식을 받아 가지고, 배에다가 한 배 가득씩 싣고, 이제 비가 와서 물 늘을 때, 그때를 기다려요. 물이 적을 때는 짐을 많이 싣고 이러면은 (바닥이) 닿아 가지고 물이 얕을 제는 가지 못하니까. (노일 어디에 섰습니까?) 요기 '샘말'이라는 데. 거기가 주막이 있었고 그랬거든요. 막걸리도 팔고. (…) 저 위로 올라간 건 우리는 잘 기억을 못 하는데요, 노일에 올라오면 거기 주로 많이 머물렀어요.

김욱동, 1936년생, 홍천군 북방면 노일리, 2012.7.24.

청평댐 생기기 전에, 마포나루에서 장삿배가, 그거 엄청나게 큰 게 올라왔어요. 봄에, 4월 달에 올라오지. 여기까지 올라오지, '앞강'에. 그 배가 여기서(염천수 씨 댁) 말하면 저 길거리 나가리만큼 컸으니깐, 한 30미터 되지 않느냐 이거지. 이 배 폭은 우리발로 한 7~8발 됐어. 그리고 '야랑 돛'이야, 하늘하늘한 돛대 있었잖아, 그걸 달고 올라오는데 한 20미터 넘어, 돛대 키가. (…) 아이, 소금 못 싣고 와. 빈 채로 올라오지. 왜 빈 배로 오느냐면, 그때는 양력 4월 5월 달에는, 음력으로 본다면 가물잖아. 사람 한 대여섯이 큰 배를 끌고 올라와, 여울에 물살 센 데 못 올라오거든. 그러니깐 그 부락에 올라와서 서이 내지 너이를 사 가지고, (…) 그 사람이 그 여울을 돌을 치우고 이렇게 끌어올리고서는 아주, 이틀이 되든지 사흘이 되든지 사 가지고 올라가서 여기매서 다 갔다 대면, 그 사람(들) 돈 줘 돌려보내고 그러지. 빈 배로 와서 여기 와서 장마 질 때까지 있지 인제. 배에서 점심 해 놓고 식사는 다 배에서 하니까. (곡물을 사는 거죠?) 그럼, 그리고 숯, 백탄. 그 왜놈들이 한국서 백탄 가지고 일본으로 많이 건너가지 않았어. 백탄을 구웠거든,

백탄. (…) 빈 배로 올라와서 장마 질 때까지 있는 거지 이제. 주로 싣고 간 게 숯, 그 다음에 벼. 곡물. 콩, 팥 뭐. 벼 이런 거 싣고 갔지. 현금으로 받기도 하고.

염천수, 1928년생, 홍천군 북방면 굴지리, 2013.1.5.

위의 사례에서 보듯이 일제강점기 말 청평댐이 건설되기 전까지 장삿배뿐만 아니라 운반선들이 활발하게 홍천강을 오르내렸다. 염천수 씨의 말에 따르면, 김욱동 씨의 기억과 달리 장삿배는 북방면 노일리 '샘말'을 넘어 상류로 거슬러 올라갔다. 홍천강은 내촌천, 성산천, 군업천 등이 합류하는 삼포, 특히 홍천읍을 지나면서 강폭도 넓어지고 수량이 풍부해진다. 따라서 홍천강 하류 지역, 곧 서면 마곡리 · 모곡리 · 반곡리 · 어유포리, 북방면 노일리 · 굴지리 · 소매곡리, 홍천읍 신장대리 등이 물길의 중심을 이루었다. 장삿배가 기항寄港해서 상거래가 이루어졌던 주요 나루터는 홍천 서면 마곡리 말골나루터, 춘천시 남면 가정리 고란터나루 · 가정나루, 홍천군 서면 모곡리 돌담나루, 북방면 노일리 구룡밭나루, 북방면 하화계리 소단마을 도둔나루, 홍천읍 진리나루새－닥바우나루터 · 희망리 화양강진, 화촌면 외삼포리－성산리 대진나루터, 화촌면 구성포리－외삼포리의 건금리 돈도루배터 등이다.[37] 이들 나루터 가운데 홍천읍장과 곧바로 연결되는 진리나루새와 홍천강 수운의 소강 종점이었던 구성포가 가장 활발하였다.

진리津里는 어원에서 보이듯이, 진리나루새가 있었던 마을의 원래 이름은 나루새였다가 1916년 행정구역 개편에 따라 진리라 부르게 되었다. '나루새'를 중심으로 오일장이 형성되어 상업이 번창하였다.

---

**37**  허림, 앞의 책, 617쪽 참조.

30

그러나 청평댐이 건설된 뒤 뱃길이 끊기면서 홍천읍 오일장도 점차 홍천읍의 중심부인 신장대리, 곧 '새장터'로 이동하였다.[38] 구성포리는 장삿배들의 소강 종점[39]이었는데, 특히 신내마을이 가장 컸다. 신내마을에서 송정리까지 이르는 강가에는 보통 20~30척의 배가 동시에 정박하고 있었다. 20세기 초까지 이 마을에는 여각이 10~15채, 최성기일 때는 20~30채 정도가 있었는데, 상품을 구입하거나 교역하러 온 사람들이나 혹은 뱃사공들에게 숙식을 제공하였고, 마방馬房을 갖추고 있었다. 신내마을은 홍천강 유역뿐만 아니라 북한강 유역 내에서도 포구로서 규모가 큰 편에 속하였다. 이는 이 마을의 배후지가 크다는 것을 뜻하는데, 이곳은 홍천강의 소강 종점이었기 때문에 홍천군 내촌면, 서석면, 두촌면, 군업리 등의 홍천강 상류 지역의 주민뿐만 아니라 횡성군의 공근면, 인제군의 남면 주민들까지도 이곳에서 소금을 구입하였다. 이러한 까닭에 상인의 입장에서도 홍천강의 상류 지역은 수익성이 높았고, 이에 중간 기항지보다는 종점인 구성포리까지 올라가기를 희망하였다. 따라서 구성포리는 다른 어떤 포구보다도 선박이 많이 모였던 곳이다.[40] 홍천과 서울을 동서로 연결하는 홍천강 수운은 신내나루터와 같은 기항지를 기점으로 주변 마을로 퍼져나가며 지역 교역체계를 구성하였다. 이렇

---

**38** 홍천군, 《우리고장 홍천》, 강원출판사, 1992, 30쪽; 허림, 앞의 책, 865쪽 참조.

**39** 조선시대 '내촌 물걸리'에 '동창'이 들어서면서 물길을 이용하여 조곡을 배로 실어 냈다. 내촌의 '도관동'과 '답풍리'의 떼소(양지떼소, 응달떼소)는 뗏목을 띄웠던 곳으로 이야기가 남아 있다. '내촌 물걸리'에 소금배가 들어왔다는 이야기는 '구성포'에서 작은 배에 소금을 받아 싣고 들어갔을 듯하며, 조곡으로 거두어들인 곡물은 뗏목을 이용하여 실어 냈을 가능성이 크다(허림, 앞의 책, 614쪽).

**40** 김종혁, 앞의 글, 26쪽, 28쪽 참조.

게 홍천강변 마을뿐만 아니라 산간 마을들은 홍천강 수운을 통해 서울 등의 외부 세계와 연결되었다.

한강에 운행되는 배의 크기는 지나다니는 강의 여건에 따라 다양했다. 위 사례의 염천수 씨에 따르면, 굴지리에 왔던 장삿배의 크기는 길이 30미터, 폭 10.5~12미터였다. 그런데 일반적으로 큰 배는 길이 20~30미터 폭 5~10미터로[41] 선적량이 벼 200~300석이었으며 수량이 풍부한 곳에서만 운항하였기 때문에 남한강 또는 북한강 본류를 벗어나지 않았다고 한다. 홍천강 · 섬강 · 달천 등의 주요 지류에서는 50~100석 규모의 중소 선박이 주종을 이루었다.[42] 따라서 염천수 씨가 말하는 장삿배는 한강 본류를 드나들었던 배 가운데에서도 매우 큰 배에 속한다. 그런데 홍천강의 주요 기항지인 모곡리에서는 쌀 1,200석까지도 실을 수 있는 거선이 있었는데, 유량 조건이 매우 양호할 때를 기다려 1년에 한번 서울을 왕래했다[43]는 진술을 고려한다면, 염천수 씨의 기억이 틀렸다고는 말할 수 없을 것 같다. 무엇보다 빈 배로 올라 온 이 배는 장삿배라기보다는 운반선의 성격이 강해 물품을 실은 배보다는 소강이 상대적으로 쉬웠을 것이다.

이처럼 강에 따라 배의 규모에서 차이가 있는 것은 대체로 유량, 수위, 여울 등의 지역적 조건 때문이었다. 특히 각 하천의 여울 크기, 분포 등이 선박의 구조, 크기, 운행법 나아가 소강 종점, 소강 일수, 기항지, 소 · 하강 시기 등에 결정적인 영향을 미쳤다. 홍천강

---

**41** 조선시대 강선의 경우 '길이:폭'이 약 5:1이었는데, 20세기 초에도 전체적인 크기가 증대됐을 뿐 이 비율은 거의 일치한다(김종혁, 앞의 글, 26쪽).

**42** 정승모 · 오석민 · 안승택, 앞의 글, 375쪽.

**43** 김종혁, 앞의 글, 27쪽.

에서 여울은 본류와 합류하는 경기도 청평부터 홍천읍에 이르기까지 고르게 분포했으며, 그 뒤 소강 종점인 구성포까지는 큰 여울이 없었다. 유명했던 여울로는 새 여울, 구꺽정 여울, 작은 쇠목 여울, 천 여울(홍천군 모곡리), 큰 쇠목 여울, 노루메 여울(홍천군 반곡리), 노일도 바위 등이 있었다. 이 가운데 천 여울, 노루메 여울 등의 여울 밑에서 배가 정박하여 교역행위를 벌였다.[44]

소금 등을 실은 배들이 돛대, 삿대 그리고 노만으로 강을 거슬러 올라가는 일은 말처럼 쉬운 것이 아니었다. 무엇보다 배들이 홍천강을 소강하는 시기는 장마가 시작되기 전으로 강의 수량도 풍부하지 않아 배들이 강바닥에 걸리는 것은 다반사였다. 따라서 강에서 운행된 배의 구조는 수량이 적은 하천에서도 배가 강바닥에 걸리지 않고 운항이 편리하도록 밑바닥이 평평하면서 뱃전은 얕고 배의 길이가 긴 대신 폭은 좁았다. 이런 구조를 가진 강배를 평저선平底船이라고 불렀다. 평저선은 운행속도가 느린 대신, 짐을 많이 실을 수 있었으며 무엇보다 수심이 얕고 물 흐름이 빠른 여울을 통과하기 쉬웠다.[45] 그렇지만 평저선이라고 할지라도 모든 여울을 쉽게 통과할 수는 없었다. 여울을 통과하는 방법 가운데 하나가 여러 사람이 배를 끈으로 묶어 끌어올리는 것이었다. 또 다른 방법은 삽이나 가래 등 농기구를 이용하여 배가 지나갈 수 있도록 강바닥에 골을 내는 것이었다. 이것을 '뱃골'이라고 불렀다. 이런 어려움 때문에 배가 상류를 향해 출발할 때에는 보통 세 척에서 다섯 척 정도의 배들을 모아 선단을 구성했으며, 배 한 척에는 대개 3~5명이 탔다. 이들 가운데 두 명은 여울을 통과할 때 끈잡이로 동원되었다. 한강을 거슬러 올라가

---

44 김종혁, 앞의 글, 15쪽, 16쪽 참조.
45 허림, 앞의 책, 615~616쪽.

다가 여울을 만나면 각 배에서 두 명씩 내려 배를 끈으로 묶은 다음 한 척씩 끌어올렸다. 또한 선단을 구성하지 못하고 홀로 운행하는 배들은 인근 강변 마을 사람들을 고용하였다. 강변 마을마다 배를 끌어 주는 사람들이 있었는데, 그 대가代價로 보통 소금 1~3되가 지불되었다고 한다. 보통 7~8명 정도면 큰 배 한 척을 끌어올릴 수 있었는데, 여울과 배의 크기에 따라 차이는 있었지만 여울 하나를 통과하는 데 보통 한나절이 걸렸다. 따라서 3~5척의 배가 하나의 여울을 통과하는 데에는 보통 2~3일이 걸렸고, 지역에 따라서는 그 기간 동안 선상에서 판매 행위가 이루어지기도 했다. 이렇게 열리는 장을 '갯벌장'이라고 하였다.[46]

장삿배들은 여름철 장마가 지면 불어난 강물을 따라 서울을 향해 내려갔다. 내려갈 때는 올라올 때보다도 거친 물살을 타야 하는 경우가 많아서 훨씬 위험하고 힘들었다. 배가 부서지는 경우도 많았다. 따라서 배가 내려갈 때에는 배 앞에 사공 2~4명이 짝을 이루어 바위나 강변에 부딪치지 않도록 삿대를 들고 방향을 잘 조절해야 했다. 이 일은 매우 힘들어서 힘이 세지 않으면 할 수 없었다고 한다.

일본 사람하고도 같이 동업도 하고 그랬죠. 아버지가 그 배를 하셨어요. 그때 서울로 가는 큰 배. 큰 배죠. 넓적한 게 크죠. 여기 물이 얕으니까, 바닥이 너무 내려가면 안 되거든요. 평평한 평배. (…) 보통 2~30메타(미터)는 다 되죠, 저기가. 그럼요. 넓이도 한 5미터씩이나 그렇게 되고. 크죠. 그러니까 짐을 많이 싣지. (…) 홍천 그 뭐야 저기 저, 저쪽에, 동면 그쪽으로 올라가면, 거기 올라가서 (…) 배를 갖다 이제 가물에 대 두는 거예요. 무조건 그냥 전부 서울로 갈 거, 장작도 싣고,

---

46  김종혁, 앞의 글, 24쪽 참조.

무슨 거기다가 콩, 팥, 이런 걸 전부, 막 실어 놓는 거예요. 그러다 비가 오면, 그때 이제 강물이 늘으면 저쪽으로 가는 거예요, 뚝섬 쪽으로. (…) 5~6명이 있어야죠. 내려갈 때는, 앞에 한 서너덧 있어야 돼, 삿대를 갖다 이렇게 해 가지고서, 배가 이렇게 핵 돌아가잖아요, 장마 때. 그러면 그냥 거기 갖다, 바로 잡을래면 혼자 그, 냅다 그냥 물살이 가는데 돌아갑니까? 그 사람네들 그냥, 여기다서, 저게 있어요, 붕대를 해 대구선, 여기다 가슴에 대구선, 냅다 질러 가지고 돌리고 그래 가지고, 가는 거죠. 그때 파선하고 그런. 이 배를 타는 사람들은 보통 장사들이 아니에요. (그 사람들은 어디서 왔습니까?) 지방에서 있죠. (…) 그런 사람도 있고, 여러 사람, 타동他洞 사람 끼고 그러죠. 할 줄 아는 사람들이 했죠. 장마 때 되는 건 다 못 해요, 그것도 기술자 똑같애요, 배 띄우는 것도. 물이 내리 싸는데, 막 그냥, 막 밀려 나가면 그걸 바로잡아야 되잖아요. 그러니깐, 지금 운전기사가 문제가 아니죠, 지금. (…) 그 뱃놈이라는 게, 예전에, '오강[47] 뱃놈'이라는 얘기 못 들으셨어요? 뱃사람들 그렇게 사납죠, 전부가. 노가다들이죠. (오강?) 저기 가면 오강 아니에요. 뚝섬 가면 오강이죠. 오강뱃놈이라는 거예요, 뱃사공들이.

함종백, 1926년생, 서면 마곡리, 2013.1.28.

서울과 북한강 지역 사이에서는 북한강 유역의 미곡, 두류, 잡곡, 면화 등의 농산물 및 목재, 신탄, 목탄 등의 임산물이 서해안 지방의 어염 및 한성 일대의 공산품과 서로 교역되었다. 그러나 때로는 동해안 지방의 어염, 남한강 유역의 미곡 등도 거래되었으며, 19세기 말부터 20세기 초까지는 인천이나 마포를 경유하여

---

47  오강五江은 한강漢江 · 용산龍山 · 삼개(지금의 마포) · 지호支湖 · 서호西湖를 통틀어 일컫는 말이다.

올라온 시멘트, 도자기, 직물, 소맥분, 석유, 소금, 설탕 등의 외국산 물품도 주요 교역품으로 등장하였다.[48] 장삿배는 일 년에 한 행보, 많아야 두 행보 정도였다고 하며, 뱃사람들 사이에 '이른 봄에 올라간 배는 호박을 심어 그 호박을 따먹고야 내려온다'라는 말이 생겨나기도 했다.[49] 운행 시기는 대략 음력 3월에서 10월까지이고, 장마와 한여름을 전후로 음력 4~5월과 9~10월이 가장 활발했다. 음력 4~5월에 운항하는 배의 주요 선적물품은 소금이고 내려올 때는 지난 해에 생산된 콩과 햇보리 등이었다. 여름이 지난 뒤에는 주로 새우젓이 운송되었다. 더욱이 새우젓은 음력 6월에 잡은 육젓을 최상품으로 취급하였다. 두 상품 가운데 소금이 훨씬 중요했는데, 소금은 우선 해마다 김장과 장을 담그는 데 필수적이었고 음식을 준비할 때 가장 기본적인 조미료로 쓰였기 때문이다. 또한 이때 배로 싣고 내려오는 물품도 여름이 지나면 출하되는 각종 전작물과 담배 등의 특용작물이었고 서울에서 겨울에 많이 소비되기 시작하는 목재와 땔나무였다. 그래서 음력 9~10월은 수운활동이 가장 활발하게 이루어졌던 시기라고 할 수 있다.[50] 특히 이는 수로 조건에 연유하기도 하겠지만, 이 유역의 주요 교역품인 콩의 수확 시기를 기다려 상품으로 교역하기 위해서이기도 했다. 그만큼 콩은 북한강 유역의 농산물 가운데 가장

---

48  김종혁, 앞의 글, 62쪽.

49  허림, 앞의 책, 613쪽.

50  홍천군의 쌀 생산량은 근대적인 수리시설이 갖추어지기 전까지는 춘천군을 상회하였는데, 게다가 군내 쌀 소비량은 다른 군에 견주어 적었기 때문에 북한강 유역에서 유일하게 쌀을 서울로 반출할 수 있었다. 이는 홍천강 유역이 춘천 지역보다는 서울과의 접근성이 더 좋은 지형적인 요인에도 비롯되었다(김종혁, 앞의 글, 10쪽 참조).

중요한 교역품이었다. 콩은 소금, 새우젓, 일용 잡화 등 서해안 및 한강 하류 지역 상품과 교역될 때 표준이 되는 상품이었고,[51] 나아가 일제강점기에는 '용산대두'라는 이름으로 중국과 일본 등지로 많이 수출되었다.[52] 북한강 유역에서 콩 재배가 언제부터 활성화되었는지에 대해서는 논란이 있지만, 개항 이후 일본 등지로 콩 수출이 늘면서 한강 유역의 지역에서 콩 재배와 교역이 활발하게 이루어진 것은 사실이다.[53] 또한 일제강점기에 홍천강 주변의 산간 지역에서 생산한 숯, 백탄 등이 일본으로 수출되기도 하였다. 이처럼 홍천강 수운이 활기를 띠던 시절에 홍천은 서울 등의 외부세계로 긴밀한 관계를 맺고 있었다. 한마디로 홍천에서 서울은 그리 먼 곳이 아니었다. 다음은 한 주민의 이야기이다.

> 나 배 타고 내려갔었죠. 아버지가 (배를) 하니까, 배 타고서 서울 갔었죠. 여기서 타구요, 여기서 타고 쪽 내려가면, 뚝섬인가 거기. 그게

---

**51** 20세기 초, 춘천 지역에서 소금:콩이 1:2 정도로 교환되었던 비율이 중국으로부터 대량의 소금이 수입되면서 그 비율은 점차 1:1, 2:1로 역전되었다(김종혁, 앞의 글, 71쪽).

**52** 안승택, 〈식민지 조선의 근대농법과 재래농법:경기남부 논밭병행영농의 환경·기술·역사에 대한 인류학적 연구〉, 서울대학교 인류학과 박사학위논문, 2007, 282~284쪽 참조.

**53** 일반적으로 1884년경 개항 이후 일본인과 중국인이 개항장에서 콩을 매집하여 일본 등지로 수출하기 시작하면서 수수에 비해 극히 적었던 콩 재배 면적이 급격하게 증가하였다고 말한다. 곧 1920년대 말 한강 유역의 콩 생산량이 대략 20만 석으로 추산되며 그 가운데 5만여 석이 용산대두로 되어 외부로 수이출輸移出 되고 있었다. 그런데 이런 견해에 대해 안승택은 수출되는 콩 외의 내부 수요량이 많은 점, 소금의 교환 대상의 기본 품목이 콩인 점 등을 들어 개항과 수출에 따른 외부 요인에 콩 산업 자체가 형성되었다는 점은 기각되어야 한다고 하였다(안승택, 앞의 글, 282~284쪽 참조).

그때 서울 가니까, 전차가 겨우 하나 댕기더라구요. 뚝섬서 (사대)문[門]
안 들어가는 게. 전차 한 대 댕기더라구요, 거기서. 전찬지 무슨 찬지,
그거 하나. (…) 그래서 타고서 문 안 들어가서, 아버지 따라서 들어가
선 구경하고 그랬었죠. 나이가 한 열한 살 됐었죠, 그때. 열 살 안쪽일
거에요. 기억이 안 나. (…) 뭐, 거기(서울) 가는 데 뭐, (배에서) 하룻밤
만, 하룻밤만 자면 돼요. 서울 가는 데. 당일도 가고 그러는 거에요.

함종백, 1926년생, 홍천군 서면 마곡리, 2013.1.28.

홍천과 서울을 곧바로 연결해 주던 물길은 1943년 청평댐이 만
들어지면서 막히게 되었다. 물론 청평댐 축조 이후에도 댐의 상
류 지역에서는 1960년대 말까지 뗏목과 배가 운항되었다. 서면
모곡리, 반곡리 등의 일부 지토선은 땅길 사정이 좋지 않은 청평
호 주변 마을의 주민들이 가평장, 청평장, 설악장 등에 가기 위해
이용하는 여객선이 되었다.

여기서(마곡리) 여객선을 타면은 가평도 가고 청평도 가고 그랬
어. 옛날에는 여기 차가 안 다녔잖아요. 40년 전에는 춘천 가는 버스
가 없었고, 그 저 똑딱선을 타고 이제 가평, 청평 시장을 보러 갔죠.
여기 사람들이, 저 모곡 사람까지 다. (…) 시골에 뭐 무슨 보따리 뭐
콩 같은 거, 무슨 뭐 쌀도 지고 나가는 사람들, 별거 다 가지고 가지.
그래 (가평 발전리 나루에) 갔다 대면은, 장사꾼들이 나와. 그거 살
라고. 고 앞에서, 팔아 가지고 장 보고 들어오고, 옛날에 그랬어요
다. (…) 정원이 넘어도 태워야 될 거 아니야. 그래야만 그날 가서 장
봐 가지고 할 사람들인데, 딴 거 교통이 없거든. 교통이 없어요. 여
기, 박암리 그쪽에도 그렇고 교통이 없으니까 그 배 아니면은 운영을

못하는 거야. 꼭 나가야만 되는 거야. 그러면 (정원 넘어) 뭐 백 명 이상 태우는 거야. (…) 그렇게 다니다가 인제 길이 생겨가지고 춘천을 가는데 (…) 버스가 다닌 거죠.

이재복(1935년생)·안추옥(1950년생) 부부, 홍천군 서면 마곡리, 2013.3.27.

경기도 가평군 청평면 오대골, 가평읍 달전리 그리고 홍천군 서면 마곡리를 오가던 나룻배는 점차 1960년대 말에 동력 장치가 달린 똑딱선으로 바뀌었고, 곳곳의 나루터는 여객선의 선착장이 되었다. 한때 세 개 회사의 여섯 척의 여객선들이 서로 경쟁하였으나 1970년대에 들어 도로 교통이 좋아지면서 쇠퇴하였다.

홍천강은 홍천 사람들이 서울 지역, 나아가 중국과 일본 등 외부 세계를 잇는 소통로였다. 더욱이 일제강점기에 강원 산간에서 서해안 바닷가까지 연결된 한강 수운의 유통 체계는 조선인들이 주도하는 경제 행위가 전개되었던 공간이었다.[54] 이처럼 홍천강은 홍천 사람들이 삶을 유지하는 생계 터전이었고, 강촌 문화의 보고寶庫였다. 홍천강을 따라 사람과 물건이 흘렀고, 또 그렇게 서로 연결되던 시절에, 홍천은 북한강 유역에서 농업 생산량이나 인구 측면에서 춘천과 더불어 가장 중요한 군이었다. 그러나 청평댐으로 홍천강 물길이 막히고 경춘선 개통과 도로 교통의 발달로 수운의 역할은 빠르게 약화되었다.[55] 이는 물길을 따라 형성된 포구와 나루터, 주막 그리고

---

**54** 권혁희, 〈1900~1960년대 한강수운의 지속과 한강변 주민의 생활〉,《한국학연구》44, 고려대학교 한국학연구소, 2013, 11쪽, 19쪽 참조.
**55** 한강 전체를 회로로 하는 물류의 기능이 마비된 시점은 1966년 팔당댐 착공으로 그와 동시에 주운舟運을 금지한 것에 기인하며 이로써 북한강 하류와 남한강 촌락에서 뚝섬과 마포 일대로 들어오는 뗏목과 작은 목선들은 차단되기에 이르렀다 (권혁희, 앞의 글, 27쪽).

농산물 생산과 판매에 큰 영향을 미쳤다.[56] 그러면서 홍천군을 남북으로 가르며 동서로 흐르는 홍천강은 마을 사이의 소통을 가로막는 걸림돌로만 남게 되었다.

## 2. 강 가로지르기: 길을 만들고 마을을 잇다

강은 그 자체가 하나의 교통로였다. 그러나 강은 도하渡河를 수반하는 교통의 장애물이기도 하였다. '동서'로 흐르며 산골 마을들을 바깥세상과 연결하던 깊고 넓은 홍천강은 마을과 마을을 갈라놓았다. 이 점은 북방면 노일리의 경우에서 잘 드러난다.

> 그땐 노일리라고 하면은 지금 남노일리까지 그냥 노일리였어요, 북방면. 그런데 행정구역 때문에 강이 끼어 가지고 학생들, 물이 늘면은 학교를 못 오고, 또 행정 볼 일 볼래도, 면사무소를 댕길래도 어렵고. 남면으로 떼어 주면은 거긴 다니기가 (좋아), 강이 안 끼어 있으니까. 그래서 그 편의를 위해서 그리, 남노일로다 떨어져 갔어요. 그래서 노일리였는데, 남면으로 간 그 동네는 남노일이고, 그냥 여기 남아 있는 사람은 북노일이고 그래요. 옛날에는 한 동리였었는데, 노일은 거의가 경주 김씨네 촌이었어요, 여기가.

---

**56** 19세기 끝물에 등장한 철길은 가히 혁명적인 사건이었다. 철길은 특히 강길에 큰 타격을 입혔다. (…) 강배가 기차에 밀려 자리를 내주는 데에 걸린 시간은 불과 30년 남짓 밖에 되지 않았다. (…) 한국에서 내륙 수운은 근대적 변화를 채 겪어 보지도 못하고 철도에 밀려 20세기 초·중반부터 급속하게 쇠퇴하기 시작했고, 자동차 교통의 비중이 높아지는 1960~70년대에 완전히 사라졌다(김종혁, 앞의 글 (2008), 82쪽, 92쪽).

김욱동, 1936년생, 홍천군 북방면 노일리, 2012.7.24.

북방면 노일리와 남면 남노일리는 한 마을이었다. 그러나 지도에서 보이듯이 북방면 장항리를 거쳐 내려오는 강물은 남노일을 지나 남면 용수리 응아지(나루터)에 이르러 양덕원천을 합류하고 다시 방향을 틀어 남노일리를 휘감아 돌며 금학산 계곡까지 올라가다가 다시 돌아서 노일리를 거쳐 흘러간다. 이렇게 골짜기를 구불구불 굽이쳐 흐르는, 이른바 감입곡류嵌入曲流의 강줄기로 말미암아 남노일리는 반도 지형이 된다. 그런데 일반적으로 이런 지형에 위치한 마을들은 높은 산과 깊은 계곡으로 가로막혀 있어 가까운 땅길을 여는 것이 어렵다. 즉 노일리와 남노일리 사이에는 홍천강이 흐르고, 뒤에는 655미터 높이의 금학산이 자리 잡고 있어 마을사람들이 땅길로 오가는 것이 쉽지 않았다. 1973년에 남노일리는 북방면 노일리에서 분리되어 지금의 남면 남노일리가 되었다.

홍천강변에는 깊고 수량이 많은 홍천강에 따라 나뉜 마을들이 많아, 거리상으로는 지척이지만 강을 건너지 않고서는 쉽게 오갈 수가 없었다. 따라서 강변 사람들에게 강을 어떻게 건너다닐 것인가가 항상 커다란 관심거리였다. 강을 건너기 위한 다양한 방식이 고안되었는데, 그 가운데 대표적인 것이 섶다리와 나룻배였고, 이 둘은 서로를 보완해 주는 관계였다.

### 가. 나룻배

나룻배는 강촌 사람들의 일상생활에서 가장 중요한 교통수단이었다. 나룻배는 강물이 어는 겨울철을 제외하고는 일 년 내내 이용되었다. 홍천강 물길을 따라 수많은 나루터들이 자리를 잡고 있

〈그림 1〉 김홍도 〈나룻배〉

었다. 물론 앞에서 언급한 장삿배의 기항지이자 상거래의 중심지였던 나루터 말고도 마을마다 크고 작은 나루터가 있어 강의 도하 지점 구실을 하였다.

나루터는 사람들이 가장 많이 다니는 곳에 위치하였는데, 나루터는 대부분 오일장으로 가는 길목에 있었다.[57] 나룻배는 강을 사이에 두고 양쪽을 잇는 역할을 하며 주로 사람과 물자를 실어 날랐다. 일제 시기에는 목탄차를 실어 나르기도 했다고 한다.

우리 증조부, 막내 할아버지(염군칠, 6·25전쟁 때 사망)가 홍천강의 배 짓는 데 일류 기술자야. 왜정 때 홍천 '한다리'라고 있어, 그 나룻배도 지었어. 그 다리 놓기 전에, 배를 지어 가지고선 왜놈들 목탄차 그런 차, 그거 실어 냈어. 그 배를 우리 할아버지가 지었어.

염천수, 1928년생, 북방면 굴지리, 2013.1.5.

위 사례에서 언급되는 부분을 정확하게 확인할 수는 없지만, 하

---

57 남한강 유역의 교역은 우선 수로를 배경으로 발달하기 시작하여, 조선 후기에 이르러 정기시장의 발달과 함께 육로와 수로가 결합된 교역망을 이루게 되고, 말기에는 수로 교통의 쇠퇴와 함께 육로를 중심으로 하는 교역망으로 변화되었다고 생각된다(최영준, 앞의 글, 65쪽).

여튼 교통 장애였던 강을 건너는 데 나룻배가 중심 역할을 했음에는 틀림없다. 그런데 나룻배는 단순히 강의 양쪽을 잇는 역할을 넘어 강을 오르내리며 마을과 마을을 잇기도 했다. 육로 교통이 좋지 않은 북방면의 일부 마을에서 나룻배를 이용하여 홍천강을 거슬러 오르내렸는데, 다음은 북방면 장항리 사람들의 이야기이다.

지금 도로 확장이 되어서 그러는데, 우리가 제일 오지奧地랬었어, 벼루고개 때문에. 이 밑에서 길이 없었지, 아래 위가 다 절벽이라. 여긴 포장된 지 몇 년 안 됐어요. 한 4~5년 됐나? 그때는 바우를 붙잡고 (벼루고개를) 넘어갔어요. 그리고 비료나 뭐 쌀을, 방앗간을 갈래면 다 지고 가야 되잖아요. 그러니까 힘이 드니까 여기 건너오는 (나룻)배에다가 다 얹어 싣고 올라가서 방아 찍구 비료를 사 갖고 그 배에다 싣고 내려왔어. (⋯) 여울은 사람이 밀고 올라가지. 사람이 옷 다 벗고, 위에서 끌고 밑에서 밀고. 깊은 데는 노를 젓고 삿대를 저어서 올라가고, 깊으니까. 물에 덤벙 들어가서 배 가생이(가장자리) 잡고 밀고 올라가면 쉽잖아요. 그렇게 했거든. 여울이 아니라도, 노 짓는 게 한 30가마씩 엄청 무겁거든요. 그걸 저어도 배가 잘 안 나간단 말이에요. 그러면은 그냥 옷 벗고 양쪽에서 밀고 그냥 떠밀고. (⋯) 보통 뭐 7~8명 되지. 내려올 제는 아주 그냥 노래 부르면서 내려오는 거지. 평상시는 잘 안 가고, 저거 때는 갔어요. 방아 찧을 때하고, 비료 할 제하고.

정순현 · 최영길, 1956년생, 홍천군 북방면 장항리, 2012.10.24.

북방면 장항리는 남노일리와 굴지리 사이에 위치한 조그만 마을로, 생필품과 농자재 구입 등의 많은 활동이 굴지리에서 이루어졌다. 그런데 두 마을 사이에는 벼루고개라는 가파른 고갯길이 있어 장항리 사람들이 육로를 통해 굴지리를 오가는 데 어려움이 많았다. 더욱이 무거운 짐을 지고 벼루고개를 넘는 일은 매우 힘들었다. 따라서 장항리 사람들은 곡물, 농업 자재, 생필품 등을 나르는데 나룻배를 이용하였다. 나룻배는 장삿배처럼 강을 오르내리며 교역을 하는 것이 아니라 육로 교통이 불편한 장항리 등과 같은 마을의 사람들의 운송수단이었다. 장항리와 굴지리 사이의 나룻배 운행은 강가에 접한 벼루고개를 부숴 도로를 낸 1970년대 후반까지 계속되었고, 단지 이 사이에 나룻배가 목선에서 철선으로 바뀌었다.

육로의 상황이 좋아지더라도 양쪽 길을 연결할 수 있는 다리가 놓이지 않아 나룻배의 이용은 꽤 오랫동안 지속되었다. 그 가운데 하나가 홍천군 서면 마곡리 말골나루터와 춘천시 가정리 황골나루터이다. 모곡에서 청평을 오가는 여객선에서 일하다가 이곳 말골나루터에서 나룻배를 운영했던 이재복 씨의 이야기이다.

> 함정백 씨가 (나룻배를) 사가지고 자기 못 하니까 우리 보고 하라고 그러더라고, 그래서 그저 가을에 쌀 받아먹고 하라고 그러니까 1년에 동네에서 나오는 그 뱃삯을 받아먹고. (…) 맨날 노 저었어요. 막내아들 업고 맨날 노 저어서 업고 댕겼지. 내가 뱃사공이었어요. (…) 처녀가 하니까 이름이 났었지 옛날에, 처녀 뱃사공. 우리 아들내미(1981년생)가 지금 서른세 살이니까, 두 살 세 살 먹어서 맨날 업고 다녔어요. 그때서부터는 계속 했죠. 그때는 사람이 많지 않고 그냥 마을 사람들이 왔다 갔다 하는 걸 건너 줬지요. (…) 배 건너 달라고 소리를 지른다고, 소리를 질러 그러면 애 업고 갔다 건네주고 오고, 고생 많이 했죠 뭐.

(⋯) 그러면서 이게 유원지가 된 지는 한 삼십 한 오년 전서부터 그랬어요. 그때서부터 저기(춘천 남산면 가정리) 길이 뚫리니까, 사람들이 한두 사람씩 자꾸 와 보고 좋다 좋다 하니까는 그렇게 해가지고 그때 한 80년도부터 손님이 들어왔던 것 같아요. 옛날엔 다 이게 민박집이었지유. 이렇게 했어도 민박이 없어서 못했어요. 그때는 강원대고 뭐 한림대고 뭐, (⋯) 엠티 왔어요, 엠티 진짜 많이 왔어요. 이 배(제비호)가 피크 때 방학 동안에 하루에 270만원 씩 나갔어 그때, 삼십 년 전에. 그때는 큰돈이지. 그게 뭐냐면 1인당 오백 원 받아가지고, 왕복 오백 원이었어요. 그러니 270만원을 벌었다니까 하루에 저 배가. 빨리 가서 텐트를 쳐야 되는데 건너는 가야지. 그러니까 난리 친 거야. (⋯) 관광버스들이 저 발산중학교 있는 데까지도 쫙 내리 스는 거예요.

이재복·안추옥 부부, 홍천군 서면 마곡리, 2013.3.27.

1980년대에 모래강변이 넓게 펼쳐진 홍천군 서면 마곡리 강변은 춘천 지역 대학생들의 엠티 장소로 각광을 받았다. 위 사례의 부부는 마곡 사람들이 주로 이용하던 조그만 나룻배로는 밀려오는 관광객을 감당할 수 없어 소양댐에서 운행하던 동력선 제비호를 사 왔다. 한때 하루에도 수십 번 강을 가로지르며 손님을 실어 나르던 제비호는 2001년 양쪽 강변을 잇는 충의대교 건설 공사가 시작되면서 운항을 멈추었다. 이처럼 홍천강을 오르내리던 뗏목이나 장삿배와 달리 나룻배를 이용하여 강을 건너는 일은 홍천강변의 많은 지역에서 최근까지 지속되었다. 오늘날에도 도로 교통이 불편한 일부 지역에서 배를 이용하여 강을 건너고 있다.

나룻배가 가장 중요한 교통수단이었던 만큼 마을에는 나룻배를 운영하는 사람, 이른바 사공沙工이 별도로 있었다. 일반적으로 뱃사공은 마을 사람이 맡았으며, 이들은 주민들로부터 일 년에 쌀 한 말 또는 콩 한 말 정도를 품삯으로 받았다. 가을 추수철이 되면 뱃사공은 나룻배를 이용했던 사람들의 명부를 들고 마을을 돌며 뱃삯을 걷으러 다녔다. 일반적으로 한 번이든 열 번이든 나룻배를 이용했으면 정해진 뱃삯을 내야 했다.

나룻배를 만들고 운영하는 일은 마을 공동 작업 가운데 가장 중요한 일이었고, 나룻배에 이상이 생기면 시기와 상관없이 빨리 수리하거나 새로 마련해야 했다. 다음은 나룻배 만드는 과정에 대한 이야기이다.

저 남노일이나 노일이나 저 앞쪽에서 내려가는 거, 여기서 우리 할아버지(염군칠, 6·25때 사망)가 맨들으면, 봄에 맨들어 가지고서는, 그네들이 가져가고 그랬지. (…) 나무는 소나무, 소나무가 유하지. 노꼬가 일본 톱이야. 노꼬. 그걸로 통나무를 캤어. (길이가) 스무 자 내지 열댓 자. 두께가 두 치. 그 놈을 다듬어 가지고서는, 밑에다 불을 해 놓고 구워. 밑에나 낭구를 해 놓고 구우면, 나무가 이렇게 꼿꼿한 놈이, 구부러질 거 아냐, 이렇게. 그럼 그걸 가지고 뱃전들을 이렇게 잘라 맨드는 거야. (배 모양은) 아니, 이렇게 일자가 아니고, 반달처럼 만들었지. 꼭대기서 보면 밑바닥은 여기서 들려요. 이렇게 복판만 깔아 앉아. 배에 짐을 실으면 복판으로 내리면서 앞에가 힘을 받잖아. 일자로 하면 안 나가요, 배가 이렇게 일자로 편하게 하면 밑으로 가라앉기 때문에 안 나간다고. (…) 도토리나무, 참나무 이런 걸 가지고 (소나무로 만든 배 옆과 바닥에) '새장'을 지르지. 큰 거는 다섯을 지르고, 보통 네 개. 통나무 있잖아, 이걸 파, 두 치짜리 나무 송판 구녕을 뚫어서 이걸('새장') 세 개 내지 네 개 배 복판으로 지른다. 그러니 짐을 실어도 안 벌어지잖아, 그대로 이렇게 있잖아.

염천수, 1928년생, 북방면 굴지리, 2013.1.5.

(…) 제일 큰 행사라니까. (배를 만드는) 시점은 거의 없어요. 왜냐면 여름에 떠내려가려면, 바로 해야 되니까. 장마 때 관리가 부실해서 큰 장마가 지면은 다 내려가 버리는 거야, 팔당으로. 뻔할 뻔 자야, 어디 걸려도 걸렸는데, 이 길을 타고 거 팔당까지 우리가 갈 능력도 없었고. 차 타고 가서 그거 찾아올 만한 그럴 형편이 안 됐죠. 다시 만들었지. 그리고 배가 낡아서 망가지면. 그땐 거의 가을이지. 바닥 송판은 물에 닿아도, 옆에 이거는 물에 거의 안 닿아요, 바닥이 썩는 거야. 근데 못을 빼고 나면은 이게 넓이가 있으니까, 다시 재생이 안 돼. 많이 써야 3년 4년 써요. 그 다음에 다시 만들어야 되고. (…) 동네에서 제일 어르신들이 어디 나무(낙엽송)가 크다, 나무 선정만 하는 거죠. 큰 나무도 그냥 베면 안 되니까, 돼지머리 갖다가 산신제를 지내고. 막걸리 붓고, 동네 유지들 가서 절하고. (…) 산신령한테 허락해 달라는 뜻이지. 그 나무가 아까운 건 알면서도 어차피 살아야 되니까, 벤 거지. 그 나무 잘라지더라도 동네에 우환이 없게, 그저 우환이 없게 좀 잘해 주십사 고사 지낸 거야. (…) 잘라 가지고. 그게 뭐 잘 끌려 오기나 해요? 동네 사람 다 동원해서 끌고 내려와서. 운반을 못 하잖아요. 아유 이 정도 되는 거 4~5미터 하면은, 산에서는 내려오는데, 바닥에서 옮기는 게 힘들어요. 못 옮기면 어느 정도 자리 되는 데서 켜죠. 켜서 인제 두 쪼가리 내 갖고 오는 거죠. (…) 15일 켜서도 말려야 돼. 배 하나 작업, 저거 되려면 한 달 넘었어. 그때만 해도 이 깎구질, 대자구질 잘하는 사람, 거 배 만드는 사람, 그런 사람들 위주로 했죠. 중경 아버지가 많이 잘했어. (…) 품삯이라는 건 없었고, 솔선수범해서 봉사를 한 거죠. (…) 대자구 가지

고, 톱 이만한 거 넓적한 거. 그걸로 반을 켜 가지고 자구를 깎아 갖고 배를 짰죠. (…) 배 기럭지(길이)가 거의 한 4~5미터 됐어. 그거를 이제 배 옆만 대는 거예요. 앞에는 물살이 채지 말라고, 이렇게 양쪽 나무를 맞대 갖고, 뒤에는 조금 벌렸어요. 그 큰 나무는 옆만 대고. 우리 어려서는 어린 나무를 잘라다가 이걸 바닥을 댄 거지. 조금 지나서는 송판을 사다가, 송판은 바닥을 깔고, (…) 한 70년도부터 깔았죠. (…) 나무를 바짝 말려서 딱 거기다 박으면, 그 나무가 불으면 물이 안 새요. 그리고 새면은 헝겊이나 이걸로, 톱밥 주면은 안 새지. 아무리 뱃밥을 주고 틈을 배기고 나무를 대도, 이게 물에 갖다 배를 띄우면 물이 슬슬 올라와요. 근데 여기 한 3일 지나서 나무가 불으면, 이 틈이 없어져 버려요, 나무가 불으니깐은. 그래도 물은 차요. 물은 차 갖고 맨 퍼내요. (…) 나무로 하다가 70년대, 동네 인제 어르신들이, 야 이거 인제 힘들다. 나무 깎고 하고 너무 고생이 많으니까. (…) 그 다음에 76년돈가는 철공소 가 가지고, 맞춰 왔어. 철배로다가, 홍천의 철공소에서. 물에다가 띄우고선 타고 내려온 거지. 그때만 해도 이 벼루고개는 사람도 못 가서. 배 만들고 띄우는 날이 제일 큰 잔치야.

정순현, 1956년생, 북방면 장항리, 2012.10.24.

전문 배목수가 만든 나룻배를 사 오기도 했지만, 마을 사람들이 공동 노동으로 배를 직접 만들기도 했다. 목재는 마을의 산에서 구하였는데, 소나무 또는 낙엽송이 이용되었다. 벌목을 따른 우환을 막고자 산신제를 지냈다. 자른 나무를 배 만드는 장소, 대부분 강변으로 옮기는 일이 가장 힘들었고, 많은 사람들이 동원되었다.

나룻배 모양은 일제 시기를 거치면서 변화가 있었던 것으로 보인다.58 일반적으로 강배를 '늘배'라고 하는데, 홍천강에서 이 말을 들을 수는 없었다. 〈그림 1〉의 김홍도 그림과 두 사람의 사례에서 보듯이, 나룻배도 강을 길게 오르내렸던 장삿배들처럼 배 밑이 평평한 평저선이었다. 평저선의 나룻배는 수심이 얕고, 무엇보다 모래밭 등에 쉽게 나룻배를 댈 수 있었다. 뱃전은 바닥에서 약 1미터 정도의 높이로 위로 비스듬히 세워졌고, 윗부분에는 사람들이 타고 내리기 좋도록 널판을 대었다. 이를 위해 나룻배 바닥의 앞부분 가운데 물이 닿는 부분을 불로 구워 위로 구부리기도 하였다. 장항리 나룻배에 대한 정순현 씨의 이야기에서처럼, 배 앞부분은 옆의 널판이 서로 맞닿는 모습으로 점차 바뀌는데, 이는 일본식 건조법의 영향에 따른 것으로 보인다. 나룻배를 한 번 만들면, 보통 10년 넘게도 사용했다고 한다. 하지만, 보통 3~4년 사용하면 물이 닿는 배의 밑바닥이 닳거나 썩기 때문에 교체를 해 주어야 했다. 그런데 나룻배의 자연 수명과는 상관없이 갑작스럽게 비가 많이 내려서 나룻배가 떠내려 가 버리는 경우가 많았다. 그러면 배를 새로 만드는 수고를 들여야 했으므로, 배를 관리하는 일은 매우 중요하였다. 더욱이 해빙기의 봄장

---

**58** 전통적인 한선의 선형을 가진 강배는 전혀 볼 수 없으며, 따라서 우리나라 연해안과 강의 목선 문화는 일본의 목선 문화의 연장으로 보여진다. 결과적으로 한선은 일본 복선 권역圈域에 속하고 만 것이다. 한선의 전통이 갑자기 끊긴 결정적 원인은 일제의 강제 침입 때문이다. 일제는 대한제국을 합병한 뒤 가혹한 식민 통치를 자행하면서 이른바 '조선 민족문화 말살정책'을 폈다. 그 영향이 배 만드는 데에도 미쳐, 경제적이고 성능이 좋다는 이유를 들어 일본 목선의 조선造船을 강요했다. 그 뒤부터 1945년 광복 때까지 우리 조선 기술자들은 일본 목선을 만드는 기술만 교습 받게 되었고, 자연 우리 전통 한선의 맥은 자취를 감추고 말았다(이원식,《한국의 배》, 대원사, 2003, 5~6쪽, 7쪽).

마 때 얼음과 함께 흐르는 물살이 거세 피해가 컸다고 한다.

> (나룻배는) 여름에만 하고 겨울에는 여러 동네 사람 모여서 바깥
> 으로 내놔야 돼요. 왜냐하면 물에다 그냥 놨다가 겨울에 얼어붙잖아
> 요. 강물이 얼어 있는 상태에서 봄에 일찍 비가 오는 때가 있어요.
> 얼음 다 싹 녹기 전에. 그런 거 '벌병'이라 그러는데, 물이 늘어 가지
> 고선 저거 하면 얼음장 이런 게 막 깨져, 구들장 같은 게 막 내리 밀
> 고 이러면 배가 부서지고 망가지잖아요. 그걸 방지하기 위해서 인제
> 건져 놓은 거죠, 겨울에는. 인제 얼음이 다 녹기 전에 큰물이 나가
> 면, 그냥 엄청난 얼음덩어리가 부서져 내려오는데요. 그 물 힘이 얼
> 마나 센지. 그런 거에 걸리면 다 부서지고 그러잖아요.
>
> 김욱동, 1936년생, 북방면 노일리, 2012.7.24.

홍천강은 한국의 여느 하천처럼 계절별 강우량에 따라 수량, 유
속 등에서 커다란 변화가 있다. 물살이 잔잔할 때는 큰 문제가 없
지만, 더욱이 장마철에 물이 불어나 물살이 빠를 때는 물살을 거
슬러 나룻배의 노를 젓는 일은 보통 어렵고 위험한 것이 아니었
다. 그럼에도 나룻배는 강촌 사람들에게 없어서는 안 될 교통수
단이어서, 학생 등은 하루에도 한두 번씩 나룻배를 타고 강을 건
너야 했다. 따라서 나룻배의 안전에 대한 염려가 많아, 봄철에 나
룻배를 띄울 때는 뱃고사를 지내는 것이 보통이었다.

> 뱃고사는 지내고 그랬지만 섶다리 같은 건 안 했어요. 배는 그거
> 진짜 위험한 거거든요. 많은 물에 건너다가 사고도 난 예가 있지만.
> 내가 군대 갔을 때(1950년대 후반)에요, (나룻배 사고가) 구실고개,

학교 앞에서 (일어났어요). 남면 장(양덕원) 다닐 적에 고개로다 넘어 다녔거든요. 용수리 (학생들이) 노일학교 운동회 구경을, 가까운 근교니까, 같이 와서 뛰고 뭐, 저거 하루 즐기기 위해서 (와서) 노일에서 나룻배 타고 건너가다 배가 뒤집혀서 사람 많이 죽었어요. 사고가 날 우려가 많고, 위험한 거니깐. 배 띄울 적에 고사 올리고서는 띄워 놓고. 뱃고사는 뭐, 나만 한 노인네가 있으면 나만 한 노인네가 지낼 수도 있는 거고. 거기 모인 주민들 가운데 지명해서, 누가 고정적으로 하는 게 아니고. 그냥 뭐, 잔 올릴 적에, 향 피우고 잔 올리고 이러고 절하고 끝나고 그러는 거죠. 배에다가 찔금찔금 잔 부어. 제물이래야 뭐 있어요. 막걸리 한 잔 부어 놓고. 그 전에는 꼭 북어, 북어고. 그런 거 놓고. 잔 한 잔 올리는 거죠.

김욱동, 1936년생, 북방면 노일리, 2012.7.24.

뱃고사를 지내고 조심하여 운행을 했지만, 불어난 강물이나 초과 인원 승선 등으로 말미암아 크고 작은 나룻배 사고가 심심치 않게 벌어졌다. 위의 사례처럼 나룻배가 전복되어 사람들이 목숨을 잃기도 하였다. 대표적인 사고가 1980년대 중반에 일어났던 팔봉나루터 나룻배 전복 사고였다.

그날 (춘천시 남산면 광판리) 장날인데, 장에 갔다 오는데 이게 비가 퍼부었다고. 근데 배로다가 삿대질을 해서 건너야 되는데 그 배 보는 사람이 그 아래다 줄을 매고서 줄로 했다고. 그러니깐 장에 갔다 와서 이제, 너무 많이 태워 가지고 이게 뒤집어졌잖아. 그래 여덟 명이 죽었잖아. 그래서 그, 다리 저 쪽에 위령비를 세운 게. (…) 근데, 저건 대통령(전두환)이 해 준 거거든. 하사품이거든, 다리가.

반선균, 1939년생, 서면 팔봉리, 2012.7.19.

팔봉나루터 사고는 아직도 홍천강변 주민들이 뚜렷하게 기억하는 사건으로, 당시 시신이 강물 따라 마곡리까지 떠내려 왔다고 한다. 이 사건 이후 팔봉나루터 자리에는 정부에서 긴급 지원하여 만든 다리가 놓였고, 나룻배는 더 이상 다니지 않게 되었다.

그렇지만 말골 나룻배처럼 나룻배는 최근까지도 홍천강변 마을 주민들이 강을 건너는 주요 수단이다. 오늘날 홍천강을 따라가다 보면 여전히 나룻배를 이용해서 강을 건너는 것을 심심치 않게 볼 수 있다. 곧 전원주택이 이곳저곳에 들어서면서 개인적으로 나룻배를 이용한다. 나룻배가 멈춘 나루터 자리에는 대부분 현대식 다리가 들어섰다.

### 나. 섶다리

홍천강 도하 방식에서 나룻배와 더불어 빼놓을 수 없는 것이 섶다리이다. 섶(섭)이란 보통 잔가지를 가리키며, 섶다리는 잔가지 등을 이용해 만든 다리라고 할 수 있다. 북방면 굴지리의 염천수 씨는 섶다리가 아니라 '삽처럼 생겨서' 삽다리라고 한다고 하였다. 섶다리는 홍천강이 겨울철에 얼기 때문에 생겨난 적응방식이었다. 곧 섶다리는 나룻배를 이용할 수 없는 겨울철이나 장소에서 홍천강을 건너는 가장 보편적인 방식이었다.[59] 물론 굳이 겨울

---

[59] 조선시대에 교량 건설이 가능했던 곳은 하폭이 좁은 소하천에 국한되었다. 교량 가운데에는 서울 동교東郊의 살고지다리, 장호원 청미천淸美川다리 등의 석교石橋도 있었으나 대부분의 교량은 목교 또는 나무 기둥을 세운 후 그 위에 솔가지, 거적 등을 깔고 흙을 덮은 임시방편적인 것이었다. 따라서 홍수기에는 교량이 유

철이 아니더라도, 자연 조건에 따라 다양한 다리들이 놓여졌다. 물이 얕은 곳에는 디딤돌 다리, 폭이 좁은 강에는 통나무나 널나무 다리를 놓았다. 특히 물살이 빠른 곳은 폭이 좁지 않더라도 가능한 다리목을 적게 쓰는 널다리를 놓았다. 다음은 내린천 상류에 위치한 홍천군 내면 광원리의 강을 건너는 방식에 대한 이야기이다.

〈그림 2〉 김득신 〈귀시도〉

섶다리는 안 놨어요, 놓을 수가 없죠. 널다리 해 놓으면은 그거 썩을 때까지 동아줄만 든든하면은 두고두고 써먹는데 섶다리는 한 번 하면 싹 나가잖아. 널다리는 구멍 뚫버서 와야(줄)로 저 큰 위로 나무

실되는 경우가 많아 교량건설은 마치 연례행사와도 같았고, 노동력 동원이나 경제적인 부담도 컸다. 감입곡류하는 하천은 교통 장애물로 작용하는 가장 큰 지형 요소였다. 이 지형은 하안이 절벽으로 연속되어 있기 때문에 육로 유치가 쉽지 않을 뿐더러 수운도 불가능하다. 특히 영월 상류의 남한강 본류와 평창강 · 주천강의 감입곡류부는 오늘날까지 커다란 교통 장애로 작용하고 있다. 대표적인 곳으로 정선 · 평창 · 영월 지역을 들수 있다. 정선에서 영월에 이르는 직로直路는 한강 수로이지만, 현 도로는 평창(42번국도)이나 영월 신동읍(38번국도)을 경유하여 크게 우회하고 있다(김종혁, 앞의 글(2001), 63쪽).

에다 매달어. 그럼 물이 많아 떠나가 강에 가 붙어, 그럼 또 끌어다 또 놓고 또 놓고 하는데, 섶다리는 왕창 나가 가 가지고 어디로 가는지, 한강으로 가는지. 그러니깐 여기는 나무도 좋고, 저쪽(홍천군 서면, 북방면 등지)에서는 나무도 구하기가 힘들어. (…) 물살이 여긴 아주 급류잖아. 섶다리 해 놓으면 금방 물만 불으면 금방 다 쓸어 버려, 쉴 채가 없어. 섶다리를 저기 황보네 문 앞에다 언제 한 번 놨댔어. 놨는데 그게 맥없이 아주 몽땅 떠내려 가 버렸지. (…) 황보네 집 앞에는 바위가 있어서 바위에다 놨는데 뭐 (널)다리를. 그 위에 시방 (콘크리트)다리 놨는데 글로, 그 우로 (널)다리가 있었어.

김승문(1936년생)·이기환(1937년생)·이상목(1936년생)·장봉규(1929년생),
내면 광원리, 2012.8.8.

내면 광원리는 내린천의 상류 지역으로 물살이 빠르기 때문에 섶다리 대신 널다리를 놓았다고 한다. 상류와 견주어 물살이 느리고 강폭이 길고 수심이 깊은 홍천강 하류 지역에서 일반적으로 강을 건너는 다리는 섶다리 또는 '낭구다리'였다. 나룻배를 대신하는 교통로를 유지하고자 섶다리를 놓는 일은 마을에서 가장 큰 일로 마을 주민들이 모두 참여하였다.

옛날에 이 강에다가 '낭구다리' 놨잖아요. 음력 10월 달, 9월 달, 8월 달 이렇게 놓지. 그 봄에 인제 장마가 지면 휙 제 떠내려 가잖아. 그듬 해 또 놓고 그랬는데, 이젠 뭐 저 (구실)고개 넘어가먼 용수골이 나와요, 남면이라는데. 왜정 때 그리 여기 사람이, 그리 줄창 댕기며 장場 봐 오고 그랬어요. 저 양덕원, 남면. 여기 곡식 짊어지고 그 다리를 건너서 양덕원 가서 장 봐 오고 그랬어요. (양덕원까지) 한 20리. 홍천(읍)

으로 가래면 여간 멀어요! (…) (춘천시 남산면) 광판장에는 우째다가 댕기고. 양덕원장, 거길 많이 봤지. (…) 사는 동네마다 놓지, 여기 큰말 사람은 저 구실다리 놓고, 윈터 사람이 놓고, 구룡밭다리는 구룡밭 사람이 놓고. 그래가지고 저 양덕원장을 보러 댕겼잖아요. 노일(리)만 해도 (다리가) 하나, 둘, 서이, 너이. 여기 남머리라고 여긴 농사 다리야, 남머리다리는 농사지을라고 놓고 그랬어요. 8월 달에 인제 다리를 놓으면은, 농사는 저 8~9월에 추수를 하잖아. (…) 다리를 벌써 뜯기 전에 장마가 져서 떠내려가는 걸 뭐. 안 떠내려가는 해가 있었어. 그때 뜯지. 뜯어 놨다가 고 다음해 또 놓고 그랬지. 대개 다 떠내려가더라고. 이 산에서 모두 베어다가. 소나무도 놓고 참나무도 베어서 놓고 그랬어. (다릿발은) 참나무로 가달배기 이렇게 진 걸 베요. 또 '덕운'(덕)이라고, 소나무 이런 걸 베고. 구녕을 뚫어 양쪽에다 인제 아까 다릿발이래는 그걸 맞춘다고. 그래가 세워 가지고, 잡목 있잖아요, 잡목을 깔고, 떼를 꼭대기다 깔고 그래 평평하게 되니까, 사람이 건너 댕겼어요. (폭은) 한 발 정도. (…) (다리 놓는 게) 큰일이나 마나 여기 사람 말도 못했어요 사느라고. 어유 큰일이랬죠, 아주 부역이지. 여기 웬만한 4~50대 먹은 사람들, 그때껏 놨지, 다 놨어요. (며칠 동안 합니까?) 작목 하루 하고, 한 이삼일 걸려야 돼요.

최승갑, 1929년생, 북방면 노일리 큰말, 2012.7.10.

홍천 지역은 바다에서 멀리 떨어진 내륙에 자리 잡고 있어 대륙성 기후, 내륙 산악 지방 기후대로 일반적으로 기온 변화가 심한 편이다. 1987년도 경우, 1월에 기온이 가장 낮았고 8월에 가장 높았다. 1월의 평균기온은 섭씨 −5.9씨, 최고 섭씨 7.4씨, 최저 섭씨−12.5씨였고, 8월의 평균기온은 섭씨 23.6씨, 최고 섭씨 33.3씨 최저 섭씨

17.6°씨였다.[60] 홍천강의 주변 지역은 양력 11월이 되면 기온이 영하로 떨어진다. 겨울철에는 나룻배를 운영할 수 없기 때문에 겨울이 다가오기 전 섶다리를 놓기 시작하였다. 위 사례자는 섶다리를 놓는 시기를 음력 8~10월경이라고 하였는데, 보통 가을 농사가 끝날 무렵인 음력 9월 말 무렵이었다고 한다. 홍천강 뱃길이 끊긴 뒤로 섶다리를 놓는 시기는 자유로웠지만, 강을 가로지르는 섶다리가 뱃길을 막아버리기 때문에 장삿배들이 홍천강을 오르내리는 시기를 피해야만 했다. 이런 점을 고려한다면 홍천강 수운이 한참일 때 섶다리를 놓는 시기는 장삿배들이 하강을 마무리하는 음력 10월 말 무렵이었을 것이다.

섶다리는 주요 나루터 지점 말고도 수확물을 운반하고자 자신들의 농토로 있는 연결되는 길목에도 놓았다. 이는 나룻배가 만드는 일뿐만 아니라 운영하고 관리하는 데 비용이 많이 드는 반면, 섶다리는 하루 이틀에 걸쳐 놓고 나면, 크게 신경을 쓰지 않아도 되었기 때문이었다. 섶다리를 놓기 위해 지난 해 사용하였던 자재를 다시 이용하기도 하였다. 곧 강물이 풀리는 봄철, 음력 3월 초 무렵에 섶다리를 뜯어서 자재를 보관해 놓았다가 다시 사용하였다. 그런데 농사일 등으로 다리를 해체하는 시기를 놓쳐 봄장마와 이른 여름장마에 섶다리가 휩쓸려 떠내려가기가 다반사였다. 그러면 처음부터 자재를 준비해서 다리를 놓아야 했다. 노일리의 경우, 섶다리 놓는 일은 이장을 중심으로 진행되었다. 다른 대부분 마을들도 마찬가지였다. 이장은 다리를 놓을 날과 준비할 자재를 주민들, 대체로 반별로 분담하여 공지하였다. 이장 또는 반장이 일을 분담해 주면, 주민들은 인근 국유림에 가서 다리발, 널 등에 쓸 나

---

**60** 홍천군, 《홍천군지》, 홍천군, 1989, 356쪽.

무를 잘라 와서 다듬었다. 그리고 다리 놓는 날 준비한 자재를 가지고 다리 놓을 장소로 모였다. 다리 놓을 때는 모든 사람들이 함께 하였지만 물속에서 일해야 했기 때문에 힘센 청년들과 노련한 목수 등이 앞장을 섰다.

먼저 다리발을 크기에 맞게 잘라 세웠다. 다리가 물살에 휩쓸리지 않도록 다리발을 세우는 일은 가장 어렵고 중요했다. 나아가 사람이 짐도 지고 다니고, 때로는 소도 건너갈 수 있도록 하기 위해서는 다리발이 튼튼해야 했다. 다리발은 ㅅ모양으로 양 다리가 대칭적이어야 해서 대체적으로 가지가 양쪽으로 굵게 잘 벌어진 참나무가 많이 이용되었다. 폭 1미터(한 발) 정도 벌려 양쪽에 다리발을 세운 다음, 다리발의 끝부분에 편목의 가장자리에 뚫어 놓은 구멍을 맞추어 끼워 다리발을 고정시켰다. 이 편목을 '덕운'이라고 하였는데, 편목은 소나무가 많이 이용되었다. 편목과 편목 사이 위에 8~12자 길이의 널판을 걸쳐놓았다. 널판은 주로 소나무로 만들었지만, 곧게 뻗은 낙엽송으로 만들기도 하였다. 그런 다음 소나무 등 잔가지, 곧 섶나무를 깐다. 섶나무 위에 자갈을 깔고, 그리고 떼, 곧 흙을 붙여서 뿌리째로 떠낸 잔디를 입혀 평평하게 다듬었다. 겨울철에는 강물이 얼고 섶다리 위도 얼음이 얼어 단단하여 소가 다녀도 끄떡없었다고 한다. 마지막으로 섶다리를 만든 뒤에는 나룻배를 물가의 마른땅으로 옮겨 놓아 나룻배가 강물에 얼어붙어 파손되는 것을 방지하였다.

해마다 나룻배를 이용할 수 없는 겨울철에 강 건너에 일을 보러 가기 위해 놓이던 섶다리는 도로 교통이 발달하면서 점차 자취를 감추었다. 대신 강물이 풀리고 장마가 져도 쉽게 떠내려가지 않는 튼튼한 콘크리트 다리가 놓였다. 콘크리트 다리는 예전의 섶다리가 있던 자리에 놓이기도 했지만, 때로는 새로운 길을 만들어 섶다리가 놓여 있던 때와 다른 지역소통체계를 형성하고 있다. 다른 한편으로 노일리의 구실고개와 같이 섶다리로 이어졌던 옛길들은 자취를 감추기도 하였다. 오늘날 홍천강에서 일상에서 사용하고자 섶다리를 놓는 일은 없다. 단지 홍천군 서석면 검산리, 북방면 노일리 등 일부 마을들에서 관광 상품으로 섶다리를 놓아 옛 향수를 자극하고 있을 뿐이다.

## Ⅳ. 나가며

홍천 사람은 동서로 흐르며 남북을 가르는 홍천강에 대하여 다양한 적응방식을 만들며 생활을 영위해 왔다. 동쪽, 즉 내면 뱃재에서 발원하여 홍천군을 가로지르며 국내 최대의 도시 서울이 있는 서쪽을 향해 흐르는 홍천강은 홍천의 마을들과 외부 세계를 이어 주는 중요한 소통로였다. 홍천 사람들은 홍천강을 오르내리는 뗏목과 장삿배를 통해 서울 나아가 중국, 일본 등의 외부 세계와 소통하였다. 특히 뗏목 형태로 운반된 산촌의 대표 산물인 목재는 서울의 주요 건축과 화목 생활을 가능하게 하였다. 목재의 생산과 운반은 홍천강변과 산간 마을 사람들의 가장 큰 일거리 가운데 하나였다. 겨울철에는 산골 이곳저곳에서 산판이 벌어졌고, 봄과 여름 특히 '복伏물'이 내리는 시기에는 뗏목들이 서울을 향해 갔다. 이 뗏목 운행은 강변 마을에 수없이 많은 애환을 남겼고, 이는 오늘날 한강 수운의 상징으로 여겨지고 있다.

그런데 한강 수운의 핵심은 뗏목이라기보다는 장삿배와 운반선들이었다. 이들은 콩, 화목, 소금, 새우젓으로 대표되는 물품들을 사고팔며 홍천강변, 이른바 나루터를 교역의 장으로 만들었다. 오늘날 서울 지역과 크게 교역이 없는 것으로 여겨지는 홍천은 춘천과 더불어 북한강 수운의 중심 지역으로, 서울과 하나의 경제권 나아가 문화권을 형성하였다. 그러나 1939년 개통된 경춘선 철길과 특히 청평댐의 건설로 물길이 막히면서 홍천강 수운의 역할은 막을 내렸다. 홍천군 산간 지역과 서울을 잇는 동서 교역의 역할은 도로 교통에 넘겨졌다. 홍천강의 깊은 물길과 많은 수량, 풍부한 목재와 콩, 팥 등의 다양한 밭작물을 제공해 주었던 심산계곡은 도로 교통의 발달을 더디게 하는 방해물이 되었다. 홍천강을 통해 외부 세계와 교류하였던 홍천의 산간 마을은 도로 교통으로부터 일정 정도 소외되었고, 이른바 두메산골, 오지奧地가 되었다.

다른 한편, 동서를 이어 주던 홍천강은 마을과 마을을 남북으로 나누었다. 이러한 소통의 어려움은 나루터와 섶다리라는 독특한 적응방식을 만들어 냈다. 여름이면 많은 비로 강물이 넘쳐흐르고 겨울이면 추위로 강물이 얼어버리는 내륙 산악 기후의 계절적 특성으로 말미암아 섶다리와 나룻배는 서로 보완하며 강변 사람들의 일상 교통로가 되었으며 이 중심에는 오일장이 있었다.

갑자기 불어난 물이나 추위에 흔적도 없이 부서지고 사라진 나룻배와 섶다리를 만들고 관리하는 것은 주로 마을 사람들의 몫이었다. 이는 강변 마을의 주요 공동 행사 가운데 하나였고, 이를 통해 마을 공동체성을 표현하기도 하였다. 그러나 나룻배와 섶다리는 하나둘씩 기후 영향을 덜 받는 '튼튼한' 근대적 다리, 이른바 콘크리트 다리로 바뀌었다.

결국 홍천강에서 장삿배와 뗏목, 나룻배와 섶다리를 통해 외부와 소통하던 방식은 도로 교통을 대표하는 '콘크리트 다리'만 남았다.

콘크리트 다리는 기존과는 다른 새로운 지역소통체계 나아가 사회문화체계를 만들었다. 이 소통체계에서 홍천강은 넘어서야 할 장애물 외에 별다른 의미를 갖지 못한다. 콘크리트 다리는 홍천강물이 자신의 흐름을 방해하는 것을 허락하지 않고자 더욱더 튼튼하게 다리발을 세운다. 댐으로 말미암아 흐름을 멈춘 홍천강은 점차 '호수화'되고, '아름다운 경관'을 가진 강변 휴양지와 유원지로만 남게 되었다.

# 참고문헌

강대덕 편,《조선시대 사료를 통해서 본 홍천》, 홍천문화원, 2000.

권혁준, 〈인제 〈뗏목아리랑〉에 투영된 떼꾼의 삶〉,《강원민속학》23, 강원 민속학회, 2009.

권혁희, 〈밤섬마을의 역사적 민족지와 주민집단의 문화적 실천〉, 서울대학 교 인류학과 박사학위논문, 2012.

_____, 〈1900~1960년대 한강수운의 지속과 한강변 주민의 생활〉,《한국학 연구》44, 고려대학교 한국학연구소, 2013.

_____, 〈식민지 시기 한강 밤섬마을과 조선업(造船業)〉,《지방사와 지방문 화》16(1), 역사문화학회, 2013.

김재완 · 이기봉, 〈구한말−일제강점기 한강 중류지역에 있어서 교통기관의 발달에 따른 유통구조의 변화〉,《한국지역지리학회》6(3), 한국지역지리학 회, 2000.

김종혁, 〈북한강 수운연구〉, 고려대학교 석사학위논문, 1991.

_____, 〈조선후기 한강유역의 교통로와 시장〉, 고려대학교 박사학위논문, 2001.

김종혁, 〈전근대 수로의 경제적 기능과 문화적 의미−한강을 중심으로〉, 《역사비평》74, 역사비평사, 2006.

_____, 〈땅길과 물길의 근대적 변화와 지역사회〉,《쌀 · 삶 · 문명연구》창 간호, 전북대 쌀 · 삶 · 문명연구원, 2008.

박민일, 〈북한강 뗏목:인제 · 소양강 뗏목을 중심으로〉, 《강원문화연구》 12, 강원대학교 강원문화연구소, 1993.

안승택, 〈식민지 조선의 근대농법과 재래농법:경기남부 논밭병행영농의 환경 · 기술 · 역사에 대한 인류학적 연구〉, 서울대학교 박사학위논문, 2007.

이원식, 《한국의 배》, 대원사, 2003(1990).

장정룡 · 이한길, 〈인제뗏목과 뗏꾼들:박해순의 삶과 생애〉, 인제군, 2005.

전신재, 〈홍천지역의 설화와 민요〉, 한림대학교 인문대학 국어국문학과 편, 《강원구비문학전집》, 한림대학교출판부, 1989.

정승모 · 오석민 · 안승택, 〈한강유역의 나루터〉, 경기도박물관, 《한강 -경기도 3대 하천유역 종합학술조사 Ⅱ》1, 경기도, 2002.

진용선, 《정선뗏목》, 정선문화원, 2001.

최승순 · 박민일 · 최복규, 《인제 뗏목》, 강원대학교출판부, 1973(인제문화원, 1985 재발간).

최영준, 〈남한강 수운연구〉, 《지리학》 35, 대한지리학회, 1987.

최종일, 〈북한강 수운 연구〉, 《강원문화사연구》 4, 강원향토문화연구회, 1999.

홍천군, 《홍천군지》, 홍천군, 1989.

_____, 《우리고장 홍천》, 강원출판사, 1992.

허 림, 《400리 홍천강 물길을 따라》, 홍천문화원, 2010.

# 2. 홍천강 지류별 마을 제의 존재 양상
## -성산천, 풍천천, 성동천, 굴지천을 중심으로-

이 영 식(강릉원주대학교 국어국문학과)


## Ⅰ. 머리말

수많은 개울이 모여 내를 이루고, 그러한 여러 내들이 하나둘 다시 모여 강을 이루듯이, 내촌천, 속사천, 청량천, 어론천, 수하천, 경수천, 장남천, 삼거천, 평천, 군업천, 야시대천, 성산천, 풍천천, 굴운천, 덕치천, 성동천, 장전평천, 오안천, 굴지천, 구만천, 양덕원천, 중방대천 등 홍천군을 가로지르는 크고 작은 30여 개의 준용하천들이 모여서 홍천강을 이룬다.[1]

사람이 살아가는 데 있어서 가장 필요한 것은 물이다. 곧, 물은 식수에서 농업용수에 이르기까지 우리가 생활하는 데 없어서는 안 될 소중한 것이다. 이러한 까닭에 인간은 오래전부터 물이 있는 곳에 정착을 하여 마을을 이루었고, 또 물의 양에 따라 마을의

---

[1] 정장호 · 원종관, 〈홍천군의 지리적 환경〉, 《홍천군의 역사와 문화유적》, 강원문화연구소 · 강원도 · 홍천군, 1996, 47~50쪽 참조. 한편, 내면의 여러 마을을 통하는 조항천, 자운천, 개방천, 방내천 등은 홍천강으로 들어가는 것이 아니라 내린천으로 흘러간다.

규모도 차이가 났다. 홍천강의 지류도 이와 다르지 않은데, 지류의 크기에 따라 마을의 규모도 차이가 났다. 아울러 성동천의 끝자락에 위치하고 홍천강과 인접한 하화계리에서는 청동기 유적은 말할 것도 없고 신석기, 중석기, 구석기 등 여러 시대층의 유적이 발굴되었다.[2] 따라서 홍천강과 인접한 마을에는 오래전부터 인간이 거주하였음을 알 수 있다. 홍천 지역 대부분의 마을은 하화계리보다 늦게 형성되었겠지만, 홍천강을 이루는 여러 지류 주변에도 하화계리처럼 오래전부터 인간이 정착하여 생활했을 것이다.[3]

홍천강 지류 주변에는 크고 작은 마을들이 형성되어 있다. 이들 마을이 언제부터 형성되어 오늘에 이르렀는지 정확히 알 수는 없으나, 마을이 형성되면서 마을 구성원들은 마을의 안녕을 위한 제의祭儀를 행했을 것이다. 그런가 하면 각 마을의 제의는 여러 면에서 차이를 보이는데, 신목 유무, 당집의 유무, 제일祭日, 제물祭物 등이 그러하다. 그뿐만 아니라 어느 마을에서는 산신만을 모시는가 하면, 어느 마을에서는 서낭만 모시고, 또 다른 마을에서는 장승, 솟대 등을 상징으로 하는 제의를 지내거나 거리제만을 지내는 마을도 있다. 그리고 예전에는 마을 제의가 있었으나 현재는 지내지 않는 곳이 있는가 하면, 제의를 지내지 않다가 이러저러한 사정으로 다시 부활한 마을도 있다. 이와 같이 홍천강 각 지류의 마을 제의는 곳곳이 다르다.

---

2 최복규 · 최승화 · 이해용, 〈홍천군의 선사유적〉, 《홍천군의 역사와 문화유적》, 강원도문화연구소 · 강원도 · 홍천군, 1996, 73~127쪽 참조.
3 물론 지류마다 지역민의 삶에 따른 흔적의 순서는 차이가 있을 수 있다. 그런데 여기서 말하고자 하는 것은 다소 막연한 시대의 구분이지만, 각 지류의 마을마다 오래전부터 인간이 정착하였으리라는 점을 강조하고자 하는 표현이다.

이 글의 첫째 목적은 홍천강의 각 지류에 접해 있는 마을의 마을 제의를 파악하는 데 있다. 그런데 위에서도 밝혔듯이 홍천강에는 30여 개의 지류가 있다. 이러한 까닭에 이들 지류와 접해 있는 마을의 제의를 모두 살피고 정리하기란 현재 저자의 능력으로 감당하기 어렵다. 이에 이 글에서는 부분적이지만 춘천시와 홍천군에 접해 있고, 지역민들이 신성하고 영험한 산으로 믿는 가리산과 대룡산이라는 두 곳의 줄기를 타고 형성된 성산천, 풍천천, 성동천, 굴지천 등의 하천 주변에서 삶의 터전을 일궈 온 지역민들의 마을 제의를 살펴보겠다. 나아가 이를 바탕으로 지류별, 마을간 제의의 차이 및 특징에 대해서도 알아보겠다.

마을 제의에 대한 명칭은 마을 제사, 마을 공동체 신앙, 마을 동제, 마을굿, 당제 등과 같이 지역 및 연구자에 따라 차이가 있으나, 이들은 모두 개인 및 가정 제의가 아닌 마을 구성원들이 함께 참여하여 지내는 제의에 대한 호칭이라는 점에서 다르지 않다. 지금까지 강원도 각 시군의 마을 제의 및 제당의 조사와 연구는 춘천시,[4] 강릉시,[5] 삼척시,[6] 동해시,[7] 태백시,[8] 영월군,[9] 횡성군,[10] 인제군[11], 양양군[12] 등이 있다. 이들은 지역의 제당, 제의 및

---

4 김충수 · 김풍기, 《춘천의 마을 신앙》, 춘천문화원 · 강원지역문화연구회, 1998.

5 김경남, 《강릉의 서낭당》, 강릉문화원, 1999.

6 장정룡, 《삼척지방의 마을제의》, 삼척문화원 · 삼척군, 1993.

7 이한길, 《동해시 서낭제》, 동해문화원, 2009.

8 김강산, 《태백의 제당》, 태백문화원, 2011.

9 엄흥용 외, 《영월지방 민속신앙과 서낭당조사》, 영월문화원, 2002.

10 이영식, 《횡성의 서낭당》, 횡성문화원, 2008.

11 이학주, 《인제 사람들의 마을제의》, 인제문화원, 2009.

12 이한길, 《양양군 서낭제 축문 연구》, 민속원, 2007.

축문의 많은 정보를 정리하고 있으나, 이 글에서 살피려는 홍천군의 마을 제의는 특정 지역의 자료 및 연구가 제한적으로 있을 뿐[13] 홍천군 마을 제의 전반에 대한 보고서는 아직 정리되어 있지 않다. 이러한 실정에서 부분적이지만 성산천, 풍천천, 성동천, 굴지천 등의 홍천강 지류와 접해 있는 마을의 제의를 살피어 정리하는 것도 의미 있는 작업이라 생각한다.

## II. 지류별 마을 제의 현황

익히 알고 있듯이, 지류支流란 강이나 내의 원 줄기인 본류本流로 흘러들어 가는 물줄기를 가리키거나, 본류에서 갈라져 나온 물줄기를 이르는데, 이 글에서 지류는 본류로 흘러들어 가는 물줄기를 뜻한다. 따라서 지류별 마을은, 지류가 발원하는 곳에서부터 본류에 속하는 홍천강에 이르기까지 지류와 접해 있는 마을들을 이른다.

---

**13**  김의숙, 〈민속신앙 부문〉, 《강원문화연구》 6, 강원대학교 강원문화연구소, 1986; 정윤수, 〈홍천지역 동제와 성신앙: 팔봉산 당굿을 중심으로〉, 《강원민속학》 19, 강원도민속학회, 2005; 김의숙, 〈홍천군 동면 성수리 짓골 당제사〉, 《한국의 마을제의: 현장보고서》 상, 국립민속박물관, 2007; 김의숙, 〈홍천군 팔봉산 당산제〉, 《한국 민속제의 전승과 현장》, 새미, 2009; 이영식, 〈강원도 홍천군 동면과 서석면 지역의 마을제의 변화양상: 제일과 제물 그리고 제례관을 중심으로〉, 《동아시아고대학》 34, 동아시아고대학회, 2014.

## 1. 성산천 주변 마을

성산천은 홍천군 화촌면 풍천리에서 발원하여 화촌면 야시대리와 성산리를 거쳐 홍천강으로 흘러가는 준용하천이다. 아울러 성산천은 춘천시 동면 품걸리에서 발원한 야시대천과 야시대2리에서 만나 야시대1리를 지나 성산2리, 성산1리를 차례로 지난다.

성산1리는 현재 화촌면사무소가 소재하고 있는 화촌면의 중심마을이고, 야시대2리는 일제 때 금광이 있었던 까닭에 한때는 여러 지역에서 이주해 온 분들이 많았다. 예전에는 삼림이 우거져 산판도 크게 했던 마을이다. 그리하여 야시대리에서는 벌목하였다가 여름 장마철이면 적심을 하여 성산1리 발담에서 나무를 건져 그곳에서 떼를 만들어 서울까지 갔다.[14] 현재 야시대2리에는 외지에서 입주한 분들이 많은 탓인지 마을 제의를 기억하시는 분들이 없다. 다만 몇몇 분들이 개인적으로 지당에 다녔던 것을 말해 줄 뿐이다. 그런가 하면 야시대1리 지당골에는 지당이 있어서 음력 섣달그믐에 마을제를 지냈다고 한다. 그러던 것이 한국전쟁 때 지당이 불에 타서 없어진 뒤에는 지내지 않았다. 당시 서낭고사를 지낼 때는 중송아지 한 마리를 잡았는데, 암수는 가리지 않고 머리만을 제물로 썼다. 제주는 당 옆에 땅을 파서 단지를 묻고 그곳에 술을 담가서 사용했으며, 제의는 저녁에 지냈다. 그런가 하면 야시대1리 행교마을에는 솟대, 장승이 없었으며 거리제도 지내지 않았으나, 섣달 보름에 제관 및 도가를 선출하여 서낭제를 지냈다. 그런데 한국전쟁이 끝나고 지내지 않게 되었다.[15] 그

---

**14**  허정봉(남, 91세, 화촌면 성산2리 원평마을 토박이), 2012년 11월 17일.

**15**  허용봉(남, 89세, 화촌면 야시대1리 행교마을 토박이), 2012년 11년 17일.

리고 야시대1리 벌촌에는 지금도 서낭이라 불리는 서낭목이 있으나, 그것은 개인적으로 지내는 제의일 뿐이며, 예전부터 마을 구성원이 함께 지내는 제의는 없었다.[16]

성산2리 원평마을에 서낭당이 있었으나 한국전쟁 때 없어졌다. 마을 제의는 추석이 지난 뒤 바로 지냈던 걸로 기억한다. 그리고 거리치성은 개인적으로 액땜하느라 거리에서 지냈을 뿐이고, 마을에서 거리제를 지낸 일은 없었다. 마을에는 장승, 솟대도 없었다.[17]


## 2. 풍천천 주변 마을

풍천천은 홍천군 화촌면 풍천리에서 발원하여 구성포리를 거쳐 홍천강으로 흘러가는 준용하천이다. 이 하천은 풍천1리, 풍천2리, 구성포2리, 구성포1리를 차례로 지난다.

풍천리는 원래 춘천군 동산면에 속했으나 1973년 7월에 홍천군 화촌면에 편입되었으며, 구성포2리 도심리 또한 춘천군 동산면 북방리에 속했으나 1973년 7월에 홍천군 화촌면 구성포리에 편입되었다. 일제강점기 때 장마가 지면 풍천리, 구성포2리 등에서 적심을 해서 구성포1리 신내에서 나무를 건져 떼를 만들어 서울에 갈 정도로 풍천천에는 많은 물이 흘렀다.

풍천1리는 덕밭재와 웃버덩 두 마을이 있는데, 이들 마을에서는 현재 마을 제의를 지내지 않는다. 덕밭재의 경우, 서낭의 위치에 따라 마을 한가운데 있는 것은 웃서낭, 마을 초입에 있는 것

16  김주인(남, 73세, 화촌면 야시대1리 벌촌마을 토박이), 2013년 4월 9일.
17  허정봉(남, 91세, 화촌면 성산2리 원평마을 토박이), 2012년 11월 17일.

은 아랫서낭이라 불렸다. 가을에 날을 받아서 제의를 지냈는데, 오전에 도가가 당집이 있는 웃서낭에서 백설기와 감주 등을 진설한 뒤 먼저 지낸다. 이후 날이 어두워지면 아름드리나무만 있는 아랫서낭에서 개를 삶아 진설하고 제의를 지내는데, 개를 마리라 부른다. 마을 분들은 아랫서낭을 그냥 서낭이라 불렸다. 이곳에서 지내는 제의를 거리제라 칭하지 않았으나 일종의 거리제로 인식하고 있다.[18] 웃버덩에서는 250여 년 이상 묵은 돌배나무를 서낭으로 모셨는데, 백설기를 진설하고 한지로 곱게 접은 예단과 북어를 실타래로 묶어 나무에 걸고 서낭 제사를 지냈다. 지금은 마을 구성원들이 제의에 관심이 없어서 10여 년 전부터 지내지 않고 있다.[19] 화전 정리로 없어진 마을인 쌍자리골에서도 산신제와 서낭제를 지냈는데, 산신제는 지당이라 해서 도가를 맡은 부부가 새벽에 산에 올라가서 새옹메를 지어 채나물과 북어를 진설하고, 내려와서는 마을 분들과 함께 서낭제를 지냈다. 서낭제에서는 메밥 대신 백설기를 쓰고, 북어와 무채를 진설했다. 서낭제가 끝나고 마을 주민들이 음식을 나눠먹은 뒤 저녁이 되면 작은쌍자리골과 큰쌍자리골로 갈라진 삼거리에서 거리제를 지냈다. 거리제 때 제물은 서낭제의 그것과 다르지 않았다. 마을 구성원의 소원을 바라는 소지燒紙는 서낭제 때 올렸다.[20]

풍천2리에서는 서낭제와 거리제 등 두 제의를 한날에 지냈는

---

**18** 안영균(남, 82세, 화촌면 풍천1리 덕밭재 토박이), 2013년 1월 18일.

**19** 박충한(남, 63세, 화촌면 구성포리 태생으로 50년 전에 풍천1리로 이주), 2013년 1월 18일.

**20** 이인자(여, 61세, 내면 방내리 태생으로 쌍다리굴에서 살다가 화전 정리 때 웃버덩으로 이주), 2013년 1월 18일.

데, 서낭제는 신내마을에서 지냈고, 거리제는 새터마을에서 지냈다. 거리제를 지낼 때는 방향을 봐서 정했기 때문에 지내는 곳이 해마다 바뀌었다. 서낭신은 여신으로, 제의 때는 백설기와 북어포를 진설하고, 술은 단술인 감주를 쓴다. 거리제에서는 개만 한 마리 잡아 삶아서 놓는데, 이는 거리에 있는 온갖 잡신들을 위해 지내는 것이다. 서낭제를 주관해서 지내는 분을 '상도가', 거리제를 주관하는 분을 '하도가'라 해서 도가를 구분하였다. 그러니까 풍천2리에서는 마을 제의를 진행하기 위해 해마다 두 명의 도가를 뽑았다. 서낭은 신내마을에 있었고, 거리제는 새터마을에서 지내는 까닭에 개는 꼭 신내마을에서 잡았다. 이때 개를 잡거나 손질하는 것을 본 사람은 서낭제에 참석하지 못하고 그냥 그 자리에서 기다리고 있다가 서낭제가 끝난 뒤에 사람들이 내려오면 함께 거리제를 지냈다.[21]

구성포2리 무수터마을에서는 예전에 서낭제와 거리제를 지냈으나, 지금은 거리제만 지낸다. 15년 전에 마을의 몇몇 분들이 쓸데없는 짓이라며 서낭당을 없애고 거리제도 지내지 않았는데, 그 뒤 마을에 좋지 않은 일이 자꾸 발생하여 10년 전부터 거리제만 다시 지내고 있다. 서낭제가 거리제처럼 부활하지 않은 것은 15년 전에 당집과 신목을 없앴기 때문이다. 당집을 다시 짓는 것이 번거로워 해마다 정월 보름 이후로 날을 받아 거리제만 지내고 있다. 술은 약주를 구입해서 쓰고 식혜도 준비한다. 식혜는 병에 담아 있는 그대로 진설하지만, 술은 제주로 쓴다. 예전 서낭제 때는 식혜를 쓰지 않고 술만을 제주로 썼다. 하지만 거리제에서는 지금과 같이 식

---

21 안종례(여, 77세, 화촌면 야시대리 태생으로 19세에 풍천2리 신내로 시집옴), 2013년 1월 18일.

혜를 진설하였고, 식혜와 제주는 도가네에서 담갔다. 예전에 도가를 선출할 때는 생기복덕生氣福德을 따졌으나, 지금은 예전처럼 까다롭게 가리지 않고 상갓집을 비롯하여 부정한 데를 다녀오지 않은 사람을 한 달 전에 뽑는다. 축문은 읽지 않고 소지만 올리는데, 먼저 마을의 안녕을 위한 전체 소지를 올린 뒤 각 가정의 대주들 소지를 올린다. 제물로 쓰는 개는 오전에 잡아 네 부분으로 각을 떠서 삶아 준비하였다가 저녁 7시 무렵에 제의를 지낸다.[22]

구성포2리 도심리는 날을 받아서 정월 보름 전후로 지낸다. 제의 명칭은 거리제사라 하며, 돼지머리와 북어, 과일 등을 진설한다. 시간은 해가 진 뒤 어두워지면 지낸다. 마을 초입에서 거리제사만 지내는데, 원래는 더 아래쪽에서 지냈으나 마을에서 거리가 멀면 제물을 진설하는 데 번거롭기 때문에 지금의 자리로 옮겼다. 오래전부터 서낭제는 지내지 않고 거리제만 지냈다.[23]

구성포1리에서는 현재 서낭제를 지내지 않는데, 예전에는 큰서낭제, 작은서낭제라 해서 마을별로 구분해서 지냈다. 서낭제는 음력 정월 14일에 지냈으며, 큰서낭제는 둔덕마을에서, 작은서낭제는 안말인 버덩말에서 각각 지냈다. 제물은 두 마을 모두 돼지머리와 백설기를 썼고, 각 가정의 대주 소지도 올렸다. 경비는 집집마다 쌀을 한 되씩 걷었다. 1960년대까지 지내다가 새마을운동이 시작되면서 없어졌다. 구성포1리 4반에 속하는 오림촌에서는 마을 제의가 없었다.[24]

---

22  최환도(남, 71세, 화촌면 구성포2리 무수터 토박이), 2013년 1월 19일.
23  임은복(남, 70세, 화촌면 구성포2리 도심리 토박이), 2012년 9월 21일.
24  박영한(남, 67세, 화촌면 구성포1리 둔덕말 토박이), 2013년 1월 19일.

2. 홍천강 지류별 마을 제의 존재 양상   71

## 3. 성동천 주변 마을

성동천은 홍천군 북방면 북방리에서 발원하여 성동리, 화동리, 상화계리, 중화계리, 하화계리를 거쳐 홍천강으로 흘러가는 준용하천이다. 북방리는 원래 춘천군 동산면에 속했으나 1973년 7월에 홍천군 북방면에 편입되었다. 예전에는 여름장마 때 북방리, 성동리에서 나무를 베어 적심을 하면 하화계리에서 그것을 건져 떼를 만들어 춘천까지 갔다고 한다.

북방1리 사랑말에서는 예전에 거리제를 지냈으며, 거리제 지내던 곳을 '수살배기'라 한다. 수살배기는 마을 초입에 자리하고 있는 1.5미터 높이의 돌인데, 거리제는 밤에 지냈다. 거리제를 지낼때는 제물로 개를 쓰지 않았고, 백설기와 북어만을 진설했다. 한국전쟁 전까지는 수살배기에서 거리제를 지냈으나, 이후 날을 받아 주는 분도 돌아가시고 해서 그만두었다. 마을에서는 거리제를 거리제사라 했다. 이후 사랑말에서는 마을 제의가 없었으나 마을에 좋지 않은 일이 자주 발생하자 10여 년 전부터 북방1리 사랑말과 엄송골 두 마을이 함께 산신제를 지내고 있다. 현재 두 마을에서 산신제를 지내는 자리는 사냥이나 산삼을 캐기 위해 산에 들어갔을 때 개인적으로 치성을 드리던 곳이다.[25]

북방1리 엄송골에는 예전에 20여 가구가 거주하였던 마을인데, 현재는 10여 가구가 있다. 예전에는 해마다 음력 정월 보름에 집집마다 쌀을 걷어서 마을 초입 바위가 있는 곳에서 거리제를 지냈으나, 서낭제나 산신제는 지내지 않았다. 거리제는 1980년대까지 지냈다. 제관을 미리 정해서 막걸리를 해 놨다가 쓰고, 제물은

---

25  박명춘(남, 73세, 북방면 북방1리 사랑말 토박이), 2013년 1월 11일.

돼지머리, 백설기 등을 진설하고 바위에는 북어와 한지를 실타래로 걸었다. 거리제는 사람이 있는 마을에 호랑이가 다니는 걸 막기 위해 지내는 것이다.[26]

북방2리 무수막에서는 마을 앞 다리를 건너가는 곳인 사곡에서 정월에 날을 받아 거리제를 지냈다. 제의는 50여 년 전부터 지내지 않으며, 제물은 백설기만 진설했다. 거리제는 저녁에 지냈다.[27]

성동1리 돌모루에서는 정월에 개를 잡아 거리제를 지냈으나 한국전쟁 이후 없어졌다. 거리제는 성동리 전체 구성원이 지내는 산천제향에 제관으로 갔던 사람이 와서 지내게 되는데, 돌모루마을에서는 도가를 미리 선출하여 개를 잡고 백설기 한 시루 찌고 개인 소지를 올리며 빈다. 개는 암수를 가리지 않았다. "이 소지는 ○○○ 소지올시다. 1년이면 열두 달, 반년이면 여섯 달 하루 360일, 65일이지, 내내 가드라두 일 년 치가 곱게 날 거 같으믄 소지 일단 상천"하고 축원을 하며 소지를 올렸다. 거리제를 허주제사라고도 하는데, 거리제는 길거리에 돌아다니는 도깨비를 위하는 것이다. 장질부사 염병, 독감 등이 마을에 들어오지 못하도록 막아 달라는 뜻에서 지냈다. 제의는 화촌면 송정리 만내마을과 통하는 삼거리에서 지냈다.[28]

성동2리에서는 거리제를 지내지 않았고, 장승, 솟대도 없었다. 단지 산천제향山川祭享이라 해서 성동리 전체 마을이 어울려 지내던 산신제가 있었다. 산천제향 때 제물은 소 한 마리를 쓰는 셈으

26  허정성(남, 68세, 북방면 북방1리 엄송골 토박이), 2013년 1월 11일.
27  고옥수(여, 75세, 춘천시 동산면 군자리 태생으로 18세에 북방2리로 시집옴), 2013년 1월 11일.
28  고석환(남, 77세, 북방면 성동1리 돌모루 토박이), 2012년 10월 12일.

로 소머리와 다리 네 개를 진설했다. 정월에 산천제향 날을 받으면 그날에 맞춰 도가와 제관을 선출한다. 선출된 제관들은 도가 네에 다들 모여서 목욕하고 깨끗이 한다. 그리고 제일祭日까지 도가네에서 함께 묵으며 날마다 목욕하고 지내다가 제일이 되면 밤중에 제장에 올라가서 제의를 지낸다. 제관은 일곱 명 정도 뽑는다. 그래서 도가를 맡은 집은 불편하기 이를 데 없다. 제일이 가까우면 모르지만 길면 일주일을 그렇게 함께 지내는 경우도 있었다. 산천제향 드리는 곳의 산을 자지봉이라 한다. 만약에 도갓집 부인이 생리가 있으면 다른 집으로 옮긴다. 산천제향 날을 받으면 걸레 정도만 집에서 빨았을 뿐 개울에 가서 빨래를 못했다. 개울이 깨끗해야 한다고 해서 마을 구성원 모두 개울물 더럽히는 행위를 일절 못하게 했다. 제주는 술을 쓰지 않았고, 도가 내외가 제일 전날에 항아리와 식혜 밥을 가져가서 제장에 항아리를 묻고 그곳에서 감주를 담가 두었다가 썼다. 그리고 제의를 마치면 내려와서 소머리는 제관들이 나눠 가졌다.[29]

화동리에서는 현재도 정월 초나흘이면 서낭제를 지내고, 장승과 솟대도 세우며 거리제도 지낸다. 정월 초나흘 오전에 산에서 나무를 준비해 동쪽의 동방청제장군東方靑帝將軍이 있는 곳에서 장승과 솟대를 다듬어서 그곳에 먼저 동방청제장군 장승과 솟대를 세우고, 내려오면서 양쪽으로 중앙에 있는 천하대장군天下大將軍, 서쪽에 있는 서방백제장군西方白帝將軍 등의 장승을 각각 세운다. 장승을 세울 때 솟대도 함께 세우는데, 솟대를 마을에서는 수살이라 한다. 장승과 수살을 다 세우고 날이 어두워지면 먼저 서

---

29  최순희(여, 77세, 원주 신림 태생으로 18세에 성동2리 샛말로 시집옴), 2013년 1월 20일.

낭에서 서낭제를 지내고, 다음에 천하대장군 앞에서 장승제를 지내고, 그 다음에 거리에서 거리제를 지낸다. 서낭제를 지낼 때는 백설기, 북어, 소 다리(서낭제와 거리제에서만 하나씩 놓는데, 앞뒤다리는 구분하지 않는다), 삼채나물, 곶감, 대추, 밤 등을 진설한다. 세 장승에는 특별히 진설하는 것이 없고, 천하대장군 앞에서만 삼채나물, 곶감, 대추 밤 등을 차린다. 세 장승에게 왼새끼에 한지를 접어 예단을 입힌다. 현재 마을에 40여 가구가 있는데, 각 가정에서 쌀을 한 되씩 걷어서 그걸로 백설기를 한다. 서낭제 지낼 때는 시간이 많이 걸리는데, 그것은 마을 구성원의 각 소지를 올리기 때문이다. 서낭의 성별은 모르며, 성황신이라 한다. 수부는 모시지 않는다. 예전에 서낭 안에 주물로 만든 돼지처럼 생긴 것이 여러 마리 있었는데 누가 다 집어 갔다. 현재 위패와 돌 하나가 있다. 서낭제는 한 해도 거르지 않았고, 다만 날을 받아 놓고 마을에 장사가 나면 제일을 옮기긴 했다. 그러다가 육갑을 집는 분이 다들 돌아가시어 날을 받는 일이 어렵게 되자 현재와 같이 정월 초나흗날로 고정하였다. 서낭제 때 제관 한 명, 축관 한 명, 유사 한 명을 뽑는다. 유사의 경우 예전에 부정이 없는 분들 가운데 한 명을 택하는 방식으로 마을 구성원이 돌아가면서 했으나, 지금은 노인회 여성회원들이 맡아서 한다. 제관은 서낭제 지내는 것을 총괄해서 진행하지만, 각 가정의 소지 올리는 것을 중요하게 생각한다. 축관은 축문을 읽는데, 성황제와 거리제에서만 읽는다. 축문의 내용은 해마다 같고 날만 다르다. 제주는 술이 아니라 식혜인 감주를 쓴다. 감주는 마을 분들이 다 먹을 만큼 집에서 빚는다. 장승과 수살은 해마다 새로 깎는데, 나무 선정은 안목 있는 분들이 미리 정해 놓았다가 그것을 베어 온다. 장승을 세울 때 수살도 함께 세우며 수살대에 먹으로 용트림도 그리는데, 이유는 모르고 예전부터 그리던 것이라 표시한다. 장승과 수살을 함께 세우지만 수살제, 솟대제라 하지 않고 장승제라 한다. 올해 깎은 장승과 수살은 작년 것과 함께 세워 두지만, 두 해가 된 장승과 수살은 걷어서 거리제 때 태운다. 제의가 끝나면 제물로 쓴 소 다리는 탕을 끓여 마을 구성원이 함께 먹는다.[30]

상화계리는 북방면사무소가 있는 마을인데, 이 마을에서는 산신제를 지낸다. 예전에는 정월 초하룻날에서 보름 사이에 날을 받아 산신제를 지냈으나 지금은 초사흗날 제사를 지낸다. 마을 뒷동산에 원래 제당이 있었으나 새마을운동 때 미신 타파라 해서 없앴다. 그러다가 10년 전에 산신제단山神祭壇이라고 글을 새긴 비석을 세워 지금까지 산신제를 지내고 있다. 예전에는 날을 받아 놓고 주위에서 개만 죽어도 제의를 지내지 않았다. 또 집집마다 쌀을 한 되씩 갹출하였으나 지금은 돈을 조금씩 걷는다. 축문을 읽고 각 집안의 대주들 소지를 올린다. 지금은 도가가 음식을 준비하고 해가 질 무렵에 지내고 있으나, 예전에는 더 늦게 지냈다. 장승과 솟대는 없으며 거리제도 지내지 않고 오로지 산신제만 지낸다.[31]


## 4. 굴지천 주변 마을

굴지천은 춘천시 동산면 봉명리에서 발원하여 춘천시 동산면

---

**30** 고태일(남, 60세, 북방면 화동리 범골 토박이), 2012년 4월 22일.

**31** 남궁권(남, 78세, 상화계리 토박이), 2013년 1월 20일.

조양리, 홍천군 역전평리, 굴지리를 거쳐 홍천강으로 흘러가는데, 전치곡리에서 흐르는 전치곡천과 본궁리에서 흐르는 본궁천이 합수되는 준용하천이다. 장마 때 전치곡리나 본궁리에서 나무를 베어 적심을 하면 굴지리에서 나무를 건져 뗏목을 엮어 춘천까지 갔다.

봉명2리 상명암에서는 음력 3월 3일에 서낭제와 거리제를 지내는데, 마을에서는 이들을 서낭 제사, 거리 치성이라 한다. 예전에는 서낭 제사를 9월 9일에도 지냈으나 경비라든가 여러 문제로 요즘은 삼월 삼짇날에만 지내고 있다. 서낭 제사는 오전 6시 무렵에 도가 백설기, 메밥, 사과, 배, 대추, 밤, 무생채 등을 진설하여 정성을 드린다. 그리고 서낭당 바로 아래 장승이 있는 곳에 와서 정성을 드린다. 그런데 마을에서는 장승에게 지내는 제의를 장승제라 하지 않고 서낭에서 지내는 것과 같이 그냥 서낭 제사라 하며, 제물은 서낭당에서 진설했던 제물을 그대로 쓴다. 장승은 해마다 세우지 않고 오래되어 망가졌을 때 다시 세운다. 그리고 날이 어두워진 뒤에 거리제를 지내는데, 이때는 마을의 남녀 구성원 모두가 함께 자리하여 저녁도 같이 한다. 거리 치성에서 제물은 개를 쓰는데, 개는 항상 수캐를 썼다. 예전에는 마을에서 기르던 개를 제물로 썼으나 지금은 춘천시장에서 구입한다. 개는 네 부분으로 각을 떠서 삶아 제물로 쓰는데, 이 마을도 제물로 쓰는 개를 마리라 부른다. 거리제 제물로 개를 쓰는 까닭은 호랑이가 개를 좋아하기 때문이다. 예전에는 이곳에 호랑이가 많았다. 마을에서 호랑이에게 피해를 봤다는 소리는 듣지 못했지만, 호환을 예방하는 차원에서 개를 제물로 바치는 것이다.[32]

---

**32** 최봉선(남, 76세, 봉명2리 상명암 토박이), 2013년 1월 10일.

봉명2리 도화마을에서는 예전에 서낭제와 거리제를 지냈으나 지금은 지내지 않는다. 오래전에는 거리제를 지낼 때 개를 잡았다는 얘기를 들었으나 본 적은 없다. 도화마을에는 골짜기마다 개인적으로 지내는 지당이 많았고, 지금도 지내는 분들이 있다.[33]

봉명1리는 웃말과 양짓말 사이에 있는 서낭목에서 서낭제를 지낸다. 원래는 서낭 신목으로 정해진 아름드리 잣나무가 있었으나 고사枯死했다. 이에 그 옆 개울가에 있는 나무를 서낭으로 정하여 해마다 정월 초닷새에 서낭제를 지내고 있다. 예전에는 도가를 정하여 제의를 지냈으나, 지금은 마을 이장이 맡아서 지낸다. 제의는 오전 10시나 11시 무렵에 지내고, 모시는 신은 서낭신이며 성별은 모른다. 예전에는 집집마다 소지를 모두 올렸으나 지금은 마을 소지 하나만 올린다. 제물은 돼지머리, 메밥, 사과, 배, 밤, 대추 등을 진설하고, 제주는 감주를 쓴다. 한지에 북어를 싸서 실타래로 신목에 묶어 놓는다.[34]

굴지리에서는 예전에 서낭제를 지냈으나 거리제는 없었다. 서낭은 새마을운동 전에 없었던 까닭에 서낭제 또한 지내지 않게 되었으며, 당시 서낭에는 철마가 2기 있었다.[35]

**33** 이수영(남, 81세, 봉명2리 도화마을 토박이), 2013년 1월 10일.

**34** 김재수(남, 70세, 봉명1리 원무동 토박이), 2013년 3월 29일.

**35** 염춘수(남, 86세, 굴지리 토박이), 2013년 1월 12일.

# 지류별 마을 제의 정리표

| 하천명 | 마을명 | 제의명 | 제의일시 | 신격 | 신의 성별 | 전승여부 | 대표제물 | 비고 |
|---|---|---|---|---|---|---|---|---|
| 성산천 | 야시대1리 | 산신제 | | 산신 | | 중단 | 소머리 | |
| | 성산2리 | 서낭제 | | 서낭신 | | 중단 | | |
| 풍천천 | 풍천1리 덕밭재 | 서낭제 | 가을 저녁 | 서낭신 | | 중단 | 백설기 | 윗서낭 |
| | | 거리제 | 가을 저녁 | 거리신 | | | 개 | 아랫서낭 |
| | 풍천1리 웃버덩 | 서낭제 | 정월 초 | 서낭신 | | 중단 | 백설기 | |
| | 풍천1리 쌍자리골 | 산신제 | 정월 초 새벽 | 산신 | | 중단 | 메밥 | 지당 |
| | | 서낭제 | 아침 | 서낭신 | | | 백설기 | 서낭 |
| | | 거리제 | 저녁 | 거리신 | | | 백설기 | 거리제사 |
| | 풍천2리 신내 | 서낭제 | 정월 초 저녁 | 서낭신 | 여신 | 중단 | 백설기 | 상도가 |
| | 새터 | 거리제 | | 잡신 | | | 개 | 하도가 |
| | 구성포2리 무수터 | 거리제 | 정월보름 이후 저녁 | 산신 | 여신 | 전승 | 개(수캐) | 부활 |
| | 구성포2리 도심리 | 거리제 | 정월보름 전후 저녁 | 거리신 | | 전승 | 돼지머리 | |
| | 구성포1리 둔덕, 버덩 | 서낭제 | 정월 14일 오전 | 서낭신 | | 중단 | 돼지머리 | 큰서낭제 작은서낭제 |
| 성동천 | 북방1리 사랑말 | 거리제 | 정월/가을 밤 | 거리신 | | 중단 | 백설기 | 수살배기/ 바위 |
| | 북방1리 엄송골 | 거리제 | 정월보름 저녁 | 거리신 | | 중단 | 백설기 | 바위/ 호랑이 |
| | 북방1리 | 산신제 | 정월 보름 오전 | 산신 | | 전승 | 백설기, 돼지머리 | 부활 |
| | 북방2리 무수막 | 거리제 | 정월 저녁 | 거리신 | | 중단 | 백설기 | 당집 |
| | 성동1리 돌모루 | 거리제 | 정월 산신제 후 저녁 | 거리신 | | 중단 | 개 | 삼거리/ 만내마을 |
| | 성동2리 | 산신제 | 정월 초 새벽 | 산신 | 남신 | 중단 | 소머리, 소 다리 | 자지봉 |
| | 화동리 범골 | 서낭제 장승제 거리제 | 정월 초나흘 저녁 | 서낭신 거리신 | | 전승 | 백설기, 소 다리 | 장승, 수살 |
| | 상화계리 | 산신제 | 정월 날을 받아 저녁 | 산신 | | 전승 | 백설기, 돼지머리 | |

| | | | | | | | | |
|---|---|---|---|---|---|---|---|---|
| 굴지천 | 봉명2리 상명암 | 서낭제 | 음 3 월 3 일 | 아침 | 서낭신 | 전승 | 백설기 | 수살배기 호환 |
| | | 장승제 | | | | | 백설기 | |
| | | 거리제 | | 저녁 | 거리신 | | 개(수캐) | |
| | 봉명2리 도화동 | 서낭제 | 음 3월 3일 오전 | | 서낭신 | 중단 | 백설기 | |
| | | 거리제 | | | 거리신 | | 개 | |
| | 봉명1리 | 서낭제 | 정월 초닷새 오전 | | 서낭신 | 전승 | 돼지머리 | |
| | 굴지리 | 서낭제 | | | 서낭신 | 중단 | | |

\* 현재도 제의를 지내는 마을은 전승되는 제의만 정리하였음.

## III. 지류별 마을 제의 특징

홍천강 지류에 접해 있는 마을들의 제의는 제의명, 제의 일시, 신격, 신의 성별, 진설하는 제물 등 여러 면에서 차이가 있다. 그런데 마을 사이에 보이는 이러한 차이에도, 이들 마을에서는 산신제, 서낭제, 거리제 등 세 종류의 마을 제의가 중심을 이루고 있다. 일반적으로 산신제의 신격은 산신이고, 서낭제의 신격은 서낭신처럼 확연히 구분되지만, 거리제의 경우는 장승, 솟대, 탑 등을 신체로 하기도 하고, 구체적 신체 없이 마을 어귀나 삼거리에서 지내기도 하기 때문에 신격을 파악하기란 쉽지 않다.[36]

성산천 주변에는 야시대리와 성산리 두 개의 법정리가 마을을 이루고 있는데, 이들 마을에서는 모두 오래전부터 마을 제의를 지내지 않았다. 이 지역에는 오래도록 마을 제의를 지내지 않았던 까닭에 제의에 대해 상세히 설명해 주실 분들이 드물다. 그럼에도 성산천 주변의 마을은 함께 살펴봤던 세 지류의 마을들과

---

**36** 이필영, 《마을신앙의 사회사》, 웅진출판주식회사, 1994, 31~32쪽.

비교했을 때 거리제에서 차이가 났다. 곧, 풍천천, 성동천, 굴지천 등의 홍천강 지류의 마을에서는 과거뿐만 아니라 현재에도 거리제 흔적이 뚜렷한데, 성산천은 그러하지 않다. 따라서 성산천 주변의 마을은 풍천천, 성동천, 굴지천 등 세 지류의 마을과 거리제에서 비교된다. 성산천 주변 마을에서 거리제를 지내지 않았던 까닭을 알 수 없으나, 이처럼 거리제를 지내지 않았던 점은 성산천 주변 마을의 특징이다.

풍천천이 지나는 주변에는 풍천리, 구성포리 등 두 개의 법정리가 마을을 이루고 있으나, 마을 제의는 자연마을 단위로 치르는 것이 일반적이다. 풍천리에는 덕밭재, 웃버덩, 쌍자리골, 신내, 새터, 벌떼울, 번가터 등의 자연마을이 있는데, 이들 마을에서는 과거에 산신제, 서낭제, 거리제 등을 지냈으나 현재는 지내지 않고 있다. 쌍자리골에서는 산신제, 서낭제, 거리제 등을 지냈고, 덕밭재와 신내·새터에서는 서낭제와 거리제를 지냈으며, 웃버덩에서는 서낭제만을 지냈다. 제의 시기는 덕밭재만 가을일 뿐, 나머지 마을은 정월에 지냈다. 아울러 산신제와 서낭제의 경우 마을에 따라 새벽, 오전, 저녁 등 제의 시간에 차이가 있지만, 거리제는 저녁에만 지냈다. 그리고 산신제, 서낭제에 진설한 제물은 메밥, 백설기 등이 중심이며, 거리제에서는 백설기 또는 개를 진설했다. 구성포리에는 무수터, 도심리, 논틀말, 제집말, 둔덕말, 버덩말, 오림촌, 신내 등의 마을이 있는데, 논틀말은 일제강점기 때 마을에 교회가 들어선 까닭인지 마을 제의가 없었고,[37] 제집말에서는 마을 제의를 지내지 않았고, 오림촌에는 20여 가구

---

37  황병돈(남, 90세, 화촌면 구성포2리 논틀말 토박이), 2013년 1월 19일.

가 살았으나 마을 제의가 없었다.[38] 구성포2리인 무수터, 도심리에서는 현재 거리제를 지내고 있으며, 구성포1리 둔덕말, 버덩말에서는 1970년대까지 서낭제를 지냈다. 제의 시기는 모두 정월이었고, 제의 시간의 경우 서낭제는 오전, 거리제는 저녁에 지냈다. 그리고 서낭제에서는 돼지머리를 진설했지만, 거리제에서는 돼지머리 또는 개를 삶아서 진설했다.

풍천천 주변 마을에서는 성산천 지류의 마을과 달리 산신제, 서낭제 외에 거리제도 지냈다. 거리제는 개인적으로 액땜하느라 거리에서 지냈을 뿐이지, 마을에서 지내는 것은 아니라는 성산천 주변 마을 분의 말을 참고하면,[39] 풍천천 주변 마을에서 거리제를 지내는 것은 이례적인 일이다. 더욱이 거리제에서 제물로 개를 진설하는 일은 더욱 특이하다.

그런데 거리제 때 개를 진설하는 까닭에 대해서는 마을에 따라 그 설명이 다르다. 무수터마을에서는 거리제를 지내는 곳의 앞산을 만내산이라 하는데, 이 산에는 호랑이 신이 있다고 믿는다. 그래서 제물로 개를 쓰고 있는데, 만내산의 신이 여신이기 때문에 수캐만 진설한다.[40] 신내마을에서는 거리제 때 개만 한 마리 놓았는데, 거리제는 잡신들을 위해 제사 지내는 것이기 때문이다.[41] 그런가 하면 거리제 지내는 이유를 모르고 지내는 경우도 있다. 덕밭재마을 분들은 농사가 잘되고 마을 구성원의 무사태평을 위

---

38  김창중(남, 72세, 화촌면 구성포1리 오림촌 토박이), 2013년 1월 19일.

39  허정봉(남, 91세, 화촌면 성산2리 원평마을 토박이), 2012년 11월 17일.

40  최환도(남, 71세, 화촌면 구성포2리 무수터 토박이), 2013년 1월 19일.

41  안종례(여, 77세, 화촌면 야시대리 태생으로 19세에 풍천2리 신내로 시집옴), 2013년 1월 18일.

해서 서낭제를 지내는데, 거리제 때 개를 잡은 까닭에 대해서는 예전 어른들로부터 듣지 못했기 때문에 모른다.[42] 웃버덩마을 분들은, 지당은 산신을 모시는 것이고, 서낭은 서낭신을 모시는 것인데, 거리제는 왜 지내는지 그 내력을 모른다.[43] 이와 같이 거리제 및 제물에 대한 이해는 마을에 따라 차이가 있다. 그럼에도 풍천천 주변 마을에서 거리제를 지내고 제물로 개를 진설하는 까닭은, 거리제는 산신인 호랑이 또는 잡신을 위해 지내는 의례이고, 개는 호랑이와 잡신들이 좋아하는 동물이기 때문인 것으로 설명할 수 있을 것이다. 그러니까 풍천천 주변 마을 분들은 호랑이, 잡신 등을 위해 거리에서 개를 진설하고 제의를 치르는 것이다.

구성포리 무수터 거리제 사진

---

42  안영균(남, 82세, 화촌면 풍천1리 덕밭재 토박이), 2013년 1월 18일.

43  이인자(여, 61세, 내면 방내리 태생으로 쌍다리굴에서 살다가 화전 정리 때 웃버덩으로 이주), 2013년 1월 18일.

성동천이 지나는 주변에는 북방리, 성동리, 화동리, 상화계리 등 네 개의 법정리가 마을을 이루고 있다. 북방리에서는 엄송골, 사랑말, 무수막 등의 마을에서 예전에 거리제를 지냈다. 그러다가 최근에 북방1리에 속하는 엄송골과 사랑말 두 마을이 함께 산신제를 지내고 있다. 성동리에서는 마을 전체가 산신제를 지냈으며, 돌모루마을에서는 성동리 산신제가 끝난 뒤 거리제를 지냈다. 화동리 범골에서는 현재도 서낭제, 장승제, 거리제를 지내고 있으며, 상화계리에서는 마을 뒷산에서 산신제를 지내고 있다. 이들 마을의 제의 시기는 사랑말의 경우 정월과 가을 두 번 지냈을 뿐, 다른 마을에서는 모두 정월에 한 번만 지냈다. 그리고 북방1리의 산신제, 성동리의 산신제는 새벽 또는 아침에 지냈지만, 나머지 마을에서는 제의 종류에 관계없이 모두 저녁에 지냈다. 제물은 돌모루마을에서는 개를 진설했지만, 다른 마을에서는 백설기, 돼지머리, 쇠머리, 쇠다리 등을 진설했다. 제물로 쇠머리와 다리 네 개를 진설하는 성동리의 경우 소 한 마리를 제물로 쓰는 셈인데, 화동리에서는 쇠다리 두 개를 준비하여 서낭제와 거리제에서 하나씩 진설한다.

한편 화동리 범골에서는 제의 때 장승과 솟대를 세운다. 이렇듯 장승과 솟대를 세우는 경우는 성동천 주변에서 범골이 유일하다. 그런가 하면 돌모루마을에서는 거리제를 지낼 때 개를 진설했는데, 이는 '허주'라 불리는 도깨비를 위한 것이었다. 그래서 거리제를 '허주제사'라고도 하는데, 장질부사, 염병, 독감 등 온갖 질병을 막아 달라는 의미에서 개를 잡아 거리에서 지냈던 것이다.[44] 성동천 주변 마을은 성산천, 풍천천 지류의 마을과 달리 장승, 솟

---

**44**  고석환(남, 77세, 북방면 성동1리 돌모루 토박이), 2012년 10월 12일.

화동리 범골 거리제 사진

대를 깎아 세우고 제의를 지내는 마을의 존재가 뚜렷하다. 그리
고 돌모루마을에서 거리제 때 개를 진설했던 사정은 풍천천의 덕
밭재, 신내, 무수터 등과 다르지 않으나, 개를 제물로 쓰는 이유
에 있어서는 신내마을의 잡신을 위하는 점과 통한다.

굴지천이 지나는 주변에는 봉명리, 조양리, 역전평리, 굴지리
등 네 개의 법정리가 마을을 이루고 있다. 봉명리 상명암과 도화
동에서는 서낭제와 거리제를 지냈고, 상명암에서는 장승제도 지
냈다. 봉명1리에서는 서낭제를 현재도 지내고 있으며, 굴지리에
서는 오래전에 서낭제를 지냈다. 이들 마을 가운데 오늘날에도
제의가 전승되는 마을은 상명암과 봉명1리인데, 상명암마을에서
는 지금도 서낭제, 장승제, 거리제를 모두 지내고 있다. 특히 상
명암에서는 거리제를 지낼 때 제물로 개를 쓰고 있는데, 굴지천

봉명리 상명암 거리제 사진

에서 이와 같이 거리제 때 개를 제물로 썼던 마을은 상명암의 이웃 마을인 도화동이다. 하지만 도화동에서는 현재 그 어떤 제의도 지내지 않고 있는 까닭에 굴지천에서 거리제를 볼 수 있는 마을은 상명암이 유일하다.[45] 상명암마을에서 거리제 때 개를 진설하는 까닭은 호환을 막기 위한 것으로, 그 의미는 풍천천의 무수터마을과 다르지 않다.

풍천천, 성동천, 굴지천 등의 주변 마을에서는 과거에 거리제를 치르는 경우가 많았으며, 무수터, 도심리, 범골, 상명암 등의 마

---

**45** 굴지천과 접해 있는 춘천시 동산면 조양동 전치곡리에서는 음력 3월 3일 또는 9월 9일에 장승을 세우고 거리제를 지냈으나(최승순 · 이기원, 《태백의 예속》상, 강원일보사, 1977, 303쪽) 현재는 마을에 골프장이 들어서면서 마을 구성원 모두가 이주하였다.

수하리 안절골 거리제 사진

을에서는 현재도 거리제를 지내고 있다. 그러가 하면 이들 세 지류의 주변 마을에서는 거리제의 제물로 개를 진설하기도 했는데, 무수터, 상명암마을에서는 지금도 예전처럼 개를 진설하여 거리제를 지낸다.

강원도 지역의 거리제 자료가 많지 않아 그 형편을 세세하게 알수 없으나, 과거에 춘천시의 몇몇 마을에서도 거리제를 지냈고, 마을에 따라서는 제물로 개를 삶아서 진설하기도 했다.[46] 하지만

---

**46** 김의숙은 이 글에서 장승과 솟대를 신체로 하는 제의를 거리제, 동구 밖에서 지내는 것을 노제로 구분하고 있다.(김의숙, 〈춘천의 동제 연구〉, 《강원민속학》19, 강원도민속학회, 2005, 253~257쪽) 그러나 제보자들은 이들을 구분하지 않고 모두 거리제, 거리치성, 거리 제사 등이라 한다. 이에 저자는 지역민들의 의견을 따라 거리제와 노제를 구분하지 않고 모두 거리제라 하겠다.

강원도 지역민들 대부분은 거리제를 마을 제의보다는 개인 치성으로 행하는 것이 보통이다. 그런가 하면 연구자들 사이에서도 거리제는 충청 · 전남 · 경남의 일부 지역에서 행해지는 것으로 인식한다.[47] 그러나 홍천군 관내에서 현재에도 거리제를 지내는 마을은 위의 표에 정리한 것 외에 화촌면 송정리 만내,[48] 서석면 수하2리 안절골,[49] 북방면 본궁리,[50] 북방면 원소리 안말[51] 등이 있

---

**47** 서해숙, 〈거리제〉, 《한국민속신앙사전: 마을신앙》, 국립민속박물관, 2010, 43쪽.

**48** 원래 거리 제사에는 개를 잡아서 해야 하는데 만내에서는 개를 잡지 않았다. 개를 잡으면 부정이 타서 안 된다. 개를 안 잡으니까 검은 메밀묵을 쓰는 것이다. 예전 서낭 제사 때 부정한 것을 보면 그날 지내지 않았다. 그래서 거리 제사 때 묵은 꼭 썼다. 지금은 그렇지 않지만, 예전에는 메밀을 껍질째 갈아서 더욱 검었다. 요즘은 시장에 가서 메밀가루를 사다가 묵을 만들기 때문에 예전처럼 검지 않다(박동선, 남, 82세, 화촌면 송정리 만내 토박이). 2012년 10월 13일.

**49** 여기는 개가 부정이다. 마을에서는 지당도 안 모시고 오직 거리제만 지낸다. 예전에 '삼로가상 횡수대장三路街上 橫數大將'이란 분이 계셨다. 그래 내려오면서 그분을 모시고 거리제사를 지낸다. 그래서 예전에는 거리 제사지낼 때 복술이 '삼로가상 횡수대장'을 세 번 부르는데, 이는 모신다는 의미로 그러는 것이다(박동선, 남, 81세, 서석면 수하2리 안절골 토박이). 2014년 2월 2일.

**50** 본궁리에서는 3월 3일과 9월 9일에 지내는데, 지금도 지내고 있다. 산에서 지내는 것은 산신제라 그러고, 장승에게 지내는 것은 거리제라 한다. 거리제는 한동안 지내지 않다가 얼마 전 마을의 젊은 사람들이 다시 시작한 것이다. 예전에는 경로당 앞에서 거리제를 지냈으나, 지금은 지내지 않고 장승이 있는 곳에서 지낸다. 경로당 앞에서 거리제를 지낼 때 개를 잡지는 않았다(이형진, 남, 80세, 북방면 본궁리 토박이). 2013년 3월 15일.

**51** 안서낭에서 처음 지내고 돌탑이 있는 바깥서낭에 와서 지낸다. 안서낭에는 도가만 가서 제사를 지내고, 바깥서낭에는 남녀노소 모두 구경을 나온다. 일종의 거리제이다. 그렇지만 거리제라고 하지 않고 서낭제라 한다(반종문, 남, 79세, 북방면 원소리 안말 토박이). 2013년 3월 17일.

다. 이상을 바탕으로 추론한다면 홍천군은 말할 것도 없고 강원도의 다른 시군에도 확인되지 않은 거리제가 많이 있거나 현재도 지내고 있을 것이라 생각한다.

한편 거리제에서 개를 진설하는 경우는 전국적으로 살펴도 많지 않고,[52] 더불어 거리제를 활발하게 지내는 충청, 전남, 경북 지역을 살펴도 개를 제물로 쓰는 곳은 찾기가 쉽지 않다.[53] 그렇다면 거리제 전승이 활발한 지역에서도 적극적으로 진설하지 않는 개를 신내, 무수터, 돌모루, 상명암, 도화동 등의 마을에서 제물로 쓰는 까닭을 어떻게 설명할 수 있을까?

거리제를 지낼 때 개를 잡는 것은 호랑이가 개를 좋아하기 때문이었고, 개의 암수는 구분하지 않는다. 마을 중앙인 점토에서 거리제를 지냈다. 발화실에 열두 집 살았는데, 한 집이 떨어져 살았다. 그곳이 반곡리로 통하는 길인데, 발화실 어떤 사람이 집에 돌아오는데 호랑이 쫓아와서 어느 집에 들어가, "여기 손님이 오니 손님 대접하

---

[52] 국립민속박물관에서 2007년에 발행한 《한국의 마을신앙》에 부록으로 있는 CD에서 '2006년 한국의 마을신앙 현황조사표'를 참고했다. 이곳에서 거리제를 지내면서 개를 진설한 곳은 대전시 유성구 덕진동 덕진마을, 충남 금산군 금성면 하신리 삽실 두 곳이었다.

[53] 한편 금산군 금성면 하신리 삽실마을의 경우도 예전에 개를 쓰다가 지금은 메밀묵을 놓는다. "천제를 지내고 난 뒤 마을 입구의 다리에서 거리제를 지낸다. 거리제를 지내는 이유는 잡신(거리 귀신)을 제거하기 위해서라고 한다. 제물로는 개를 한 마리 잡아서 통째로 놨는데, 개를 제물로 쓰는 이유는 개가 도깨비를 물리친다고 믿었기 때문이다. 그러나 지금은 개를 놓지 않고, 메밀묵을 놓는다."(한남대학교 충청문화연구소, 《금산의 마을공동체 신앙》, 1990, 69쪽) 이렇듯 제물을 개 대신 메밀묵을 놓는 것과 관련하여, 화촌면 송정리 만내마을의 거리제 메밀묵과 비교된다.

시오!" 그랬다. 그런데 개가 있어야 하는데 개가 없었다. 그래 개가 없어 호랑이가 사람을 잡아갔다는 얘기가 있다.[54]

거리제에 개를 진설하는 까닭은 호랑이가 개를 좋아하기 때문이라고 한다. 그렇다면 홍천강 지류의 주변 마을에서는 사람의 호환을 염려하여 사람 대신에 호랑이가 좋아하는 개를 진설하는 것으로 이해할 수 있다. 하지만 충청도 지역에서는 각주 53의 설명에서처럼 도깨비를 물리치기 위해 개를 진설한다. 그리고 거리제는 모든 마을에서 저녁에 치르는데, 호랑이와 도깨비는 어두워져야 활동하는 것으로 알려져 있다. 따라서 거리제는 어둠에 활동하는 대상들을 위하여 저녁 시간대에 지내는 것으로 이해할 수 있다. 사정이 이와 같다면, 거리제는 산신제에서 산신 하나를 위하고, 서낭제에서 서낭신 하나를 위하듯이 특정 어느 한 대상을 위해 치르는 제의가 아니다. 거리제는 호랑이, 도깨비, 질병과 같은 두려움의 대상들을 두루 달래 주고 위무하기 위하여 치르는 제의이며, 개는 그들이 좋아하는 대표적인 제물인 것이다.

## Ⅳ. 맺음말

홍천강에는 30여 개의 지류가 있으며, 그 지류마다 여러 마을들이 있다. 각 지류의 마을은 다른 마을과 변별되는 문화들을 지니고 있는데, 이 글에서는 그들 가운데 마을 제의를 중심으로 살폈다.

성산천 주변의 마을은 오래전에 마을 제의가 중단되었기에 마

---

**54**  반선균(남, 75세, 서면 팔봉1리 쇠판이 토박이), 2013년 1월 12일.

을 제의 정보를 옳게 기억하고 있는 분들이 드물다. 성산천과 이웃한 풍천천 주변 마을에서는 마을에 따라 산신제, 서낭제, 거리제 등의 제의를 치렀으나, 지금은 구성포리 무수터와 도심리 두 마을에서 거리제만을 행하고 있다. 무수터마을 거리제에서는 다른 마을에서 안 쓰는 개를 제물로 한다. 성동천 주변 마을 또한 풍천천과 같이 산신제, 서낭제, 거리제 등이 존재했으나, 여러 마을에서 거리제를 지냈음은 이 지류의 특징이라 할 수 있다. 아울러 화동리 범골에서는 해마다 장승과 솟대를 깎고 서낭제, 장승제, 거리제 등을 지내고 있는데, 이렇듯 장승과 솟대를 해마다 깎는 마을은 홍천군에서 유일하다. 굴지천 주변 마을에서는 서낭제, 거리제만을 지냈는데, 산신제를 예전부터 안 지냈는지 아니면 중단되었는데 지역민들이 기억을 못하는 것인지는 좀 더 살펴야 할 과제이다. 그리고 봉명리 상명암마을에서는 서낭제, 장승제, 거리제 등을 현재도 지내고 있는데, 거리제 때는 개를 잡아 진설한다. 상명암에서는 무수터마을같이 거리제 때 제물로 수캐를 고집한다. 이처럼 두 마을이 호환을 막기 위해 거리제를 지내며, 개를 제물로 쓰고 있음도 닮았다.

한편 살펴본 네 개의 지류를 주변의 산자락과 관련시키니, 가리산자락에 드는 성산천, 풍천천에서는 장승과 솟대 문화가 전혀 나타나지 않지만, 대룡산자락의 성동천과 굴지천에서는 화동리 범골, 봉명리 상명암 등 일부 마을이지만 장승과 솟대 문화가 활발하게 전승되고 있어, 지류와 더불어 산자락의 다름에 따른 문화의 차이도 눈여겨볼 일이다.

강원도 지역에서 거리제를 지내고, 제물로 개를 쓰는 일은 매우 드문 일이다. 그런데 이러한 거리제와 개를 제물로 쓰는 것이 지금까지 살펴본 풍천천, 성동천, 굴지천 등 홍천강의 세 지류의 마을에서만 국한된 것인지, 홍천강 지류에서는 일반적인 제의이며 보통의 제물인지 나머지 지류를 더 살펴야 한다. 이는 앞으로 거리제와 관련하여 연구해야 할 과제이다.

# 참고문헌

국립민속박물관, 《한국의 마을신앙》 상 · 하, 국립민속박물관, 2007.

김강산, 《태백의 제당》, 태백문화원, 2011.

김경남, 《강릉의 서낭당》, 강릉문화원, 1999.

김의숙, 〈민속신앙 부문〉, 《강원문화연구》 6, 강원대학교 강원문화연구소, 1986.

_____, 〈춘천의 동제 연구〉, 《강원민속학》 19, 강원도민속학회, 2005.

_____, 〈홍천군 동면 성수리 짓골 당제사〉, 《한국의 마을제의: 현장보고서》 상, 국립민속박물관, 2007.

_____, 〈홍천군 팔봉산 당산제〉, 《한국 민속제의 전승과 현장》, 새미, 2009.

김충수 · 김풍기, 《춘천의 마을 신앙》, 춘천문화원 · 강원지역문화연구회, 1998.

서해숙, 〈거리제〉, 《한국민속신앙사전: 마을신앙》, 국립민속박물관, 2010.

엄흥용 외, 《영월지방 민속신앙과 서낭당조사》, 영월문화원, 2002.

이영식, 《횡성의 서낭당》, 횡성문화원, 2008.

_____, 〈강원도 홍천군 동면과 서석면 지역의 마을제의 변화양상: 제일과 제물 그리고 제례관을 중심으로〉, 《동아시아고대학》 34, 동아시아

고대학회, 2014.

이필영, 《마을신앙의 사회사》, 웅진출판주식회사, 1994.

이학주, 《인제 사람들의 마을제의》, 인제문화원, 2009.

이한길, 《양양군 서낭제 축문 연구》, 민속원, 2007.

_____, 《동해시 서낭제》, 동해문화원, 2009.

장정룡, 《삼척지방의 마을제의》, 삼척문화원·삼척군, 1993.

정윤수, 〈홍천지역 동제와 성신앙: 팔봉산 당굿을 중심으로〉, 《강원민속학》 19, 강원도민속학회, 2005.

정장호·원종관, 〈홍천군의 지리적 환경〉, 《홍천군의 역사와 문화유적》, 강원문화연구소·강원도·홍천군, 1996.

최복규·최승화·이해용, 〈홍천군의 선사유적〉, 《홍천군의 역사와 문화유적》, 강원문화연구소·강원도·홍천군, 1996.

최승순·이기원, 《태백의 예속》 상, 강원일보사, 1977.

한남대학교 충청문화연구소, 《금산의 마을공동체 신앙》, 금산문화원·금산향토사연구회, 1990.

# 3. 홍천 지역 기우 풍속의 존재 양상
## -홍천강 지역을 중심으로-

박 관 수(민족사관고등학교)

## I. 머리말

물이 있어야 식물이 자란다. 관개시설이 발달하지 못한 과거에는 비가 오지 않을 경우 농작물이 말라 가는 모습을 바라만 보고 있어야 했다. 그리고 극심한 기아에 허덕여야 했다. 농민 가운데 많은 사람들이 소작농이었지만, 하늘에 비가 오기를 기원하는 행위는 지주는 물론 소작농도 그 주체가 되었다.

이러한 기우 풍속[1]은 산신제나 서낭제에서 벌어지는 기원 행위와는 기본적으로 성격이 다르다. 산신제나 서낭제는 동네의 안녕을 비는 미래적, 예방적 차원의 행위였지만, 기우 풍속은 그와는 달리 현장적 문제를 해결하려는 현재적, 치료적 차원의 행위였다. 이와 같은 양자의 구분이 절대적이지는 않지만, 전자가 문제

---

1  본고에서는 '기우 풍속'과 '기우제'를 구별하고자 한다. 그 구별은 형식적으로 '제'의 성격이 있느냐 없느냐를 기준으로 삼는다. 그리고 '기우 풍속'과 '기우제'가 혼합된 형태일 경우에는 치료적 차원의 행사인가 예방적 차원의 행사인가를 구별 기준으로 삼아, 전자는 '기우 풍속'이라 부르고 후자는 '기우제'라 한다.

적 상황이 발생하지 않아도 날짜를 미리 정해 놓고 치러지는 의
례임에 비해, 후자는 문제적 상황이 발생했을 경우에만 치러진다
는 사실을 통해서 어느 정도의 구분을 확인할 수 있다.

이러한 기우 풍속에 대한 연구는 강용권이 선편을 잡았다. 그는
과거와 현재의 기우 풍속을 조사하여 국가적 기우 행사와 민간의
기우 행사로 양분하면서, 양자는 동일한 동기에 의해 발생했다는
전제 하에서 논의를 진행하였다.[2] 임재해는 기우제의 유감주술과
반감주술적 성격에 주목하여 기우제에 내재하는 주술적 성격을
구명하는 데 논의의 초점을 맞추었다.[3] 또한, 그의 논의는 모든
기우제에 관민, 반상의 구별이 없이 참여한다는 사실을 전제하고
나아가 마을 단위로 기우제가 이루어지고 있음을 논의했다. 김의
숙은 기우제의 주술적 측면에 대해 논의를 하였고,[4] 최종성은 기
우제의 종교적 측면에 대해 논의했다.[5] 최근에는 김재호가 현장
조사를 통해 마을마다 매우 다양한 형태의 기우 방식이 존재함을

---

2 강용권, 〈한국의 기우풍속에 관한 연구 -경상남도를 중심으로-〉, 《석당논총》
제6집, 동아대학교, 1981. 12.

3 임재해, 〈기우제의 성격과 그 전승의 시공간적 이해〉, 《한국 민속의 전통과
세계》, 지식산업사, 1991.

_____, 〈도연 기우제의 민식지와 주술적 장치〉, 위의 책.

_____, 〈기우제의 주술관행과 주술의 원리〉, 위의 책.

4 김의숙, 〈기우제의의 형성이론 -음양오행사상을 중심으로-〉, 《인문학 연구》
제28집, 강원대학교, 1990.

5 최종성, 〈용부림과 용부림꾼 : 용과 기우제〉, 《민속학 연구》 6, 국립민속박물관,
1999. 11.

_____, 〈기우의례 : 폭로의례를 중심으로〉, 《역사민속학》 제10호, 역사민속학회,
2000. 6.

파악한 뒤 그 주술적 성격을 논의하기도 했다.[6]

본고에서는 현장적 삶과 그 필요에 의해 기우 풍속이 발생했다는 데에 논의의 초점을 맞추고자 한다. 그러니까 기우 풍속은 일정한 시기에 과거의 관행대로 시행해야만 하는 당위성을 기반으로 했다기보다는 언제라도 '그때'에 하지 않을 수밖에 없는 필요성을 기반으로 했다는 점에 주목하고자 한다. 다시 말하면, 위의 논의들이 대부분 기우 풍속의 주술적 성격을 밝히고자 했다면, 본고는 기우 풍속의 현장적 필요성에 주목하여 그 성격을 논의하고자 한다.

모든 민속이 그러하지만, 현장별로 각편이 존재하기 마련이다. 그러한 각편은 일정한 유형을 유지하는 가운데 현장적 특성을 반영하며 각편 나름대로의 특색을 유지한다. 그렇기 때문에 특정 현장의 각편만을 연구 대상으로 하여 이론을 도출할 때 일반화의 오류를 범하게 마련이다. 이러한 오류를 벗어나기 위해 본고에서는 홍천강 인근에서 벌어지는 기우 풍속에 대해 최대한 많이 조사하려고 했다. 완벽한 전수조사를 하지는 못했지만, 일반화의 오류를 저지르지 않을 정도의 사례를 마련했다.

우선 홍천강 상류에서 하류까지 강을 접하고 있는 마을에서 행해지는 기우 풍속을 집중적으로 조사했다. 강을 따라 특정 문화가 형성될 수 있다는 전제 하에서 강을 접하고 있는 지역에서는 기우 풍속이 어떤 유형성을 띠고 있고 어떤 각편적 차별성이 있는가가 일차적 관심의 대상이었다. 그리고 이차적으로는 홍천강 강 문화가 어느 정도 영향을 미칠 수 있다고 추정되는, 강과 어느

---

6  김재호, 〈기우제의 지역간 비교와 기우문화의 지역성〉, 《비교민속학》 33집, 비교민속학회, 2007. 2.

정도 거리가 떨어져 있는 지역과, 전혀 영향을 미치지 못할 정도라고 추정되는 지역의 기우 풍속들도 조사하여 지역에 따라 어떤 차별성이 존재하는가도 파악하고자 했다. 나아가 다른 강을 접하고 있는 지역에서는 홍천강 근접 지역의 기우 풍속과는 어떤 차별적 양상을 보이는가도 파악하기 위해 홍천강에서 그리 멀지 않은 내린천 지역의 기우 풍속도 조사했다.

조사한 결과 홍천강 상류에서 하류까지 강을 접하고 있는 여러 마을의 기우 풍속들은 일정한 유형성을 유지하기도 하면서 세부적 행위에 있어서는 차별성을 드러냈다. 그리고 홍천강에서 떨어진 지역에서는 지형적으로나 지리적으로 특별하게 차별이 없는 곳들임에도 서로 다른 종류의 기우 풍속이 전승되었다. 그리고 지역들 간의 거리가 점차적으로 멀어진다고 해서 차별성의 정도가 점차적으로 드러나는 것도 아니었다. 다시 말하면, 각편의 현장적 특성은 지형적, 지리적 특성과 무관했다.

이처럼 기우 풍속의 유형성과 차별성은 기본적으로 지형 등과 같은 자연적 조건에 의해 형성되는 것은 아니었다. 기우 풍속의 종류나 그 행위 방식은 각 마을별로 결정되었을 뿐이었다. 다시 말하면, 각편은 각 마을별 구성원들의 합의에 의해 나름대로 선택되고 유지되었다고 할 수 있다.

상황이 이와 같기 때문에 각 마을의 기우 풍속의 특성을 이해하기 위해서는 무엇보다도 기우 풍속을 향유했던 향유자들의 향유 의식을 파악해야 한다.[7] 왜냐하면 그들의 의식이 결국 지역별 기우 양식들을 결정하고 운영하기 때문이다. 그런데 이들의 향유의

---

7  박관수, 〈민요의 향유론적 연구방법에 대한 시론〉, 《한국민요학》 제20집, 한국민요학회, 2007. 6.

식은 개인별, 지역별, 시대별로 같을 수 없다. 그렇기 때문에 이와 같은 향유의식의 다름을 고려하면서 기우 풍속의 존재 양상을 접근해야 그 실상을 구체적으로 파악할 수 있다. 그렇지 않을 경우에는 기우 풍속의 본질에 다가가기 어렵거나 그 일부만을 조명할 가능성이 있다.

개인마다 어떤 특정 민속 행위에 대해 서로 다른 생각을 하거나 가치관을 갖게 마련이다. 그렇지만 마을이라는 집단 안에서의 일정한 역동에 의해 개인적인 향유의식이 조정되기도 하면서 마을별 문화를 탄생시킨다. 그 역동은 특정인이 주도할 수도 있고, 사람들 간의 집단적 합의에 의해 이루어질 수도 있다. 이러한 개인적 향유의식과 집단적 향유의식은 서로의 존재를 유지하면서 경쟁하기도 하고 보완하기도 한다. 그러면서 민속 행위는 전승한다. 기우 풍속의 경우는 개인별 행사가 아니라 집단적 행사다. 그렇다고 해서 집단적 향유의식이 개인적 향유의식을 무시하거나 압제하지는 않는다.

본고는 향유자들의 향유의식 및 문화적 여건에 관심을 기울이면서 논의를 진행하고자 한다. 그래야만 지역별로 일정한 유형성을 띠면서도 다양한 각편이 존재하는 양상에 대해 해명할 수 있고, 동일한 지형적, 지리적 상황 속에서도 서로 다른 유형의 기우 풍속이 존재하는 양상에 대해 설명할 수 있다고 생각한다.

## II. 기우 방식의 자율성과 강제성

필자는 2년여 동안 홍천군의 다양한 민속을 채록했다. 그러면서 홍천 지역을 관통하는 홍천강 주변에 존재할지도 모를 강 문화에 대해서도 관심을 기울였다. 강원도 영서 지방의 강과 관련한 기왕의 채록과 연구는 주로 섶다리나 뗏목[8]에 관한 것이었기 때문에 그 외의 특정 민속의 존재 여부가 관심거리였다.

이를 위해 우선 강에 인접해 있는 마을을 조사했다. 강 상류인 서석면 검산리에서 하류인 서면 모곡리까지 리별로 적어도 한 마을 이상을 채록 대상으로 했다. 이렇게 해야 강을 따라 생성되었을 특정 문화를 접할 수 있고, 그 문화의 동질성과 이질성까지도 파악할 수 있을 것이라고 생각했기 때문이다.

제보자들은 강 문화의 존재 여부에 대해서 회의적이었다. 섶다리를 만들거나 뗏목을 만들어 타고 강을 오르내리는 정도가 강과 관련된 민속 문화이었지, 그 외의 민속은 찾아보기 어렵다는 것이었다. 이러한 제보를 접하면서 홍천강 유역에 강 문화가 존재하지 않았던 이유에 대해 다음과 같이 제보자들과 의견을 함께하기도 했다. 무엇보다도 이 지역 주민의 삶은 산이나 농지와 관련되었을 뿐 강과는 직접적인 연관이 없었고 이러한 점이 문화에 반영되었기 때문이라는 것이었다. 다시 말하면, 홍천강 강물은 빠르게 흘러 물고기를 여가 시간에 잡는 정도 이외에는 강이 생활에 활용되는 정도가 거의 없었기 때문에 강과 관련이 있는 문화가 형성되기가 어려웠을 것이라는 점에 대해 인식을 같이하기도 했다.

이와 같은 인식은 문화를 생활과의 직접적인 연계에만 한정하는 데에 문제점이 있다. 그렇기 때문에 문화를 삶의 전반과 연관

---

8  김희찬, 〈남한강의 뗏목 : 그 실체와 남한강 사람들의 삶〉, 《한국문화연구》 제9집, 경희대 민속학연구소, 2004. 12.

이창식, 〈인제 지역 뗏목민요의 원형과 활용〉, 《한국민요학》 제17집, 한국민요학회, 2005. 12.

하여 바라볼 필요가 있었고, 그러한 강 문화에 대한 관심 속에서 제보자들과 함께 포착한 민속이 기우 풍속이었다. 이외의 다른 강 문화가 존재했을 가능성은 차후 연구의 폭과 깊이에 달려 있기는 하겠지만, 대부분의 제보자들이 기우 풍속을 추천했다는 사실은 연구 대상을 확정하는 데 도움을 주었다. 본고의 연구 방향이 제보자들의 향유의식을 기반으로 하여 사회문화적 측면에서 특정 민속을 바라보려고 했기 때문에 여러 제보자들이 의견을 함께했다는 자체가 일차적으로 논의의 준거가 확보된 셈이다.

기우 풍속은, 마을에 번질 질병을 예방하거나 마을의 안녕을 기원하는 행위가 아니라 현재 발생하는 문제를 해결하려는 치료적 기원 행위가 중심이 된다고 하였다. 즉, 가뭄이 들어 농작물이 타들어 가는 모습을 보고 이를 해결하려는 현실적 욕구가 기우 행위를 하게 했다. 산신제, 서낭제, 거리제 등이 일정한 시점에 지내는 것과는 달리, 비가 풍족하게 내릴 경우 그해에는 기우 풍속이 없었다는 사실이 이를 입증한다. 또한, 지형상 물이 많은 마을에서도 기우 풍속을 지내지 않는다는 점도 이를 입증한다. 홍천군 내면 광원1리 달둔 문지방 거리에는 농지에 공급할 수 있는 물이 풍족하여 기우 풍속이 없었고,[9] 홍천군 내면 방내2리에도 마찬가지로 물이 많아 기우 풍속이 없었다[10]고 한다. 그리고 홍천군 화촌면 송정리의 경우 만내마을과 새점말은 인접해 있으면서도 만내에는 농사를 지을 수 있는 물이 많아 기우 풍속이 없었던 반면, 새점말에서는 물이 부족해 기우 풍속이 있었다[11]고 한다.

---

9  김승○(남), 홍천군 내면 광원1리, 76세, 2012년 8월 9일.

10  박주○(남), 홍천군 내면 방내2리, 83세, 2013년 1월 7일.

11  박동○(남), 홍천군 화촌면 송정리, 82세, 2012년 12월 22일.

그런데 아무리 가물어도 물이 마르지 않는 홍천강 근접 지역에서도 기우 풍속이 행해졌다. 강 인접 지역이더라도 양수 시설과 보 시설이 없었기 때문에 조금만 높은 지역에 논밭이 위치하더라도 가뭄에 작물이 타들어가기 마련이었다. 그래서 홍천강 인접 지역임에도 불구하고 농지에 물을 공급할 수 없는 지역에서는 기우 풍속이 있었고, 그 기우 풍속은 여자들이 키로 물을 까부는 형태가 주를 이루었다.

이러한 형태의 기우 풍속은 홍천강 발원지인 서석면에서부터 하류인 서면까지[12] 전승되었기 때문에 이를 강 문화의 한 종류로 생각할 수 있었다. 제보한 사람들 중 홍천강 바로 옆에 사는 사람들은 말할 것도 없고, 조금 떨어진 마을에서 살고 있는 황금○, 서병○, 김옥○의 증언들처럼 비가 안 와 자신들이 사는 동네의 지류가 마르면, 여자들이 키를 들고 약 5리 이상 떨어진 홍천강 본류까지 가서 물을 까불었다고도 말한다.

12  황금○(여), 홍천군 서석면 청량리, 83세, 2012년 12월 27일.
　　김기○(남), 홍천군 내촌면 물걸리, 81세, 2013년 1월 8일.
　　심양○(여), 홍천군 화촌면 성산리, 87세, 2012년 12월 25일.
　　박동○(남), 홍천군 화촌면 송정리, 83세, 2012년 12월 22일.
　　지복○(여), 홍천군 북방면 소매곡리, 84세, 2012년 12월 23일.
　　염춘○(남), 홍천군 북방면 굴지리, 85세, 2012년 12월 23일.
　　정태○(여), 홍천군 북방면 노일리, 80세, 2012년 12월 27일.
　　박용○(남), 홍천군 홍천읍 상오안리, 80세, 2013년 1월 7일.
　　서병○(남), 홍천군 서면 두미리, 71세, 2012년 8월 10일.
　　박정○(여), 홍천군 서면 대곡2리, 77세, 2013년 1월 9일.
　　신래○(남), 홍천군 서면 중방대리, 85세, 2013년 1월 6일.
　　김옥○(여), 홍천군 서면 모곡2리, 92세, 2013년 2월 6일.
　　이순○(여), 홍천군 서면 반곡리, 83세, 2013년 12월 31일.

그렇지만 홍천강에서 멀어지면, 그 기우 방식이 달라진다. 다음을 보자.

가뭄이 심하면, 용수맥이에서 기우제는 지낸다. 냇가는 비가 안오면 마르고 강이 이곳에서는 어느 정도 멀기 때문에 용수맥이에서 기우제를 지낸다. 용수맥이는 과거 용이 올라간 웅덩이도 있고, 용이 올라간 바위 자국이 있고, 폭포도 있는 곳으로 동네 사람들이 신성시하는 곳이다. 이곳의 용소는 명주꾸리가 1개 들어갈 정도로 깊다고 했었다는 말이 전한다.

이곳에서 '비린내를 피우면', 비가 온다고 했다. 이는 산 닭을 가지고 가서 그곳에 있는 소에서 닭을 잡아 씻으면서 더럽히면 비가 온다는 것을 의미한다. 닭을 잡을 때 피를 뿌리지는 않았고 밥을 해놓고 빌지도 않았다. 그리고 젊은 과부들이 목욕을 하고 키를 씻고 물장구를 치면서 놀며 '부정을 피우면' 비가 온다고 했다. 나이가 많은 과부도 안 되고 재가한 과부도 이에 참여하지 않았다.[13]

날이 가물면, 어른들이 모여 비가 안 오니 큰일 났다고 하면서 기우제를 지냈다. 우선, 마을에 제일 큰 느티나무에 왼새끼를 두른다. 그런 다음 낮에 제상을 마련하는데, 삼실과와 통북어를 올린다. 그리고 돼지머리를 사용하기도 했는데, 제수는 동네 돈으로 마련했다. 그리고 옹기로 만든 방구리에 물을 담아 놓는다. 닭은 절대 사용하지 않았다. 남자가 축을 읽었는데, 강가로 데리고 갈 여자들 이름까지 불렀다. 마을에서 예쁘장한 과부를 세 명을 뽑아 그로 하여금 절을 하게 했다. 그런 다음 한 과부가 방구리에 담긴 물을 다른 과부

**13** 박성○(남), 홍천군 남면 용수리 3반, 61세, 2012년 12월 23일.

의 치에 부으면, 그 과부는 그 물을 느티나무 주변에 막 뿌리기도
했다. 그러면 다른 사람은 화를 내면 안 된다.

그런 다음 그 과부들이 강가에 가서 치를 씻고 치로 물을 까불게
했다. 옷을 입은 채로 서로에게 물을 끼얹기도 했다. 그러면서 여
자들은 비가 오게 해 달라고 빌었다. 남자들은 가지 않았다. 그러면
하늘이 과부들이 하는 모습을 보고 더러운 인간들이라고 하면서 그
더러움을 씻어 준다고 비를 오게 한다고들 말했다.[14]

위의 두 사례는 하나의 기우 풍속에 두 가지 방식의 기우 풍속
이 혼합되어 있음을 알 수 있게 한다. 전자는 용소를 더럽혀 기
우 풍속을 지내는 방식과, 여자들이 키질하여 기우 풍속을 지내
는 방식이 혼합되어 있다. 또한, 후자도 느티나무에 제사 지내는
방식과, 여자들이 키질하여 기우 풍속을 지내는 방식이 혼합되어
있다. 이들은 각각 하나의 기우 풍속으로 독립될 수도 있는데, 위
처럼 두 가지 기우 방식이 혼합되어 있는 것은 홍천강에서 지내
는 기우 방식이 이곳에 영향을 미치고 있음을 확인하게 한다. 이
처럼 홍천강 본류에서 멀어지면, 기우 방식이 변하는 예를 다른
곳에서도 찾아볼 수 있다. 내촌면 물걸리 안모퉁이마을에서는 강
가가 바로 옆에 있기 때문에 강가에서 키질하는 기우 풍속을 지
냈지만,[15] 강가에서 좀 떨어진 물걸리 바깥모퉁이마을에서는 외
아들을 둔 집 잿간에 물을 뿌리는 기우 풍속이 있었다.[16] 그리고
서석면 청량리 음양지마을에서는 냇가에서 키질하는 기우 풍속을

---

14  서병○(남), 앞과 같음.

15  김기○(남), 홍천군 내촌면 물걸리 장수원 안모퉁이, 81세, 2013년 1월 8일.

16  박일○ 부인(여), 홍천군 내촌면 물걸리 장수원 바깥모퉁이, 80세, 2013년 1월 8일.

지냈지만,[17] 바로 그 옆 마을인 버덩말에서는 잿간에 물을 뿌리는 기우 풍속이 있었다.[18] 홍천강 근접 지역에는 키질하는 기우 풍속만이 있는데, 홍천강에서 멀어지면 두 가지 방식의 기우 풍속이 혼재하는 양상은 홍천강 본류에서 멀어지면 기우 방식이 변함을 알 수 있게 한다.

이상에서처럼 홍천강 근접 지역 전체의 기우 방식은 일정함에 비해, 그곳에서 조금 떨어진 지역의 기우 방식은 일정하지 못함을 발견할 수 있다. 즉, 지역에 따라 '잿간에 물 뿌리기' 방식, '용소에서 짐승 잡기' 방식 등이 있었다. 그리고 홍천 지역에는 위에서와 같은 기우 풍속 이외에도 산에 가서 남자들이 제를 지내는 기우제도 있었다. 화촌면 도관리에서는 백우산 정상에 올라가 제상을 차리고 산 돼지를 잡아 피를 뿌리며 기우제를 지내는 경우도 있었고,[19] 서석면 어룬리에서는 수리봉 정상에 올라 제상을 차리고 닭을 잡아 피를 부리며 기우제를 하는 경우도 있었다.[20] 이러한 사실은 기우 양식에 한정해서는 홍천강 줄기에서 조금 떨어진 지역에서는 다양한 기우 양식이 전승되는 반면, 홍천강 줄기에 따라서는 일정한 형태의 기우 양식이 존재했음을 알게 한다.

그런데 홍천강 근접 지역에서 전승되던 기우 방식이 홍천강 이외의 모든 강에 적용되는 전승 방식은 아니었다. 홍천강에서 그리 멀지 않은, 홍천군 내면[21]을 통과하는 내린천의 경우에는 그러

---

17  황금○(여), 홍천군 서석면 청량리 음양지마을, 83세, 2012년 12월 27일.

18  이옥○(여), 홍천군 서석면 청량리 버덩말, 71세, 2012년 12월 27일.

19  박영○(남), 홍천군 내촌면 도관리, 82세, 2013년 1월 6일.

20  허남○(남), 홍천군 서석면 어룬리, 77세, 2013년 1월 7일.

21  필자가 조사한 바에 따르면, 홍천군 내면에는 홍천군의 다른 지역과 구별되는 문화가 많음을 발견할 수 있었다. 논농사 짓는 방식이 다른 지역과 달랐고, 다른

한 방식이 아니라 강에 있는 소沼에 가서 개를 잡는 방식[22]이 일반적이었다. 물과는 연관성이 없는, 개를 잡는 방식의 기우 풍속이 내린천에 존재하는 것으로 보아, 키로 물을 까부는 방식이 강과 필연적인 관계가 있는 것이 아님을 알 수 있다. 게다가 키로 물을 까부는 기우 풍속은 홍천강 유역에서만 전승되었던 풍속이 아니라, 전국에 산재되어 있는 풍속이었다.[23] 이러한 사실들은 특정 지역과 특정의 기우 방식이 상관관계가 없음을 보여 준다.

홍천군의 기우 풍속들이 언제부터 어떤 동기에 의해 각 마을에 존재했는지는 알 수 없다. 그 연원은 구전되는 이야기 속에서나 확인할 수 있을 뿐이다. 그리고 각 마을별로 서로 다른 종류의 기우 풍속이 존재하는 양상에 대한 설명도 불가능하다. 현장 답사를 한 결과 마을별로 존재하는 기우 풍속들은 지형적, 지리적 특성과는 무관함을 확인할 수 있을 뿐이었다. 홍천군에 존재하는 기우 풍속들은 홍천군에서만 전승되는 양식들이 아니라, 전국에서 전승되는 일정한 유형의 기우 풍속들이 홍천군 여러 지역에서 고루 발견될 뿐이라는 사실도 기우 풍속과 특정 마을과의 상관관계가 무관함을 알게 한다.

홍천군에 매우 다양한 종류의 기우 풍속이 존재한다는 사실은 홍천군 전역에서는 이러한 방식의 기우 풍속이 행해져야 한다고

지역에는 있었던 '상놈'이라는 존재가 없었다.

22  이상○(남), 홍천군 내면 광원1리, 77세, 2013년 1월 7일.
　　장운○(여), 인제군 상남면 상남리, 77세, 2013년 1월 7일.

23  강용권, 앞의 논문, 37쪽.
　　이한길, 《강원도 고성군 개발촉진지구 문화재 지표조사 보고서》, 관동대학교 박물관, 2008, 238~239쪽.
　　황의호, 〈보령지방의 기우제〉, 《보령문화》 19집, 보령문화연구회, 2010.

하는 특정한 강제가 이루어지지 않았음을 보여 준다. 주변 마을 몇 곳에서 동일한 기우 풍속을 행한다고 해서 그러한 현상도 강제성의 결과라고 볼 수는 없다. 홍천강 근접의 모든 마을들이 강가에서 키로 물을 까부는 방식을 선택했지만, 다른 마을들에서는 자신들 나름대로 특정 유형의 기우 방식을 선택했다. 그러니까 군 전체를 하나의 단위로 생각하면, 기우 방식의 선택 자체는 자율적이었다고 할 수 있다.

각 마을에서는 각 마을 나름대로의 기우 양식을 유지한다. 언제부터인가 누군가가 그 방식을 도입했겠지만, 그러한 시도는 매번 일어나지 않는다. 각 마을별로 일정한 유형의 양식이 고정된 형태로 기우 풍속은 전승된다. 이처럼 고정된 형태로 기우 방식이 전승이 되더라도 누가 강제하는 것이 아니라고 제보자들은 말한다. 그들 스스로 결정했을 뿐이라고 믿는다. 제보자들은 대체로 옆 마을에서는 어떤 기우 양식이 전하는지를 모른다고 말한다. 이러한 언급은 실제로 옆 마을에 특정 양식의 기우 풍속이 있다는 사실을 알지 못하기도 하지만, 알더라도 관심의 대상이 아니라는 의미가 내포되어 있다. 다시 말하면 자신들의 기우 풍속은 자신들 스스로 결정하고 스스로 행한다는 의미가 내포되어 있다. 그러니까 이러한 자율성 속에서도 기왕에 자신의 마을에서 행하는 기우 방식은 고정되어 전승된다. 다시 말하면, 기우 풍속은 자율적 속성과 강제적 속성이 교직된 상태로 전승이 이루어진다고 할 수 있다.

이러한 자율적 속성은 기후 풍속의 구체적인 행위에도 내재하기 마련이다. 이를 확인하기 위해 홍천강 근접 지역 마을들의 기우 행위들을 대상으로 삼겠다. 홍천군 전역에는 매우 다양한 형태의 기우 방식이 전승됨에 비해, 홍천강 상류에서부터 하류까지는 매우 긴 거리임에도 불구하고 동일한 유형의 기우 풍속이 전승된다는 사실을 확인했었다. 이러한 사실은 강제적 속성과 자율적 속성이 기우 행위에 어떻게 반영되며 전승이 이루어지는가를 살피기에 적합하다고 생각했다.

강 근접 지역에서는 대부분 여자들이 강에 들어가 키로 물을 까부는 형태로 기우를 했다고 말했다. 그러면서도 옆 마을의 기우 방식에 대한 정보가 없는 상태에서 동일한 형태의 기우 풍속이 전승되었었다. 향유자들도 과거부터 내려온 방식대로 기우 행위를 했을 뿐이라고 말한다. 이와 같이 일정한 유형의 기우 방식이 전승되는 것은 보이지 않는 강제가 작동한 결과라 할 수 있다.

고정된 방식을 유지하려는 강제성은 과거와 현재를 잇고 나아가서는 미래로 연결하려는 시간적 개념 속에서 존재한다. 이 시간적 흐름의 개념 속에는 현장적 상황이 반영되지 않는다. 마을 사람들이 "우리는 이런 방식으로 해 왔다."라고 말하며 기우 행위를 하려는 사람들에게 일정한 행위를 지도하려고 하는 자세 속에는 시간의 개념이 들어 있고 기왕의 양식이나 방식을 유지하려고 하는 당위성이 존재할 뿐이다. 그래서 마을 사람들이 단체로 참여하는 행위는 어느 정도 고정된 형태를 유지하고, 그것은 변하더라도 크게 변하지 않음을 물론 다시 원형태로 복귀하기도 한다. 이러한 상황에 대해 향유자들은 자의식을 갖지 않고 관습적으로 대응한다.

그런데 과거로부터 내려오던 관습이라고 하더라도 현장의 모든 행위를 제어할 수는 없다. 관공서에서 문서를 통해 기우 행위의 하나하나에 대해 규정할 수는 있다. 그러나 기우 풍속을 조사하는 동안 그러한 문서를 발견할 수 없었다. 그렇다고 여러 마을에서 영향력이 있는 노인들이 모여 특정 규정을 만들었다는 말도 듣지 못했다. 특정 마을에서 특정 노인이 영향력을 행사했더라도, 그 영향력은 당대에 멈추기 마련이다. 제보자들의 다음과 같은 제보들을 보겠다.

김기○ : 과부들이 고쟁이만 입고 키로 물을 까불면, 그 흉한 모습 때문에 부정이 타고 하늘이 이 부정을 씻어 내기 위해 비를 내린다.

심양○ : 과부들이 키로 물쌈을 하면, 하늘이 과부들이 방정맞게 노는 꼴이 더럽다고 하면서 그 더러움을 씻어 내기 위해 비를 내린다.

염춘○ : 과부들에게는 한이 있기 때문에 과부들만이 기우제에 참여한다.

정태○ : 과부가 불쌍해서 하늘이 비를 내려 주고, 나아가 물쌈을 해야 비를 내려 준다.

박용○ : 여자들이 물쌈을 하며 방정맞게 구니까, 하늘이 비를 내린다.

신래○ : 키는 곡식을 까부는 도구인데, 곡식이 없어 곡식 대신 물을 까불며 기원하니 하늘이 이를 보고 물을 내려 준다.

이순○ : 용늪에 가서 고등어를 씻으며 비린내를 풍기고 밥을 먹은 다음, 특별히 초청한 소년 과부 한두 명이 키를 까불며 하늘에 기우를 하면, 다른 사람들은 그 옆에서 목욕 등을 하며 즐기는 일종의 천렵이었다.

제보자들의 말을 참고하면, 홍천강 근접의 각 마을의 기우 행위는 기본적인 틀을 유지하는 가운데 구체적 행위는 약간씩 달랐음을 알 수 있다. 과부들 3명만이 갔다고 말하기도 하고, 여러 명의 과부들이 갔다고 말하기도 한다. 또한, 과부들뿐만 아니라 동네 여자들 대부분이 참여했다고도 한다. 낮에 강가에 갔다고 하기도 하고, 밤에 강가에 갔다고도 한다. 고쟁이만 입기도 하고 그렇지 않다고도 한다. 그리고 강가에 가서는 일렬로 늘어서 키에 물을 담아 물을 까불기만 했다고도 말하지만, 시끄럽게 떠들며 서로 물을 끼얹으며 물쌈까지 했다고도 한다. 이처럼 여자들이 강에 들어가 키로 물을 까분다는 행위가 기본적인 틀이 되지만, 구체적인 모습은 매우 다르다. 일반적으로는 과부들이 시끄럽게 물을 까부는 행위를 한다고 알고 있지만, 마을에 따라서는 과부가 아닌 여자들이 참여하기도 하고 조용히 물을 까분다고도 한다. 즉, 구체적인 행위 측면에서는 매우 다양한 모습을 보이는 것이다.

이처럼 구체적인 행위 방식이 서로 다르게 형성된 것은 각 마을의 기우 행위에 자율성이 부여되어 있기 때문이라고 생각할 수 있다. 다시 말하면, 기본적인 틀을 유지하면서도 각 마을마을이 놓여 있는 상황 속에서 기우 행위가 구체적으로 결정되기 때문에 다양한 모습을 보이는 것이다. 젊은 과부들이 참여하는 것이 일반적이라고 하지만, 마을에 과부가 없을 경우에는 과부가 아닌 부인들이 참여할 수밖에 없다. 고쟁이만 입고 낮에 행위를 하는 게 부끄럽다는 생각이 모아지면, 밤에 행위를 하는 것이 합당하다. 시끄럽게 물싸움을 하든 조용히 물을 까불든 하늘을 향한 근본은 바뀌지 않는다. 기우 행위에 상황상황을 반영하며 하늘에 기우를 하면 되는 것이다.

이처럼 기우 풍속은 기본적으로 고정된 틀을 유지하면서도 유동성을 발휘하면서 전승을 한다. 이러한 전승 양상은 홍천강 인접 지역의 기우 풍속에만 한정되지 않는다. 이는 홍천군에서 전

승되는 다양한 기우 풍속들에도 해당된다.[24]

앞에서 강제성을 기반으로 하는 고정성은 시간적 개념 속에서 이루어진다고 했다. 이에 반해, 자율성을 기반으로 하는 유동성은 시간적 개념과는 무관하다. 그 유동성은 과거부터 내려온 기왕의 행위를 유지하며 관습적으로 이루어지는 당위적 행동과는 관련이 없다. 현장적 상황을 고려하며 순간순간의 대응 속에서 유동성은 산출된다.

강제성을 기반으로 하는 고정성과 자율성을 기반으로 하는 유동성은 전승 현장에서 별개로 작동하지 않는다. 이 둘은 상호 역동 속에서 움직인다. 전승 현장에서 이 두 가지 속성은 절대적이고 고정된 비율을 유지할 수 없다고 했다. 민속의 종류에 따라, 전승되는 현장에 따라 그 배합되는 비율이 다를 것이다. 시대에 따라, 현장에 따라 그 둘이 작동하는 강도가 다를 수는 있지만, 이 둘의 교직 속에서 전승이 이루어진다는 사실만은 분명하다. 본고는 기우 풍속을 통해 이러한 교직 상황을 좀 더 면밀히 밝히고 그들의 존재적 의미를 밝히고자 한다.

## III. 기우 행위의 본질적 모습과 덧씌워진 모습

기우 풍속은 과거로부터 내려오는 일정한 방식을 강제하려는 속성과, 현재의 상황 속에서 행위 주체들이 현장적 상황을 반영하려는 자율성의 교직 속에서 전승이 이루어진다고 했다. 그리고

---

24 이러한 전승 방식은 기우 풍속에만 한정되지 않는다. 이는 거리제, 서낭제, 산신제 등 다양한 민속에도 적용된다고 생각한다.

그러한 교직 양상은 전승 현장의 상황상황을 반영하며 다양한 방식의 행위를 산출했다고 했다. 이 장에서는 기우 행위가 일정한 틀을 유지하면서도 각 마을별로 다양한 방식으로 행해진 사실에 관심을 기울이고자 한다. 이러한 관심은 모든 행위에는 근원적인 모습이 있고, 그 위에 상황상황별로 새로운 모습이 덧씌워지면서 각편이 형성된다는 생각이 전제되어 있다. 현장에서 유전되는 민속을 대상으로 어느 행위가 근원적이냐를 따지는 작업은 무모할 수 있다. 그렇게 하려면 시대적으로 우선되는 행위를 선별해야 하는데, 이는 현실적으로 불가능하기 때문이다.

시간적인 선후 관계를 통해 기우 행위들의 원초성 여부는 파악할 수 없다. 그렇지만 기우 행위의 본질적 속성을 파악하여 그 속성에 바탕을 둔 행위의 모습은 추정해 볼 수 있다. 나아가 그러한 추정을 근거로 하여 본질적인 모습과 다른 이질적인 모습을 포착할 수 있다. 그리고 그 이질적인 모습들도 시대적, 공간적 특정 상황과 연계해 각각 그 개별성을 파악할 수도 있다. 이와 같은 탐구가 지속되면 각기 다른 성향을 지닌 개별적 행위의 정체가 드러나고 하나의 민속에 여러 성향을 지닌 행위들이 중첩되어 있는 모습을 파악할 수 있을 것이다.

기우 풍속을 구성하고 있는, 여러 성향의 행위들 각각은 하나의 '행위소'라고 부를 수 있다. 이러한 행위소들의 결합은 일관적인 논리적 틀 속에서 하나의 유기체로 이해하기 쉽지 않다. 각 요소들을 통합하여 하나의 결론을 내리기 위한 타당성을 확보하기 위한 연결 고리를 발견하기가 쉽지 않기 때문이다. 그럼에도 불구하고, 기우 풍속은 다양한 성향의 행위소들이 중첩된 상태로 현장 전승된다.

이러한 현장적 상황을 이해하기 위해 먼저 제보자들의 향유의식을 검토하고자 한다. 행위 방식은 향유의식과 밀접한 연관을 맺기 때문이다. 앞에서 인용한, 홍천강 근접 지역의 기우 풍속에 대한 제보에 담긴 향유의식을 정리하면, 다음과 같다.

- 한을 품고 사는 과부들이 물쌈을 하면서 방정맞게 놀면 부정이 생성된다.
- 과부가 아닌 여자들도 소란스럽게 물쌈을 하면 부정이 생성된다.
- 이러한 부정을 씻어 내기 위해 하늘이 비를 뿌린다.
- 키로 곡식 대신에 물을 까부니 하늘이 불쌍하게 여겨 비를 내린다.
- 이러한 행위들은 일종의 천렵이다.

홍천강 근접 지역을 따라 일정한 틀을 유지하면서 전승되는 기우 풍속에 대한 향유의식들은 동일하지 않다. 앞에서 그 기우 행위가 다양하다고 했듯이, 그 향유의식들도 다양하다. 이와 같은 다양한 향유의식들은 옳고 그름으로 판단할 대상이 아니다. 세월이 흐르는 동안 나름대로 형성되었을 뿐이다. 과부들이 불쌍해서 하늘이 비를 내리게 한다고 하든, 여자들이 방정맞게 구니까 비를 내리게 한다고 하든, 곡식이 없는 것이 불쌍해서 비를 내리게 한다고 하든, 그러한 향유의식들은 같은 마을에 사는 사람들끼리도 다를 수 있고, 다른 마을에 사는 사람들임에도 같을 수도 있다.

기우 행위는 실제로 인간들에게 다가온 가뭄에 따른 생존 문제를 해결하려는 절실한 욕구에서 나온 것이다. 이러한 입장에서 볼 때 앞에서의 다양한 향유의식들 중에서도 신래ㅇ의 제보는 음미할 만하다. 다른 제보자들은 기우 행위를 하는 동안 부정한 짓을 하니까 하늘이 이를 씻어 내기 위해 비를 내린다고 하지만, 그는 여자들이 현실적 문제를 해결하기 위해 노력하는 모습을 보이기 때문에 하늘이 감응하여 비를 내리게 한다는 것이다. 이러한 향유의식은 기우 행위가 존재하는 근원적인 요인을 드러내 준다는 점에서 의미를 찾을 수 있다.

대부분의 향유자들이 기우 행위를 하면 3일 내에 비가 내린다고 말하는 것도 그들의 행위에는 삶의 필요에 의한 욕구가 담겨 있고 그 욕구가 실현되었음을 드러낸다. 향유자들이 비가 내리기를 기다리다가 비가 내릴 만할 때쯤에 기우 풍속을 지냈던지, 기우 풍속을 지내고 우연히 비가 내린 것만을 기억했다고 하더라도, 그들의 의식에는 기우 행위 뒤에는 비가 내린다는 의식이 굳어져 있음을 알 수 있다. 그러니까 키로 물을 까부는 기우 풍속은 기본적으로 실제적 곤경을 해결하려는 욕구의 발현임을 확인할 수 있다.

기우 행위를 통해 현장적이면서도 실제적인 문제를 해결하려고도 했지만, 더불어 심리적, 육체적 고통을 해소하기도 했다. 제보자 중에는 냇가에 기우 행위를 하러 가는 것을 "물싸움을 하며 쉬러 가자."라고 말을 하기[25]도 하고, 이순ㅇ처럼 이는 일종의 천렵이라고도 말을 한다. 이때는 남자 어른들이나 시어머니들도 이들의 행위를 통제하지 않았다. 더운 여름날 일에 지쳐 있을 때 냇가 등에 가서 일정한 시간 동안 휴식하는 것을 공식적으로 허락을 받는 셈이다.

가뭄으로 인해 발생한 경제적인 곤경을 해결하려고 했든지, 일상생활을 하는 동안 형성된 심리적, 육체적 고통을 해소하려고

---

25 정태연(여), 앞과 같음.

했든지, 이러한 향유의식은 현재적이고 현장적인 문제 해결과 관련된다. 다시 말하면, 기우 풍속은 관념적인 문제를 해결하려고 하는 것이 아니라 실제적인 문제를 해결하고자 하는 작업의 소산이다. 농사를 짓는 마을에서는 관념적 문제의 해결을 추구하기보다는 실제적 문제의 해결을 추구하는 삶을 지향할 수밖에 없다는 관점에서도 기우 풍속은 현실적 욕구의 해소와 관련되는 행위가 어느 행위보다 근원적으로 본바탕에 자리하고 있다고 할 수 있다. 과부들 대신에 과부가 아닌 여자들이 참여하든, 고쟁이만 입지 않고 옷을 모두 입었든, 시끄럽게 떠들지 않고 조용히 키만 까불었든 기우 풍속의 핵심에는 먹을거리를 마련하려는 의지와 관련된 의식이 기우 행위의 근간을 이루고 있는 것이다.

그런데 기우 행위의 주체는 여자다. 먹을거리를 마련하는 것이라면 남자도 담당할 수 있는데, 대부분의 기우 풍속은 여자들만의 행사다. 강에 들어가 키로 물을 까부는 행사는 물론, 외아들 집 잿간에 물을 뿌리는 등의 행위들은 여자가 담당했다. 산에 올라가서 행하는 기우제인 경우에는 남자가 담당하기도 했지만, 마을에서 행하는 기우 풍속들은 왜 여자만이 담당하는지를 해명할 때 기우 풍속의 존재적 의미가 선명하게 드러날 수 있다.

농사를 지을 때 남자만이 전담하는 게 아니라 여자도 일정한 역할을 한다. 부엌에서 밥을 짓는 일을 남자도 담당할 수 있다. 그렇지만 한 사람이 모든 일을 담당할 수는 없다. 역할 분담이 있을 수밖에 없다. 아이를 낳는 일을 남자가 담당할 수는 없다. 생리적으로도 역할 담당이 있을 수밖에 없듯이, 문화적으로도 역할 담당이 있게 된다.[26] 우리 문화에서는 보통 여자는 안살림을 담당

---

26  생리적인 측면과 문화적인 측면의 연관 하에서 남녀의 역할 분담을 논의할 수

하고 남자는 바깥살림을 담당한다고 한다. 그리고 집안에서 밥을 짓는 일은 여자들이 담당하고 바깥에서 하는 거친 농사일은 남자들이 담당한다고 말한다. 이미 마련된 곡식을 이용해 먹을거리를 마련하는 것은 여자들이 하지만, 곡식을 길러 집안까지 들여오는 일은 남자들의 몫이라는 것이다. 물론 이러한 역할 분담은 절대적이지는 않지만, 실생활에서는 그러한 역할 분담이 이루어지고 그와 같이 해야 한다고 생각하고 있다.

이러한 문화를 바탕으로 이루어진 향유의식은 기우 행위에도 반영된다. 비가 안 와 농작물이 자라지 않아 먹을거리를 마련하지 못하는 것을 여자에게만 짐을 지워줄 일은 아니다. 그렇지만 먹을거리를 마련하여 식구들을 먹이는 일은 남자들보다는 여자들에게 지워진 임무이라고 생각했다. 먹을거리를 장만하는 일이 여자가 하는 일이듯이, 비가 안 와 기우 행위를 하는 것도 여자가 하는 일이 되었던 것이다.

그렇다고 해서 기우 행위를 여자만이 담당해야 할 일은 아니다. 그 당시의 문화가 여자들에게 그러한 역할을 맡긴 것일 뿐이다. 비가 오지 않을 때 발생하는 실제적 곤경은 논밭의 작물이 타들어 가는 것이다. 당시 문화적 환경 속에서 이를 해결하는 것은 여자들의 몫이라기보다는 오히려 남자들의 몫이어야 한다. 그러니까 기우 행위는 여자들보다는 오히려 남자들이 주도해야 할 일이다. 그럼에도 불구하고, 집안에서 먹을거리를 마련하는 것이 주요 역할인 여자들이 기우 행위를 담당했다는 사실은 문화적으로 그러한 행위가 여자에게 부과되었음을 보여 준다. 다시 말하면, 기우 행위의 본질상 남녀를 구별함이 없이도 그 행위가 이루어지

있을 것이다.

116

기도 하는데, 여자만으로 한정하여 기우 행위가 이루어지는 것은 기우 행위의 본래적 모습이어야 할 바탕에 특정의 문화적 요소가 덧씌워진 형태라 할 수 있다. 이 요소는 그 당시에 전승되고 있는 문화적 자질의 소산이다.

여자들이 기우 풍속을 담당하는 현상에 대해 원형적으로 해석하는 논의도 있었다. 임재해는 "여자와 땅, 정액과 비, 남자와 하늘은 서로 대응되는 상관관계에 있으므로, 땅인 여자는 하늘인 남자로부터 정액인 비를 오게 하는 흡인력을 지니는 것이다. 이와 같은 논리에서 여자에게 물을 뿌리는 기우 주술은 세계 곳곳에 보인다."[27]라고 해석했다. 이처럼 여자는 물과 밀접한 연관이 있다는 원형적 해석에 따라 기우 행위를 여자들이 담당했다는 해석은 문제 해결을 위한 한 토대를 이루기도 한다.

그렇지만 이러한 해석은 연구자가 연역적으로 전승 현장에 접근함에 따른 결과다. 홍천군 지역의 전승 현장에서 전승을 담당하는 주체들이 기우 풍속에 대해 가지는 향유의식 속에는 그러한 사고가 담겨 있지 않았다. 물론 더 근원적인 면을 천착하게 되면 그러한 해석을 도출할 수 있겠지만, 적어도 현장적 상황만을 연구 대상으로 할 경우에는 현장과 그러한 해석을 연결하는 논리적 고리가 약하다. 즉, "땅인 여자가 하늘인 남자로부터 정액인 비를 오게 하는 흡인력을 지니고 있다."라는 해석은 현장의 구체적 모습들과 연결 짓기가 쉽지 않다. 본고는 앞에서 말한 바와 같이 향유자들의 향유의식에 바탕을 두고 기우 풍속의 전승에 대해 논의한다고 했다. 나아가 전승 행위를 둘러싸고 있는 현장적 향유 상황을 파악하여 이를 바탕으로 기우 풍속의 성격을 검토한다고 했다.

---

27 임재해, 〈기우제의 주술관행과 주술의 원리〉, 앞의 책, 360쪽.

기우 행위를 원형적으로 해석하여 여자가 기우 행위의 주체가 됨은 당연한 결과라고 해석하면, 기우 풍속의 행위 주체가 여자였다는 사실은 논의의 여지가 없게 된다. 그렇지만 여자 제보자는 물론 남자 제보자들도 기우 풍속은 여자들이 담당해야 하고 그들이 기우 행위를 하는 장소에는 남자들이 접근하지 말아야 한다고 하는 제보는 기우 행위를 현장과 연결하여 해석해야 할 여지를 남긴다. 이러한 제보들은 기우 풍속을 여자들이 담당했기 때문에 다른 행위들에 비해 상대적으로 폐쇄적이었음을 드러낸다. 여자들의 행위가 남자들의 행위에 비해 상대적으로 덜 개방적이었다는 사실은 우리의 문화적 특성과 관련지어 해석할 수 있다. 이와 같이 기우 풍속은 실제적 곤경을 해결하고자 하는 욕구가 담긴 근원적인 바탕에 특정의 문화적 자질이 덧씌워진 형태로 전승되고 있는 것이다.

또 다른 문화적 자질이 덧씌워진 형태로 전승이 되는 현상을 이해하기 위해 기우 행위의 현장적 상황에 대해 좀 더 면밀히 검토해 보자. 제보자들은 옆 마을에서조차 어떤 양식의 기우 풍속이 전하는지를 알지 못한다고 말한다. 앞에서 말한 바와 같이, 서석면 청량리 버덩말에 사는 이옥○은 옆 마을인 청량리 음양지마을에서는 어떤 방식의 기우 풍속이 행해졌는지를 모른다고 했다. 그리고 음양지마을에 사는 황금○는 버덩말에서 어떤 기우 풍속이 전승되었는지 모른다고 했다.[28] 그리고 내촌면 물걸리 장수원

---

28  김복○(여), 홍천군 서석면 청량리, 84세, 2013년 12월 31일. 그는 다음과 같이 제보했다. 자신의 시아버지 형제는 평안도에서 버덩말로 이사를 왔다. 그들은 다른 집과는 무관하게 평안도에서 하던 방식대로 기우를 했다. 비가 안 오면 아들 딸 중 처녀와 총각으로 하여금 마당에 있는 두엄에 물을 뿌리게 하면서 기우를 하게 했다.

바깥모퉁이마을에서 사는 박일○씨 부인은 안모퉁이마을에서 어떤 기우 풍속이 전승되는지를 몰랐다고 한다. 그리고 안모퉁이마을에 사는 김기○도 바깥모퉁이마을에서 어떤 방식의 기우 풍속이 전하는지를 몰랐다고 한다. 당시 시골 마을에서는 누구네 집의 숟가락이 몇 개인지까지 아는 상황인데, 옆 마을의 기우 풍속을 몰랐다고 하는 제보는 거짓말이라고도 말할 수 있다. 그렇지만 적어도 기우 풍속이 적극적인 관심거리의 대상이 아니었고 밖으로 노출되는 성격의 행사가 아니었음은 드러낸다. 이에 비해 내촌면 도관리 백우산에서 이루어지는 기우제에서는 여러 동네의 이장들이나 지역 유지가 참석하고 면사무소 직원들도 참여하는 등 행사가 공개된다. 그리고 서석면 어룬리 수리봉에서 이루어지는 기우제도 도관리의 경우와 마찬가지로 공개된 채로 거행된다.

이처럼 남자 주도의 기우제가 공개적임에 비해 여자 주도의 기우 풍속이 옆 마을에서 어떠한 방식으로 그 행위가 이루어지는지에 대해 알지 못하는 것은 그 행위 자체가 가지는 비밀스러움 때문이 아니다. 기우 풍속은 밤에 이루어기도 하지만, 낮에 이루어지기도 한다. 그리고 동네 여자 어른들이 부녀자들을 부추기고 여러 사람들이 "우리 이거라도 해 보자."라고 동의를 하면서 기우 행위가 이루어지기 때문에 실상은 비밀스러운 행사가 아니다. 그러면서도 마을끼리 서로의 기우 행위에 대해 모르고 있고 나아가 모른다고 말하는 것은 당시 문화적 상황과 연관되어 있다고 할 수 있다. 과거에 여자들이 옆 마을까지 마실을 가는 것은 금기였다. 같은 동네에서 마실을 가기는 했지만, 그 이상을 벗어나는 것이 금기시되던 상황에서 여성들이 주체가 되는 기우 행사가 구체

___

이러한 상황은 주변 사람들도 알지 못했다.

적으로 어떤 모습인지 알 수 없었을 수도 있고 옆 마을의 기우 행위를 아는 것 자체가 무관심의 대상이었을 가능성이 있다.

또한, 어떤 동네 사람들이 옆 동네의 기우 행위에 대해 알지 못하는 것은 그 행사가 마을 단위로 이루어지지 않기 때문이기도 하다. 홍천군 지역의 기우 풍속의 전승 단위는 마을 전체가 아니라 마을 사람들 중 일부 의견을 같이하는 사람들의 모임라고 한다. 전승 현장에서 "비가 안 와 사람 죽겠으니 뭐라도 한 번 해야 하지 않겠어?"라고 말을 하며, 이에 동의하는 사람들끼리만 기우 행위를 한다는 증언들이 기우 풍속의 기본적인 전승 단위를 말한다. 이순○가 제보하는 바와 같이, 쌀이라도 1되 정도 추렴할 수 있는 사람들만이 기우 행위에 참석한다는 사실도 전승 단위를 말해 준다. 홍천군에서 상당히 떨어진 지역인 횡성군 우천면 정금리 항촌에서는 90여 호가 살았는데, 이 중 논밭이 어느 정도 있는 사람들 10여 명만이 돈을 내서 개를 잡아 기우 풍속을 했었고[29], 옆 마을인 샛담에서도 여자들 중 개 값을 낼 수 있는 10여 명의 여자들만이 모여 개를 잡아 기우 풍속을 지냈다[30]는 점도 기우 풍속의 전승이 마을 단위가 아니라 마을 내에서의 일부 사람들끼리의 모임이 전승 단위임을 보여 준다.

이와 같이 전승 단위가 형성되는 것은 여자들의 기우 행위는 당위성보다는 필요성에 기반하고 있는 것과 연관된다. 필요에 따라 이루어지는 기우 행위는 마을 내부적인 행사였다. 그런데 당시 내부적인 행사인 경우에는 행위의 주체가 여자이고 외부적인 행사인 경우에는 행위의 주체가 남자인 경우가 일반적이었다. 마

---

**29** 엄현○(남), 횡성군 우천면 정금리 항촌, 87세, 2012년 12월 9일.

**30** 정옥○(여), 횡성군 우천면 정금리 샛담, 85세, 2012년 12월 8일.

을 내부적인 행사라고 하더라도 여자가 그 행위의 주체여야 하고 외부적인 행사라고 해서 그 행위의 주체가 남자이어야 할 필연성은 없지만, 그 상관성은 높은 것이다. 그 연결 고리를 마련해 주는 것은 그 당시의 문화적 분위기이다. 당시 남자가 주도하는 거리제, 서낭제, 산신제 등과 같은 행사는 마을 전체가 행사 비용도 마련하였고 그 행위도 공개적으로 이루어지는 등 외부적인 성향의 행사였다. 이처럼 공개적이고 외부적인 행사는 남자들이 행위의 주체가 되었음에 비해, 비공개적이고 내부적인 행사는 여자들이 행위의 주체가 되는 문화적 분위기였다. 그래서 집집마다 행하는 가정 신앙도 그 주체는 여자이었다. 그러니까 기우 풍속도 거리제, 서낭제, 산신제 등과 비교할 때는 상대적으로 내부적인 행사인 것이다. 이러한 행사에 여자가 행위의 주체가 되는 것은 문화적으로 합당한 것이다.

다시 말하면 그 당시 남자는 공개적이면서 외부적인 행사의 주체 세력이고, 여자는 폐쇄적이면서 내부적인 행사의 주체 세력이었다. 이러한 분할은 일종의 역할 분담이다. 남자는 남자가 할 일이 있고 여자는 여자가 할 일이 있다는 것이었다. 이러한 역할 분담은 남성이 우월하냐 여성이 우월하냐의 우열의 관점에서 바라볼 일은 아니었다. 그러니까 기우 행위에는 남성과 여성의 역할이 분리되어 있는 문화적 자질이 덧씌워져 있는 것이다.

이제는 여자가 아닌 과부들만을 특정하여 이들이 고쟁이만 입고 떠들어 대며 키질을 함으로써 부정이 발생하고 그 부정을 씻어 내리기 위해 하늘이 비를 내리게 한다는 향유의식을 검토할 차례다. 앞에서 기우 풍속의 향유의식의 근저에는 인간들 스스로의 힘으로 해결하지 못하는 난관을 하늘이 해소시켜 줄 수 있다는 관념이 자리 잡고 있다고 했다. 이러한 상태에서는 하늘을 기분 나쁘게 할 필요가 없고 그렇게 해서는 안 된다. 그렇지만 위에서처럼 제보자들은 하늘이 강에서 여자들이 망측하게 행동을 하는 모습을 부정하다고 생각하여 그 부정을 씻기 위해 비를 내린다고 생각하고 있다. 이는 직접 기우 행위에 참여하는 사람을 물론 그렇지 않은 사람들도 대부분 그렇게 말을 한다.

이와 같은 인식은 홍천강 주변 지역이나 그곳에서 조금 떨어진 지역의 기우 풍속에서도 나타난다. 즉, 기우 행위를 하는 사람들이 의도적으로 부정을 피움으로써 하늘을 노하게 해 비를 내리게 했던 것이다. 잿간에 물을 뿌리고 생선 비린내를 풍기는 것들도 모두 부정을 피워 하늘을 화나게 하는 행위라는 면에서도 동일하다. 이처럼 부정을 피워 하늘을 화나게 하는 기우 행위는 동물을 잡아 신성스러움이 깃든 바위에 피를 뿌리거나 신성스러운 소沼에 피를 뿌림으로써 하늘을 노하게 만드는 방식의 기우 풍속에서도 발견된다. 보통은 개를 잡음으로써 개 자체가 부정을 피운다고 생각하나[31], 돼지를 사용하기도 하고[32] 닭을 사용하기도 하는[33] 것으로 보아, 개 자체보다는 동물의 피를 뿌림으로써 부정을 피운다고 생각할 수 있다. 이처럼 여자들이 방정맞은 행동을 하거나 사람들이 동물의 피를 뿌림으로써 부정을 피우고, 그 부정이 하늘을 노하게 하여 하늘이 이를 씻어 내기 위해 비를 뿌린다는 향유의식도 원래적인 모습이 아니라 덧씌워

---

31  이상○(남), 앞의 사람.

32  박영○(남), 앞의 사람.

33  허남○(남), 홍천군 서석면 어룬리, 77세, 2013년 1월 7일.
    장옥○(여), 홍천군 서면 용수리, 76세, 2012년 12월 23일.

진 것이라 할 수 있다.

그런데 이러한 향유의식은 이에 내재된 두 가지 현상을 검토해 볼 수 있다. 우선 여자들이 물을 까부는 방정맞은 행동을 하는 것에 대해서 생각해 볼 수 있다. 여자들이 강에 들어가 키로 물을 까불면서 시끄럽게 했다고 해서 그 자체를 방정맞다고 생각하는 것은 평가 대상보다도 평가 주체의 해석 문제일 뿐이다. 이 평가 주체에는 남자만이 아니라 여자도 포함된다. 그리고 그러한 행동을 부정을 피우는 행위라고 생각하는 자체도 평가 주체의 문제다. 그리고 동물의 피를 부정이라고 평가하는 것도 평가 주체의 해석과 관련된 문제다. 그러한 행위들을 부정이라고 생각하는 것은 사실 자체에 대한 객관적인 진단이라기보다는 평가 주체의 주관적인 관념일 뿐이다. 둘째로 그러한 부정들이 하늘을 노하게 하여 하늘이 비를 내리게 한다는 것도 사실 그 자체는 아니다. 하늘의 존재 여부도 문제지만 그 하늘이 그 부정을 제거하기 위해 행동한다는 생각도 주관적인 관념일 뿐이다. 이처럼 기우 행위에 내재된 향유의식은 그 당대 사회가 가지고 있는 집단적 관념의 소산일 뿐이다.

대부분의 기우 풍속들이 부정을 피워 소기의 성과를 달성한다는 점에서는 동일하다. 하지만 남자들이 산에서 기우를 하는 행위와 여자들이 강에 들어가거나 잿간에 물을 뿌리며 기우를 하는 행위에 대한 향유의식은 다르다. 남자들이 산 위에 올라가서 개를 잡아 피를 뿌리는 행위를 부정이라고 생각을 했지만 폄하하지는 않았다. 그러나 여자들이 물을 까불거나 뿌리며 기우 행위를 하는 것에 대해서는 흉하다거나 방정맞다는 등 폄하를 한다. 이처럼 양자에 대한 향유의식이 다름은 그 행위가 남자들의 행위이냐 여자들의 행위이냐에 따라 결정된다.

여자들의 기우 행위에 대해서만 폄하를 하는 것은 당대의 여성에 대한 집단적 의식과 연관된다. 당시 남성우월적인 사고는 남성들의 생각 속에만 내재되어 있는 것이 아니라 여성들의 생각 속에도 내재되어 있다고 볼 수 있다. 그래서 남자들은 물론 여자들 스스로도 여자들의 기우 행위를 폄하하고 그 행위들이 부정을 자아낸다는 생각을 드러냈던 것이다.

이러한 상황 속에서도 여자들의 기우 행위가 존재하고 심리적 안정은 물론 적절한 시기에 비가 내리는 데에 일정한 역할을 했다는 현상 자체에 대해서는 어떻게 이해할 것인가가 문제로 남는다. 여자들의 기우 행위에 대해 부정적인 사회적 집단의식이 존재했더라도 그들의 행위는 존재 가치가 있었기 때문에 지속적으로 전승되었다는 것이다. 그러니까 그러한 사회적 인식은 기우 행위의 존폐에 실제적 영향력이 없는 단순히 관념적 차원의 의식이었을 뿐이었다고 판단할 수 있다.

남성우월주의나 남존여비 등의 관점에서 기우 행위를 바라보는 것은 일종의 덧씌우기 작업의 결과이다. 남자, 여자 모두 여성들의 기우 행위를 폄하하는 말을 하지만 그러한 언급들은 여자들의 기우 행위에 실제적으로 영향을 미치지는 못한다. 여자들은 기우를 해야 하는 상황에서는 그들끼리 그 행위를 결정하였다. 그 결정은 여자들의 고유의 영역이었기 때문에 남자들도 이를 통제하지 않았다. 입으로는 폄하하는 말을 하면서도 그들의 결정을 따르고 그 역할에 동의했었다.

지금까지 기우 풍속의 존재적 가치를 확인할 수 있었다. 기우 풍속에는 다양한 가치관이나 관념을 반영한 행위소들이 중첩되어 있다. 그러한 행위소들 중 어느 행위소가 우선적으로 형성되었는지를 가릴 수는 없다. 그렇지만 기우 행위의 본질적 성격을 가늠함으로써 이질적인 성격을 지닌 행위소들을 구별할 수 있었다. 그리고 그러한 행위소들이 상호 배척되지 않고 하나의 풍속 속에 중첩된 채로 전승되는 현상을 확인할 수 있었다.

이러한 전승 현상을 통해 그 당시의 사회적 가치관을 확인할 수 있다. 여자들이 옷을 갖춰 입고 조용히 키로 물을 까불면서 기우 행위를 하는 마을의 사람들이, 과부들이 고쟁이만 입고 키로 물을 까불면서 시끄럽게 기우 행위를 하는 마을 사람들에게 너희들은 왜 그런 방식으로 행위를 하냐고 험담하지는 않았었다. 마을의 점잖은 남자들이 여자들이 방정맞게 떠들면서 부정을 피워 하늘을 노하게 했다고 해서 그들의 행위를 제지하지는 않았다. 그러한 남자들이 행하는 행위는 그 행위대로 존재했었고, 여자들이 행하는 그러한 행위들은 그들대로 존재했었다.


## IV. 맺는말

홍천군 지역 전 지역에서 전승하는 기우 풍속과 기우제의 특성을 표로 정리하면, 다음과 같다.

|  | 행위 주체 | 장소 | 시간 | 공개 여부 | 효과 |
|---|---|---|---|---|---|
| 기우 풍속 | 여자 | 현장적 | 현재적 | 비공개적 | 치료적 |
| 기우제 | 남자 | 비현장적 | 미래적 | 공개적 | 예방적 |

기우 풍속은 행위 주체가 여자이면서 기우제에 비해 상대적으로 비공개적인 현재적 상황에서 행위가 이루어진다. 이러한 행위는 현장적인 문제를 해결하려는 욕구와 관련된다. 반면에 기우제는 행위 주체가 남자이면서 기우 풍속에 비해 상대적으로 공개적인 상황에서 그 행위가 이루어진다. 이는 직접적으로 자신들에게 닥친 문제 해결이라기보다는 예방적인 차원에서 그 행위가 이루어짐과 관련이 있다.

　홍천군에는 다양한 방식의 기우 풍속이 존재했었다. 홍천강을 따라서는 여자들이 키로 물을 까부는 방식이 있었고, 그 지역을 벗어나면 잿간에 물을 뿌리는 방식, 동물을 잡아 피를 뿌리는 방식 등이 있었다. 이러한 다양한 방식들은 지형적, 지리적 특성과는 무관했고, 각 마을별로 자의적으로 결정하여 전승될 뿐이었다.

　홍천강 상류에서부터 하류까지 강 근접 마을에서는 여자들이 키로 물을 까부는 방식이 전승되었었다. 각 마을 별 존재 양상을 표로 그리면, 다음과 같다.

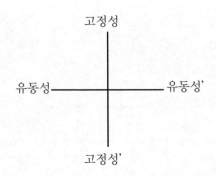

옆의 표에서와 같이, 기우 풍속은 일정한 형태가 고정된 채로 전승된다. 그러면서도 시간이 흐름에 따라 일부 변화가 수반되기도 한다. 고정성과 고정성'는 시대가 흐름에 따라 그 양식이 일부 변화함을 나타내지만, 근본적으로는 고정된 양식을 유지한다는 의미를 지닌다. 반면에 마을별로 다양한 방식으로 기우 행위가 이루어지는 현상을 발견할 수 있다. 유동성과 유동성'는 시간적인 개념과 무관하게 상황상황별로 구체적인 행위가 다르게 행해짐을 의미한다. 즉, 특정 행위가 고정된 채로 전승하는 것이 아니라 특정 현장에서 그 나름대로 기우 행위가 결정된다는 의미가 담겨 있다. 이처럼 기우 풍속은 고정성과 유동성이 교직되면서 그 전승이 이루어진다. 다시 말하면, 기우 행위는 고정성과 유동성의 상호 역동 속에서 마을별로 구체적으로 이루어진다.

특정 지역의 기우 풍속이더라도 하나의 성격을 지닌 행위소만으로 구성되어 있지 않았다. 서로 이질적인 성격을 지닌 행위소라고 할 수 있는 것들이 중첩되어 그 행위가 이루어진다. 기우 행위의 본원적인 행위소는 현실적 곤경을 해결하려는 행위라 할 수 있다. 이 행위 위에는 하늘에 기원하는 행위가 덧씌워져 있다. 그리고 남자가 아니라 여자들이 기원을 담당하는 행위가 또 덧씌워져 있다. 기우 풍속의 종류에 따라서는 젊은 과부들이 방정맞게 움직여 부정을 피우면서 기원을 해야 한다는 행위가 덧씌워져 있기도 하지만, 동물의 피를 뿌려 부정을 피우면서 기원을 해야 한다는 행위가 덧씌워져 있기도 한다.

이처럼 각각의 행위소들은 기우 풍속의 종류에 따라, 기우 행위의 구체적인 현장에 따라 조합하는 방식이 달라진다. 이들은 과거 혹은 당시의 집단적인 관념 하에서 형성된 행위들이다. 즉, 기우 풍속은 특정의 문화적 자질들이 덧씌워져 있는 상태로 그 행위가 이루어진다.

다른 종류의 민속에도 이질적인 문화적 자질들이 덧씌워져 전승될 가능성이 높다. 전승 환경이 기우 풍속과 별반 다르지 않기 때문이다. 차후의 논의에서 이를 다시 확인하고자 한다.

# 참고문헌

## 1. 채록 자료

김기○(남), 홍천군 내촌면 물걸리 장수원 안모퉁이, 81세, 2013년 1월 8일.

김복○(여), 홍천군 서석면 청량리 버덩말, 84세, 2013년 12월 31일.

김승○(남), 홍천군 내면 광원1리 달둔 문지방 거리, 76세, 2012년 8월 9일.

박동○(남), 홍천군 화촌면 송정리, 82세, 2012년 12월 22일.

박성○(남), 홍천군 남면 용수리 3반, 61세, 2012년 12월 23일.

박영○(남), 홍천군 내촌면 도관리, 82세, 2013년 1월 6일.

박일○ 부인(여), 홍천군 내촌면 물걸리 장수원 바깥모퉁이, 80세, 2013년 1월 8일.

박주○(남), 홍천군 내면 방내2리, 83세, 2013년 1월 7일.

엄현○(남), 횡성군 우천면 정금리 항촌, 87세, 2012년 12월 9일.

이상○(남), 홍천군 내면 광원1리, 77세, 2013년 1월 7일.

이순○(여), 홍천군 서면 반곡리, 83세, 2013년 12월 31일.

이옥○(여), 홍천군 서석면 청량리 버덩말, 71세, 2012년 12월 27일.

장옥○(여), 홍천군 서면 용수리, 76세, 2012년 12월 23일.

장운○(여), 인제군 상남면 상남리, 77세, 2013년 1월 7일.

정옥○(여), 횡성군 우천면 정금리 샛담, 85세, 2012년 12월 8일.

황금○(여), 홍천군 서석면 청량리 음양지마을, 83세, 2012년 12월 27일.
허남○(남), 홍천군 서석면 어론리, 77세, 2013년 1월 7일.


2. 논문 자료

강용권, 〈한국의 기우풍속에 관한 연구 -경상남도를 중심으로-〉, 《석당논총》 제6집, 동아대학교, 1981. 12.

김의숙, 〈기우제의의 형성이론 -음양오행사상을 중심으로-〉, 《인문학연구》 제28집, 강원대학교, 1990.

김재호, 〈기우제의 지역간 비교과 기우문화의 지역성〉, 《비교민속학》 제33집, 비교민속학회, 2007. 2.

박관수, 〈민요의 향유론적 연구방법에 대한 시론〉, 《한국민요학》 20집, 한국민요학회, 2007. 6.

이한길, 《강원도 고성군 개발촉진지구 문화재 지표조사 보고서》, 관동대학교 박물관, 2008.

임재해, 〈기우제의 성격과 그 전승의 시공간적 이해〉, 《한국 민속의 전통과 세계》, 지식산업사, 1991.

최종성, 〈용부림과 용부림꾼 : 용과 기우제〉, 《민속학 연구》 6, 국립민속박물관, 1999. 11.

＿＿＿, 〈기우의례 : 폭로의례를 중심으로〉, 《역사민속학》 제10호, 역사민속학회, 2000. 6.

황의호, 〈보령지방의 기우제〉, 《보령문화》 19집, 보령문화연구회, 2010.

# 4. 홍천 지역의 지리적 조건과 민요권역 고찰

유 명 희(한림대학교 국어국문학과)

## Ⅰ. 서론

강원도는 〈아라리〉 노랫말에 나오듯이 산이 높고 골이 깊은 고장이다. 마을에 들어가면 골짜기마다 이름이 있고 사연이 있다. 이 마을들은 산길과 고갯길로 이어져 있다. 작은 내는 다리를 만들어 건넜다. 고갯마루를 오르고 섶다리를 건너면서 이 마을 저 마을과 소통하고 살았다. 인간은 함께 사는 사회적 동물이다. 마을과 마을, 사람과 사람들이 모여서 어떻게 살았을까. 어떤 일을 하며, 어떻게 일을 하며, 누구랑 일을 하며 살았고 또 무엇을 즐기며 살았을까. 궁금한 점이 한두 가지가 아니다.

이 글은 이러한 궁금증에서 출발하였다. 강원도를 돌아다니다가 홍천이라는 재미있는 지역을 만났다. 홍천군은 동서로 긴 타원형을 이루고 있다. 강원도의 중앙에 위치하며 동서남북은 여덟개의 시군과 맞닿아 있다. 이러한 지리적 조건으로 홍천 지역은 강원도 문화와 교통의 중심지 역할을 하고 있다.

홍천 지역은 경기도와 인접하여 외부 문화의 유입이 빠른 동시에 동쪽으로는 백두대간의 영향으로 높은 산지에 막혀 있다. 조선 초기부터 북한강은 조운을 이용한 수로 교통로가 발달하기 시작하였다. 특히 고개가 많고 험한 홍천 지역은 강을 이용한 교역이 더 쉬웠을 것이다. 이 글에서는 지리적 조건을 이용한 농업 형태 방식과 〈논매는소리〉 분포와 상관관계에 따른 민요권역을 구분하는 것을 시도하고자 한다.

홍천 지역은 해발고도를 포함한 지리적 조건으로 다음과 같이 세 지역으로 나눌 수 있다. 백두대간의 영향권인 내면을 비롯한 산간 지역, 백두대간 서쪽 완사면에 이르는 논농사를 할 수 있는 구릉 지역, 마지막으로 홍천강과 그 지류에 해당하는 강 유역에 분포한 평야 지역이다.

민요권역을 나누는 데에는 〈논매는소리〉를 주 연구 대상으로 삼고 〈모심는소리〉는 보조 자료로만 언급한다. 강원 지역과 전국의 〈논매는소리〉에 대해서 이미 연구가 되어 있다.[1] 다만 강원도의 중심부에 위치한 홍천 지역에서 세부적인 국면이 어떻게 나타나는지 그것이 홍천 지역의 지리적 조건과 어떠한 상관관계가 있는지 살피고자 한다.

---

1 강등학, 〈〈모심는소리〉와 〈논매는소리〉의 전국적 판도 및 농요의 권역에 대한 연구〉, 《한국민속학》 38, 2003.

_____, 〈경기지역 〈논매는소리〉의 기초적 분석과 지역적 판도〉, 《한국민요학의 논리와 시각》, 민속원, 2006.

_____, 〈강원도 〈논매는소리〉의 기초적 분석과 지역적 판도〉, 《한국민속학》 53, 한국민속학회, 2011.

## II. 홍천 지역의 인문지리적 특징과 민요권역

### 1) 홍천 지역의 지정학적 위치

홍천군의 지형은 태백산맥의 크고 작은 지맥에 둘러싸인 중산간 지역으로 기복이 심하고, 동부와 북부에는 1,000미터 이상의 높은 산들이 연이어 있어 산지가 전체 면적의 87퍼센트를 차지한다. 더욱이 내면 지역은 해발 600미터 이상의 고원지대로 이루어져 있다. 전형적인 동고서저의 지형으로 내면을 비롯한 산악 지역에서 홍천읍, 남면, 서면 지역으로 점차 경사가 완만해진다.[2]

홍천 지역은 강원도에서 고개가 가장 많다. 강원도를 포함한 중부 지방에서 홍천 지역은 고개의 밀도가 높다. 특히 해발고도 200~599미터에 해당하는 고개가 도내 다른 시군에 비하여 월등하다.[3] 고개가 많다는 것은 산이 많다는 이야기다. 전국적으로 강원도에 고개가 가장 많이 나타난다는 것이 이를 반증한다. 또한 고개의 해발고도 역시 강원도가 높다. 백두대간의 준령들을 넘어 동해안의 마을들과 교류하며 살았던 고대에서부터 고개는 발달하였다. 강원도에서 가장 높은 고개는 인제와 고성을 연결하는 마등령馬等嶺이다.

높은 고개는 지역을 나누는 경계선이 되기도 하고 동시에 지역

---

**2** 유명희, 〈홍천 산간지역의 〈논매는소리〉 교섭 양상 - 홍천군 내면의 〈논매는소리〉를 중심으로-〉, 《역사민속학》 41, 한국역사민속학회, 2013, 147쪽.

**3** 김양자, 〈우리나라의 고개에 관한 지리적 고찰〉, 이화여자대학교 석사학위논문, 1989, 18~19쪽 표 참조. 또한 고개는 많지만 큰 도로가 아닌 소규모 도로에 국한되고 있음도 지적하고 있다(해발고도가 높고, 지형이 험한 고갯길 주변은 건설비 등의 관계로 주요 도로의 건설이 기피되었다는 사실을 알 수 있다).

을 연결하는 교통로가 된다. 그러므로 어느 지역을 연구하기 위해서는 지역과 맞닿은 교통로에 대한 연구가 중요하다. 더욱이 민요는 지역성이 강한 문화자원이면서 동시에 구비 전승되는 특징이 있으므로 민요의 흐름은 교통로와 통혼권, 이주 관계와 밀접하게 관련된다.

산에는 고개를 이용한 교통로가 있다면 강에는 수로를 이용한 교통로가 존재한다. 고개가 마을과 마을을 나누면서도 잇는 경계 노릇을 한다면 강은 마을과 마을을 나눈다.[4] 강에는 나룻배와 섶다리 등이 마을을 잇는 역할을 하기도 하지만 오늘날에 와서야 다리는 확고한 교통로의 역할을 하게 되었다.

홍천군의 수계는 모두 북한강 수계에 속하고 있으며 지방 하천한 개와 준용하천 33개가 있다. 홍천군의 면적은 대부분이 산악 지대이고 오대산 서쪽의 일부만이 내린천 유역에 속할 뿐 나머지는 모두 홍천강 유역에 속한다. 홍천강은 동쪽에서 서쪽으로 흘러내리는데, 암석과 지질구조와는 관계없이 횡단 또는 종단하고 암반을 끊는 곡류를 하면서 범람 평야를 전혀 수반하고 있지 않는 것이 특색이다. 그래서 홍천강 하류 지역은 농경지가 협소하고 교통도 불편하다.[5]

앞서 말했듯이 홍천 지역은 산악 지형이라 많은 고개가 존재한다. 홍천과 강릉을 연결하여 단면으로 자르면 홍천읍이 해발 400미터 솔치재가 해발 600미터에 이른다.[6] 솔치재는 내면과 서석면의

4  홍천강의 유역을 중심으로 군 경계 대부분이 결정된 것이 이것을 뒷받침한다.

5  이춘경, 〈GIS를 이용한 강원도 홍천군의 지형적 특성 연구〉, 강원대학교 교육석사학위논문, 2001, 15쪽 참조.

6  김유미, 〈강원도 홍천지역의 쾬 연구〉, 공주대학교 석사학위논문, 2013, 3쪽

경계이다. 강원도를 다니면 지평선을 보기가 힘들다. 말 그대로 첩첩산중으로 산 색이 겹겹이 다르게 나타나 아름다운 수묵화를 보는 것 같다. 산악 지형의 특징은 논밭의 비율로도 나타난다. 홍천 지역의 대표적인 산간 지역인 내면은 현재 논이 거의 없다. 이전에는 약간의 논을 부쳐 자급자족하며 환금작물換金作物로 이용하기도 하였지만 현재는 수지가 맞지 않는다는 이유로 모두 없어졌다. 그렇다고 홍천 지역에 논이 전혀 없는 것은 아니다. 내면을 제외한 나머지 읍·면들은 각기 사정에 따라 논과 밭의 비율이 다를 뿐 논이 국지적으로 분포하고 있다.

홍천강 유역은 내륙산간지대에 해당되기 때문에 평야의 발달은 미약한 편이지만 홍천강 수계를 따라 소규모 유역 분지 내에는 국지적으로 평야가 분포한다. 이 평야는 대부분이 하안단구 내지 충적지의 지형적 특성을 가지고 있다. 침식평야 형태로는 산록 완사면이 일부 지역에 분포하고 있어, 지역 주민들의 생활 터전으로 이용되고 있다.[7] 인구밀도 역시 이와 같은 지역에서 높게 나타난다.

홍천 지역의 지정학적 위치 가운데 가장 주목되는 점은 강원도의 가장 중심부에 위치하고 있다는 것이다. 홍천군은 강원도의 남북을 축으로 볼 때 가운데에 속해 있다. 동서를 축으로 볼 때 서쪽 끝은 경기도 가평군에, 동쪽 끝은 양양군과 강릉시에 닿아 있어 강원도를 거의 횡단하고 있다. 이러한 지정학적 위치는 홍천군이 강원도의 문화적, 교통의 중심지 역할을 하게 한다. 아래의 관내도를 참조하면 홍천군의 북쪽은 춘천시, 인제군과 경계하고 있

---

〈그림2〉참조.

**7** 김창환, 〈홍천강 유역의 지리적 환경〉, 《강원인문논총》 4, 강원대학교 인문과학연구소, 1997, 244쪽.

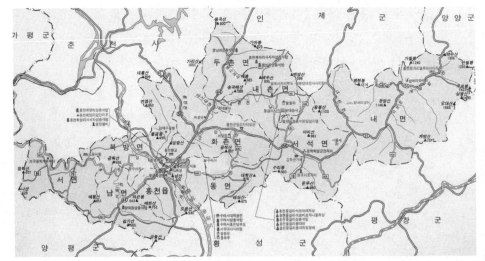

홍천군 관내도 약도[8]

으며 남쪽은 경기도 양평군, 횡성군, 평창군과 경계하고 있어 여덟 개의 시군에 둘러싸여 있어 주변 시군과 영향 관계를 많이 주고받았을 것으로 보인다.[8]

## 2) 홍천 지역의 〈논매는소리〉 존재 양상

〈논매는소리〉는 전국적인 분포를 보이며 같은 지역에서 여러 개의 소리가 함께 혼재되어 나타나기도 한다. 전국적인 분포를 보이기 때문에 지역간 구분이 가능하므로 〈논매는소리〉는 민요의 권역 구분에 지표적 역할이 가능한 민요이다. 홍천 지역은 강원도의 중앙에 위치하였으며 동서로 길어 서쪽은 경기도와, 동쪽은 강릉시와 맞닿아 있어 같은 홍천군 안에서 불리는 민요의 종류가

8 한국민족문화대백과사전.

다를 수 있다고 생각한다.

농업 가운데서도 수도작(벼농사)은 노동 집약성이 높다. 또한 수도작에서 중요한 작업의 하나는 제초 작업이다. 《농사직설》에서는 직판의 경우 3~4회의 제초 작업을 한다고만 하고, 어느 정도의 노동력이 소요되는지는 기록하지 않았다.[9] 그렇지만 제보자들의 이야기에서 마을에서는 두레나 품앗이를 통하여 마을 단위의 대규모로 조를 짜서 마을의 모심기와 논매기가 한꺼번에 진행되는 것을 알 수 있다. 그러므로 3~4회의 제초 작업, 곧 김매기 작업은 논농사에서 가장 중요한 농업 작업 과정 가운데 하나이다.

김을 맬 때, 초벌(아이) 맬 때는 호미를 주로 사용하는데 이때에도 밭호미와 논호미가 따로 존재하여 김매는 작업을 좀 더 쉽게 해 준다. 김을 맬 때는 오른손으로 자루를 잡고 벼 포기에 스칠 듯 말 듯 호미를 땅에 대어 당기면서 볏으로 밀려 엎어지는 흙을 왼손으로 잡아 엎는다. 첫 벌 김을 이렇게 매어 놓기만 하면 자라던 풀은 땅 속에 묻히며 썩을 뿐 아니라 땅이 부드러워져서 벼가 뿌리를 깊이 박게 되며 두 벌이나 세 벌에는 손으로 벼 포기나 가꾸어 주고 다음 돌피나 골라 주면 김매기는 끝나는 것으로 생각하였다. 첫 벌 김매기가 이렇게 힘들었기 때문에 이 일은 보통 남자 어른들이 수행하였다고 한다.[10] 논매는 일은 힘든 작업이기 때문에 대부분의 마을에서 아녀자들은 당일 논매는 집에 모여 두레상에 올릴 밥을 짓고 남성들은 들에 나가 하루 종일 정해진 논의 김을 매었다.

---

9  이종봉, 〈한국 중세의 농업기술과 노동형태〉, 《두레노동과 소리문화》, 민족음악연구소, 2004, 52쪽.

10  안승택, 《식민지 조선의 근대농법과 재래농법》, 신구문화사, 2009, 171~172쪽.

이러한 상황은 오래전부터 지속되어 오던 농업 관행으로, 16세기 말기의 제초 작업에서는 향약인·양약장 등이 언급되고 있는 점을 미루어 볼 때 촌락공동체의 조직을 이용하고 있었던 점이 주목된다. 따라서 중세의 수전농법의 하나인 직파·이앙법에서는 적기에 3~4회의 제초 작업이 필요하였으므로 제초 작업의 과정에서는 촌락공동체의 조직을 통한 공동 노동도 이루어졌음을 유추할 수 있다.[11] 이런 공동 작업이 원활히 유지되기 위해서는 기능성을 가진 소리가 필요했고 〈논매는소리〉가 매우 유용하였다.

이렇듯 〈논매는소리〉는 논농사의 꽃과 같은 역할을 하며 논매기라는 공동 작업에서 주요한 수단이 되는 것을 알 수 있다. 〈논매는소리〉는 각 지역마다 다양한 소리가 존재하는데 논농사요 가운데서도 그 종류가 가장 많은 노래로서 한 마을에 적어도 2~3종은 있으며, 많게는 7~8종이 존재하는 곳도 있다.[12] 때문에 〈논매는소리〉는 전국적인 분포를 보이면서 동시에 민요권의 지표적 역할을 하는 민요라 하겠다. 홍천 지역 〈논매는소리〉의 종류와 분포를 먼저 알아보자.

홍천 지역에서 지금까지 조사된 〈논매는소리〉는 다음과 같다.[13]

---

**11** 이종봉, 앞의 논문, 52~53쪽.

**12** 강등학, 《강원의 민요》Ⅰ 인제군편, 강원도, 2001, 399쪽.

**13** 중복 표시는 하지 않았다. 자세한 표는 유명희, 앞의 논문, 149~150쪽 표 참조. 조사된 자료는 아래와 같다.
《강원구비문학전집 1》 홍천군편, 한림대학교 국어국문학과, 한림대학교출판부, 1989; 《강원의 민요》Ⅰ 홍천군편, 강원도, 2001; 황루시 외 《증편 한국구비문학대계 2-12》, 강원도 홍천군편, 역락, 2014; 2013년 필자 조사 자료.

| 내면 | 〈방아소리〉 |
|---|---|
| 내촌면 | 〈상사소리〉 |
| 화촌면 | 〈상사소리〉 |
| 두촌면 | 〈상사소리〉, 〈단허리〉 |
| 북방면 | 〈상사소리〉, 〈방아소리〉, 〈에헤이소리〉 |
| 홍천읍 | 〈뎅이소리〉 |
| 동면 | 〈상사소리〉, 〈긴방아소리〉, 〈어웨이소리〉 |
| 서면 | 〈상사소리〉, 〈방아소리〉, 〈농부가〉 |
| 서석면 | 〈상사소리〉, 〈방아소리〉, 〈단허리〉, 〈어항소리〉 |
| 남면 | 〈상사소리〉, 〈방아소리〉, 〈단허리〉, 〈긴방아소리〉 |

　홍천 지역 〈논매는소리〉 자료를 정리하면 다음과 같다. 첫째, 평야 지대인 서남쪽으로 갈수록 〈논매는소리〉의 종류와 빈도가 늘어나는 것이다. 둘째, 홍천 지역의 〈논매는소리〉는 〈상사소리〉, 〈단허리〉, 〈방아소리〉가 중심으로 나타나고 있다는 것을 알 수 있다. 〈상사소리〉와 〈방아소리〉가 우세하고 〈단허리〉도 함께 나타난다. 영서 지역의 〈논매는소리〉 분포 양상은 영서의 〈미나리〉와 〈단허리〉의 분포 구도 위에 〈상사소리〉와 〈방아소리〉를 수용하여 형성되었다는 것이다.[14] 그렇지만 홍천 지역의 경우 〈미나리〉, 〈단허리〉보다 〈상사소리〉, 〈방아소리〉가 강세를 보인다. 〈미나리〉가 나타나지 않은 것도 특징이다.

　주로 초벌 논맬 때 〈방아소리〉, 〈상사소리〉, 〈단허리〉를 부르고 두벌 맬 때부터는 안 부르는 곳이 많다. 그렇지만 현재 조사되지 않는다고 해서 과거에 불리지 않았다고 단정하기는 어렵다. 이미 논을 매면서 소리를 하던 세대들이 많이 사라졌다는 사실을 고려

---

**14** 〈상사소리〉가 〈방아소리〉보다 넓게 나타난다. 그런데 〈방아소리〉는 거의 대부분 〈상사소리〉의 분포 범주 안에 자리하고 있다. 강등학, 앞의 글, 2003, 41쪽.

해야 한다. 남면 시동3리의 경우, 초벌 맬 때는 긴소리라고 하는 〈입타령소리〉를 늘어지게 두 패가 나누어서 부르고 두벌 맬 때는 〈단허리〉를 불렀고 세벌 맬 때는 소리가 없었다고 한다. 북방면 노일리의 경우는 초벌 맬 때는 〈방아소리〉를, 두벌 맬 때부터는 소리가 없었다고 한다. 서석면 풍암리의 경우 초벌 맬 때 〈상사소리〉를, 두벌 맬 때는 잘 부르지 않았다고 한다. 이렇게 홍천 지역의 〈논매는소리〉는 여러 종이 공존하는 양상을 보인다.

홍천군의 〈논매는소리〉 가운데 특이한 것은 남면 시동3리의 〈입타령소리〉이다. '에이 헤야 허'로 하는 입소리로 구성되어 있는데 30명이 반씩 갈라서 각각 선소리를 하고 그대로 받아 후렴으로 불렀다는 것이다. 동면 속초리의 〈논매는소리〉는 〈어웨기소리〉이다. 선소리 내용은 〈상사소리〉와 비슷한데 후렴구가 '어허 어허야 헤헤허야'로 길게 부르는 것이 특징이다. 위 두 노래는 전국적인 양상을 보이지 않는 〈논매는소리〉로서 홍천 지역의 특징을 나타내는 노래라 할 수 있다.[15]

## III. 산간 지역 민요의 분포 양상과 특징

홍천 지역을 지리적인 구분으로 산간 지역과 들 지역으로 나눌 수 있다면 산간 지역의 〈논매는소리〉를 통하여 홍천 산간 지역과 인접해 있는 다른 시군 지역과의 민요 교섭에 대해 알 수 있다.

---

15 강원도, 《강원의 민요》 I 홍천군편, 2001, 950쪽.

## 1) 산간 지역의 〈논매는소리〉 분포 양상

홍천 지역에서 산간 지역으로 꼽을 수 있는 면은 내면, 내촌면, 화촌면, 두촌면 등이다. 그 가운데서도 내면 지역은 대부분 산악 지형으로 해발고도가 평균 600미터 이상으로 고지대에 속한다.[16] 역사적으로 볼 때 내면은 강릉군에서 인제군을 거쳐 현재의 홍천군에 속하게 되었다.[17] 내면 지역의 특징은 면적이 가장 넓다는 점이다. 홍천군이 전국에서 가장 넓은 군이고, 내면은 전국에서 가장 넓은 면이다. 그렇지만 해발고도가 높고 산악 지형이 대부분이기 때문에 경작 면적은 적은 편이며 그 가운데서도 논농사를 할 수 있는 논의 면적이 밭에 견주어 적다.

산간 지역에서 주목할 점은 해발고도이다. 해발고도는 농업, 더욱이 논농사와 밀접한 관련이 있기 때문이다. 논농사에서 가장 중요한 변수는 물, 곧 치수가 관건이다. 그래서 예부터 우리나라는 보와 제언을 축조하는 데 힘써 왔다. 물이 있어야 모를 심을 수 있고 비로소 논농사를 시작할 수 있다. 그런데 홍천 산간 지역 내면은 해발고도가 높아서 냉해를 입기 쉬웠다. 이러한 기우

---

16  농경지는 전체 면적의 4.5%, 임야가 92.9%, 기타 2.6%(《홍천군지》, 1989, 188쪽)홍천군 전체는 임야 84.6%, 전, 5.8%, 답 3.3%, 하천, 2.3%, 도로 1.0%, 대지 0.7%, 기타 2.3%이다. 내면은 홍천군 전체 평균보다 임야가 많고 경작지는 매우 적은 편이다. 다른 논문에는 내면의 해발고도가 평균 800미터 이상이라고 제시하였다.

17  1906년 이전 강릉군에 속해 있다가 1895년에 내일면, 내산면으로 분할, 1906년 (광무10년) 인제군에 이속, 1914년 다시 두 면을 병합하여 내면이라 하고 6개 리로 개편, 1945년 인제군의 대부분이 공산 치하로 들어가고 나머지는 모두 홍천현에 편입, 1951년 인제군 수복으로 홍천군 편입 지역이 다시 인제군에 복귀, 1973년 07월 01일 법정 6개 리, 행정 17개 리.

조건은 논매는 방식에도 중요한 변화를 가져왔다. 앞에서 논매는 작업은 호미를 가지고 초벌을 맨다고 하였다. 그런데 내면에서는 손으로 논을 매었다고 한다. 호미를 통해서 논을 매게 되면 뿌리를 깊게 건드리게 되고 그렇게 되면 뿌리에 찬 기운이 들어서 벼가 죽기 때문이다. 내면 지역에 〈논매는소리〉는 홍천의 다른 지역에 견주어 거의 조사되지 않았다.[18] 이것은 논 규모의 협소함과 호미를 쓰지 않는 방식에 따른 것이라 생각한다.

화촌면과 두촌면 내촌면에서는 〈상사소리〉가 우세를 차지한다. 홍천강의 상류 지역이다. 홍천의 가장 북쪽 끝에 위치한 두촌면에서만 〈단허리〉가 조사되었다. 〈상사소리〉는 경기도의 김포평야, 또는 강원도의 영서 지방—특히 홍천과 횡성 일대에 거점을 두고 동진, 또는 서진하면서 남쪽으로 그 세를 넓혀간 것으로 판단된다.[19] 그러므로 〈상사소리〉는 홍천군에서 가장 많이 불리는 〈논매는소리〉이다.

## 2) 주변 시군의 〈논매는소리〉 양상

홍천 지역 가운데 산간 지역을 둘러싸고 있는 주변 시군은 인제군, 양양군, 평창군, 강릉시 등이다. 그렇다면 차례로 지역의 〈논매는소리〉의 존재 양상을 살피고 홍천군과의 상관관계를 알아보자.

---

**18** 2013년 조사에서 처음으로 〈방아소리〉의 존재가 알려졌다. 이 〈방아소리〉는 내촌면에서 들어온 것으로 보인다.

**19** 그렇다면 현재의 판단으로는 〈상사소리〉와 〈방아소리〉는 경기도의 고유한 노래일 수도 있고, 인접한 황해도와 강원도로부터 각각 파급되어 온 노래일 수도 있는 가능성을 모두 가지고 있다고 할 수 있다.(강등학, 앞의 글, 35쪽)

인제군에서 조사된 〈논매는소리〉는 〈미나리〉, 〈상사소리〉, 〈아라리〉 등이다. 인제군은 홍천 내면 지역과 마찬가지로 산간 지역에 해당한다. 내면과 같이 논농사가 발달하지 않아 〈논매는소리〉의 종류가 적다. 홍천군 내면과 인접한 인제군 상남면으로 가는 길은 내린천을 따라 흘러내린 지방도 446번이다. 내면 원당에서 인제 미산을 지나 상남리에 들어선다. 그 길은 내린천이 아름답게 흘러내리면서 깊은 골짜기를 형성하여 논이 발달하기 어려운 지형이다. 그렇지만 상남면 면 소재지인 상남리에 들어서면 넓은 논이 펼쳐진다. 이곳은 해발 500미터가 채 안 된다. 동시에 깊은 골짜기가 아니라 경사가 완만한 구릉지이다.

그런데 인제군 상남리에서 〈모심는소리〉로는 〈아라리〉를, 〈논매는소리〉로는 〈상사소리〉를 불렀다고 한다.[20] 홍천 내면의 원당 지역은 56번 도로와 연결되어 양양에서 넘어오면 만나는 두 번째 마을이다. 이 원당 마을에서는 모심을 때나 논을 맬 때 〈아라리〉를 불렀다고 한다. 다른 소리는 전혀 하지 않았다고 한다. 이것은 인제의 상남에서 모심을 때 〈아라리〉를 불렀다는 것과 맥락을 같이 한다. 상남 지역은 동쪽에서는 〈모심는소리〉인 〈아라리〉를, 서쪽에서는 〈논매는소리〉인 〈상사소리〉를 받아들인 것으로 보인다.[21]

양양군은 비교적 논농사요가 풍부하고 〈논매는소리〉도 종류가 다양하다. 그런데 대부분의 〈논매는소리〉 분포는 바닷가에 집중되어 있다.[22] 양양 지역은 〈모심는소리〉로 〈아라리〉가 우세하고

---

**20** 전광옥(남, 91세, 인제군 상남면 상남1리, 기린면 출생으로 60년 전인 21세에 이주), 2012년 3월 31일.

**21** 유명희, 앞의 글, 159쪽.

**22** 황루시,《강원의 민요》I 양양군편, 강원도, 2002, 583쪽.

〈논매는소리〉로는 〈오독떼기〉가 강세를 보였다. 원래는 〈미나리〉도 많이 불렸다고 하는데 최근 조사에서는 잘 나오지 않는다. 양양군의 〈논매는소리〉는 홍천 지역과 전혀 관계가 없어 보인다. 다만 〈모심는소리〉로 〈아라리〉를 불렀다는 점이 인제군과 같다. 〈논매는소리〉 외에 〈모심는소리〉 역시 권역이 넓을 뿐이지 지표적 민요라는 점에서 양양군을 포함한 영동 지역의 영향을 받았다는 것을 짐작할 수 있다. 〈오독떼기〉는 전승이 되지 않고 〈아라리〉만 전승되었다는 점은 아마도 〈오독떼기〉를 부르는데 어려움이 따랐으며 동시에 〈아라리〉는 강원도의 대표적 민요이기 때문으로 보인다.

평창군에서 조사된 〈논매는소리〉는 〈오독떼기〉이다. 〈단허리〉와 〈상사소리〉[23]도 나타나지만 〈오독떼기〉가 많이 조사되었다. 그런데 조사 자료들을 잘 살피면 〈오독떼기〉를 구연하는 가창자들이 아주 적은 부분만 부르고 있음을 알 수 있다. 양양이나 강릉 지역에 견주어 전승력이 떨어졌기 때문이 아닌가 생각한다. 강릉 지역의 〈오독떼기〉가 평창 지역에 영향을 준 것은 당연하다. 대관령으로 연결되어 있으면서 동시에 평창의 고위평탄면에서 일하는 사람들은 예전부터 강릉에서 많이 왔다. 또한 용평면 백옥포 농악대에서는 〈단허리〉와 〈상사소리〉 등을 불렀다고 한다. 인제와 양양 지역에 견주어 평창군과 홍천 산간 지역의 민요 교섭 양상이 적은 것은 내면과 평창의 경계 지역이 매우 높은 고개로 이루어졌기 때문일 것이다.

---

**23** 강릉대학교 국어국문학과, 《강릉어문학》 11, 1996. 여기에 따르면 평창읍, 대화면, 방림면, 미탄면에 〈상사소리〉가 조사되었다.

## 3) 산간 지역 〈논매는소리〉의 교섭 양상의 특징

조선시대 때는 홍천에서 인제를 통해 간성으로 가는 큰 역로가 있었다.[24] 홍천읍에서 화촌면을 통해 내면 방내리를 거쳐 인제로 통한다. 그 길의 선상에서 〈방아소리〉와 〈상사소리〉의 흐름이 있다고 생각한다. 역로가 있던 곳으로 교류와 교역이 빈번했으며[25] 그것이 민요 교섭에도 영향을 미쳤다고 본다. 홍천 산간 지역은 동해안의 민요에 영향을 받았다. 〈상사소리〉와 〈단허리〉 등은 백두대간의 높은 고개를 넘지 못하였지만 양양 지역의 〈모심는소리〉는 인제와 홍천 산간 지역으로 넘어왔고 강릉의 〈오독떼기〉 역시 평창 지역에 영향을 미쳤다. 위도 상으로만 따지자면 홍천과 강릉이 같은 위도에 놓여 있지만 고갯길은 높낮이를 따지기 때문에 다른 교통로가 발달하였다고 본다.

산간 지역의 민요는 인제, 홍천 내면, 평창이 서로 교류하지 못하였다. 백두대간 완사면인 세 지역을 〈논매는소리〉로만 본다면 인제 지역은 〈상사소리〉가, 내면은 〈방아소리〉, 양양군은 〈단허리〉가 강세를 보였기 때문이다. 이와 달리 들 지역의 〈논매는소리〉는 인접 지역과 활발한 교류를 펼쳤음을 알 수 있다.

---

24  김영철, 〈북한강 상류지역의 정기시장 체계변화 – 양구군·인제군·홍천군을 중심으로 –〉, 한국교원대학교 석사학위논문, 2001, 10쪽.

25  인제군 남면 관대리 부근에서는 남북 교역시장이 열렸고, 춘천 사북면의 38선 경계 지역, 주문진, 경기도 포천군 영중면 양문리, 토성, 대원리 등에서도 남북 교역시장이 열리고, 남북한 상인들의 물물교환이 이루어졌다(한모니까, 〈한국전쟁 전후 '수복지구'의 체제 변동 과정 – 강원도 인제군을 중심으로〉, 가톨릭대학교 국사학과 박사학위논문, 2009, 28쪽).

## Ⅳ. 들 지역 민요의 분포 양상과 수로의 관계

홍천 지역에서 들 지역이라고 하면 산간 지역을 제외한 나머지 지역을 말한다. 홍천읍, 남면, 동면, 서면, 서석면, 북방면 등이 이에 해당된다. 더욱이 서석면은 홍천 지역에서 벼농사를 가장 많이 짓고 있는 지역으로, 예부터 부자들이 많았다고 한다. 홍천 들 지역은 모두 홍천강 본류가 지나는 서면을 중심으로 지류인 양덕원천이 남면을 지나고 있어 일대의 기름진 평야를 제공하고 있다. 또한 서석면에는 내촌천이 지류인 청량천을 합쳐 면의 중앙을 흘러내리면서 규모는 크지 않지만 비옥한 평야를 만들어내고 있다. 앞서 말했듯이 논농사와 물의 관계는 매우 중요하다. 산간 지역에서도 물을 관리하는 것이 벼농사 성패의 관건인 것처럼 홍천강과 홍천강의 지류들이 흘러내린 비옥한 토양에서 벼농사가 발달하고 이에 따라 〈논매는소리〉도 산간 지역보다 다양하게 존재한다. 이에 먼저 남면과 서석면의 〈논매는소리〉를 알아보고 경기도와 접경을 이루면서 홍천강이 북한강과 만나게 되는 지점인 서면의 〈논매는소리〉에 대해 알아보도록 하자.

### 1) 남면, 서석면 평야 지역

논농사는 물이 가장 중요하다. 그래서 농사꾼들은 '강논은 물이 중요하고 산논은 물이 빨리 마르는 것이 문제'라며 논에 물대는 것이 가장 중요하다고 강조한다. 논의 종류는 많지만 흔히 두 가지로 나눌 수 있다. 물빠짐을 기준으로 '건답'과 '습답'인데 건답은 흔히 모래논이라 하고 습답은 고래논이라고 할 수 있다.

고래논은 쉽게 말하면 마르지 않는 논이다. 논에 샘이 솟아 물이 항상 있으므로 마르지 않는다. 다른 이름으로는 양석논, 수렁논, 샘논, 고논, 고래실, 흉년밥그릇 등으로 불린다. 이 별명에서도 물과 관련된 것을 알 수 있다. 특히 '흉년밥그릇'이라는 말은 인상적이다. 흉년이 질 정도로 날이 가물어도 고래논은 마르지 않기 때문에 이러한 별명이 붙은 것이다.

고래논의 반대 개념은 모래논이다. 모래에 물을 부으면 금방 사라져 버리듯이 모래논은 물을 많이 잡아먹는 논을 말한다. 또한 앞서 강논이라고 말했는데 한 제보자는 '밭배논'이라는 말을 사용하여 개울가에 물을 막아서 만든 논을 일컫는 말이다. 고래논과 모래논과는 다른 논으로 이야기하였다.

이렇게 고래논이냐 모래논이냐를 따지는 이유는 앞서도 말했듯이 물이 중요하기 때문이다. 고래논처럼 샘이 있다면 하늘에서 비가 내리는 것을 기다리지 않고 웬만한 가뭄에도 모내기를 할 수 있다. 그렇지만 고래논이 아닌 논, 그러니까 천수답은 하늘만 바라보고 있어야 하므로 옛날에는 하답으로 쳤다.

여주나 이천의 쌀을 상급으로 쳐 주는 이유는 여주 이천의 땅이 고래논으로 밥맛이 좋기 때문이다. 그런데 요새는 고래논을 상답으로 쳐 주지 않는다고 한다. 이것은 농업 방식의 변화가 논의 등급에 영향을 미친 것인데 기계화가 변화의 핵심이다. 이전의 노동 집약적인 벼농사는 인간의 노동력이 농사의 시작이고 끝이었다. 그렇지만 요즘 농업은 기계화되어 기계로 시작해서 기계로 끝난다.

농업의 기계화는 논의 성질에 대한 인식을 변화시켰다. 예전에 상답으로 치던 고래논은 요새는 거저 줘도 싫다고 한다.[26] 기계를

---

26 이재범(홍천군 서면 굴업리와 인접 마을인 양평군 명성1리 통골마을, 이재범

사용하게 되면 기계가 빠지기 때문이다. 수렁논이면서 큰 논은 콤바인과 같은 큰 기계도 빠져 버리기 때문에 기계를 가진 사람들은 그런 논에서 작업하기를 꺼려 한다. 논을 삶거나 벼를 심을 때 마지막으로 벼를 벨 때도 물이 많은 논은 불편하다.

예전에는 천수답이 대부분이므로 물을 대는 것이 어려운 일이었다. 그러니 물이 항상 있는 논이 좋은 논이었다. 하지만 지금은 양수기를 비롯하여 관개시설이 좋아졌다. 그러므로 물을 원할 때 원하는 곳에 댈 수 있다. 그러니 물을 쉽게 넣고 뺄 수 있는 모래논이 요새는 더욱 인기가 있다고 한다. 그래서 요새 여주, 이천의 고래논은 샘물을 모두 파낸다고 한다. 현대적인 기술로 땅 속에 관을 묻는 방식으로 물길을 내어 물을 버린다.[27]

산간 지역에서는 산에서 내려오는 물을 대기 때문에 물의 온도가 낮아 냉해를 입기 쉽다. 더구나 논을 계단식으로 만들어 기계는 말할 것도 없고 소조차 접근하기 어려워 사람이 직접 쟁기를 쓰고 논을 갈기도 하였다. 이러다 보니 산간 지역은 기계와 상관없이 고래논을 계속해서 선호한다.

남면과 서석면의 논은 앞서 말했듯이 홍천강의 지류들의 영향으로 강 유역을 중심으로 작은 평야가 펼쳐져 있다. 홍천 지역에서 논매는 소리가 가장 많이 조사된 곳이다. 〈상사소리〉, 〈단허리〉, 〈방아소리〉, 〈긴방아소리〉 등이 조사되었고 아이 맬 때와 두벌 맬 때 다른 소리를 했다고 한다. 1989년 조사 자료부터 지금까지 직접 소리한 조사 자료에는 나오지 않았지만 〈미나리〉를 했다는 증언을 볼 때 논농사가 발달했을 당시 〈미나리〉를 불렀을 가능성이 높은

자택), 2012년 11월 10일.
**27** 이재범, 위의 조사.

곳이 이 두 곳이다. 남면은 시동리와 유치리를 중심으로 〈논매는소리〉가 서석면은 청량리, 검산리, 생곡리 등 홍천의 다른 지역보다 〈논매는소리〉가 많이 조사되었다. 종류가 많다는 것이 아니라 여러 지역에서 중복적으로 나타났다는 뜻이다.

## 2) 서면 중심의 홍천강 유역

서면 지역은 홍천군내에서 비교적 농업지대에 속하며 더욱이 벼농사를 중심으로 한다. 바로 옆의 북방면에 군부대와 공장이 유치되어 있는 것과는 달리 전형적인 농촌 마을이다. 지리적으로 깊은 계곡이 많고 청평호와 맞닿아 있어 군내에서는 민물고기가 제일 많으며, 내륙 지방인 군내에서 유일하게 어업인구가 많은 것도 그 때문이다.

서면의 12개 행정리를 강을 중심으로 나누면 서면의 북쪽은 홍천강이 흐르고 있으므로 북쪽에 속한 마곡, 모곡, 개야, 반곡, 어유포, 팔봉 등 6개 리가 강을 끼고 있다. 나머지 동막, 길곡, 중방대, 두미, 대곡, 굴업의 6개 리는 강을 끼고 있지 않은 서면의 남쪽에 속한다. 이 12개 리의 농업 경지는 강원도의 특성과 마찬가지로 임야의 비율이 높고 논과 밭의 비율은 낮은 편이다. 먼저 서면의 북쪽 홍천강을 끼고 있는 6개 리의 논밭 비율은 마곡리(논:밭=5:5), 모곡리(논:밭=6:4), 개야리(논:밭=5:5), 반곡리(논:밭=5:5), 어유포리(경지의 98%가 논), 팔봉리(논:밭=6:4)이다. 다음의 서면의 남쪽 6개 리는 동막리(논:밭=6:4), 길곡리(논:밭=4:6), 중방대리(논:밭=4:6), 두미리(논:밭=5:5), 대곡리(논:밭=5:5), 굴업리(논:밭=5:5)와 같다.

앞서 말한대로 서면은 강을 끼고 있으면서 동시에 산이 높기 때문에 어유포리를 제외하고는 대부분 논밭의 비율이 비슷하다. 지형적인 영향도 있겠지만 이것은 우리나라 농업 형태가 예전부터 전답참반지지田畓參半之地이며 이것은 천수답과 관개답이 병존하고, 논농사와 밭농사를 병행하며, 밭에서도 각종 작물을 섞어 짓고 이어짓고 사이짓기 때문이다.[28] 또한 우리나라의 농업 형태가 밭농사 외에도 논농사를 지어야지만 쌀을 얻을 수 있기 때문이다. 쌀은 주식이며 동시에 이른바 환금작물로 반드시 경작해야 하는 작물이다.

서면은 홍천 지역에서 서쪽 끝으로 삐죽 튀어 나온 부분으로 춘천시, 경기도 가평군, 경기도 양평군과 만나는 지역으로 좀 더 자세히 살펴 볼 필요가 있다. 서면과 주변 지역의 〈논매는소리〉의 분포 양상을 보면 다음과 같다.

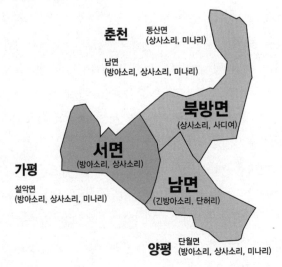

---

**28**　田畓參半之地. '논과 밭이 반씩 섞여 있는 곳'이라는 뜻. 안승택,《식민지 조선의 근대농법과 재래농법》, 신구문화사, 23쪽.

옆 그림에서 보듯이 서면을 중심으로 〈논매는소리〉의 권역을 정리하자면 서면을 경계로 북쪽 가평군과 춘천시는 〈상사소리〉, 〈방아소리〉, 〈미나리〉가 조사되었다. 이에 반해 서쪽인 가평군과 양평군 단월면에서는 〈방아소리〉, 서면의 동쪽인 북방면은 〈방아소리〉, 〈사디여〉 등의 〈논매는소리〉가 조사되었다. 서면의 남동쪽은 남면인데 〈단허리〉와 〈긴방아소리〉가 조사되었다.

홍천강은 북방면 장항리와 노일리를 거쳐 서면의 반곡리, 개야리, 모곡리, 마곡리 등을 끼고 춘천시와 북쪽으로 경계하며 흐른다. 다시 말해서 서면의 북쪽 경계면은 홍천군과 춘천시의 경계가 되면서 동시에 홍천강이 자연 경계로 구역을 나누고 있다. 그런데 모곡3리는 〈방아소리〉를 주로 했으며 제보자에 따르면 〈미나리〉와 〈상사소리〉를 듣긴 했으나 해 보지는 않았다고 한다.[29] 이것은 〈미나리〉가 다른 〈논매는소리〉에 견주어 조사가 일찍 끊긴 것과 관계가 있다고 보인다. 가평군과 춘천시를 조사했을 당시에도 다른 〈논매는소리〉는 조사가 되는 것과 달리 〈미나리〉의 경우 들어는 보았지만 할 수는 없다는 증언을 여러 번 들었기 때문이다.[30]

서면 중에서 길곡리는 홍천군과 가평군의 경계를 이루는 마을이다. 홍천군 서면의 길곡리는 가평군 설악면 위곡리와 널미재라는 고개로 연결되어 있다. 길곡리의 경우 서면의 가장 서쪽에 위치하고 있으며 홍천강을 접하지 않은 마을로 같은 서면이라도 강가에 위치한 모곡리와는 지리적, 기후적 특징이 다르다. 모곡리의 경우 강가와 바로 접하고 있기 때문에 서리가 늦게 온다고 한다. 논농사

---

**29** 박수영(남, 74세, 홍천군 서면 모곡3리), 2012년 10월 5일.

**30** 유명희, 〈〈논매는소리〉를 통해 본 가평민요권의 특성〉, 《한국민요학》 20, 한국민요학회, 2007, 220쪽 〈미나리〉 부분 참조.

의 경우 물조절이 벼의 생육과 밀접하게 연관되어 있다. 홍천군 내면의 경우 해발고도가 높아서 냉해를 입는 것, 그래서 물의 수온과 논매는 방식이 직접적으로 관계를 맺으며 다른 양상을 띤다. 그런데 모곡리의 경우는 물가이기 때문에 서리가 늦게 온다는 것이다. 같은 서면이어도 길곡리의 경우 산을 넘어가야 나오는 마을의 지형 때문에 서리가 빠르다고 한다.

서면 길곡리는 〈상사소리〉, 〈방아소리〉를 둘 다 비슷하게 불렀다고 한다. 대부분의 경우 〈방아소리〉와 〈상사소리〉는 선소리꾼에 따라 하나를 하다가 지루해지면 자연스럽게 다른 소리로 넘어갔다고 한다. 묵안1리(서면 아래, 양평군 단월면 옆)는 〈상사소리〉를 주로 많이 했고 〈방아소리〉를 보조로 했다고 한다. 그렇지만 앞에서도 말했듯이 〈상사소리〉와 〈방아소리〉는 선소리꾼의 취향에 따라 불렸다고 하지만 둘 다 불려졌다고 보인다.

미사리와 가정리는 북한강을 마주 보고 위치한 가평군과 춘천시인데, 이 마을 사람들은 〈방아소리〉, 〈상사소리〉, 〈미나리〉 세 가지의 〈논매는소리〉를 모두 불렀다. 그런데 가평군 청평면 미사리(서면 왼쪽, 춘천 아래)의 경우 첫 번째로 〈방아소리〉, 두 번째 〈미나리〉, 세 번째 〈상사소리〉의 순서로 불렸다고 한다. 더욱이 〈미나리〉의 경우 소리를 잘하는 사람만 불렀다고 한다. 강을 남북으로 마주하고 있는 춘천시 남산면 가정리(미사리 바로 위)는 미사리랑 비슷하게 〈논매는소리〉를 불렀는데 〈미나리〉는 자주 부르지 않았다는 증언까지 같다.

춘천시 동산면은 남쪽으로 홍천군 북방면과 경계하고 있다. 동산면은 〈상사소리〉를 첫 번째 논맬 때 부르고, 〈미나리〉를 두벌 맬 때 부른다고 한다. 그런데 산을 넘어 바로 아래인 홍천군 북방면의 경우 〈방아소리〉가 우세하다. 북방면 성동리 골짜기는 예전에는 춘천으로 통하는 고갯길이 있는데도 산을 경계로 불리는 〈논매는소리〉는 차이를 보인다는 점이 흥미롭다.

이와 달리 남면의 경우에는 〈논매는소리〉로 〈단허리〉와 〈입타령소리〉 등이 우세한 것으로 나타나 북쪽의 홍천 북방면과도 다르고 서쪽의 서면과도 다른 양상을 보인다. 이것으로 홍천 안에서도 〈논매는소리〉의 판도가 나뉘는 것을 알 수 있다.

### 3) 주변 시군의 〈논매는소리〉 양상

홍천강 주변 외의 들 지역과 인접한 시·군의 〈논매는소리〉는 다음과 같다.

춘천시 〈논매는소리〉로는 〈방아소리〉, 〈상사소리〉, 〈미나리〉, 〈농부가〉, 〈단허리〉가 조사되었다. 〈상사소리〉가 가장 많이 나타났는데 이전의 조사에서는 〈미나리〉도 많이 조사된 것으로 나타났다. 그런데 정작 현장에서는 〈미나리〉를 할 줄 아는 사람을 만나는 것이 매우 어려웠다. 〈상사소리〉 다음으로 〈방아소리〉, 〈단허리〉 순서로 빈도가 나타났으나 〈상사소리〉에 견주어 보아도 그 수가 적은 편이다.[31] 춘천시 남산면 방곡2리와 남면의 발산2리의 경우 〈방아소리〉는 초벌 논맬 때, 〈상사소리〉는 두벌 논맬 때 불렀다고 하며, 동면에서도 두 노래가 모두 조사되었고 신북읍에서는 주로 〈상사소리〉를 많이 불렀다고 한다. 더욱이 홍천군 서면과 맞닿아 있는 남산면 산수1리는 〈방아소리〉를 했다고 하는데 이 산수1리 홍천군 서면과 바로 연결되어 생활권이 같은 지역이다.

---

**31** 전신재,《강원의 민요》Ⅰ 춘천시편, 2001, 713쪽.

양평군의 〈논매는소리〉로는 〈상사소리〉, 〈방아소리〉, 〈미나리〉, 〈단허리〉, 〈긇았네소리〉, 〈오하소리〉, 〈자진아라리〉, 〈애후양소리〉 등이 기존에 조사되었다.[32] 여기에 저자가 홍천 지역과 인접한 양평군 단월면에서 조사한 〈논매는소리〉 자료는 다음과 같다. 석산1리, 석산2리, 산음1리, 명성1리 모두 〈방아소리〉를 〈논매는소리〉로 불렀다고 한다. 조사 자료에 제시되어 있는 다양한 〈논매는소리〉 가운데 홍천 지역과 인접한 단월면에서는 〈방아소리〉만 조사되었다는 점이 흥미롭다.

　가평군은 〈상사소리〉, 〈방아소리〉, 〈미나리〉, 〈쏴아소리〉, 〈단허리〉 등이 조사되었다.[33] 〈상사소리〉, 〈방아소리〉, 〈미나리〉 등은 가평 전역에 매우 고르게 분포하고 있는 데 견주어 〈단허리〉는 북면 지역에서만 조사되었다. 전체적으로 정리하자면 가평군은 〈미나리〉가 우세하다는 것을 알 수 있으며 전국적인 분포를 보이는 〈상사소리〉와 〈방아소리〉가 고르게 나타나고 있다. 이렇게 볼 때 가평군은 경기도의 다른 지역과 변별력이 크지 않은 것을 알 수 있다.

---

**32** 다음의 자료에서 제시된 〈논매는소리〉들이다.

– 〈상사소리〉, 〈방아소리〉, 〈미나리〉, 〈단허리〉, 〈긇았네소리〉, 〈오하소리〉 〈자진아라리〉(이소라, 〈양평군의 논맴소리〉, 《경기도 논맴소리》Ⅱ, 전국문화원연합회 경기도지회, 2004)

– 〈상사소리〉, 〈방아소리〉, 〈어소리〉, 〈오소리〉, 〈단허리소리〉, 〈긇았네소리〉(강등학, 〈경기지역 〈논매는소리〉의 기초적 분석과 지역적 판도〉, 《한국민요학의 논리와 시각》, 민속원, 2006)

– 〈방아소리〉, 〈단호리소리〉, 〈애후양소리〉, 〈오호리소리〉, 〈긇았네소리〉(김영운·김혜정·이윤정, 《경기도의 향토민요》, 경기도문화재단, 2006)

**33** 이소라, 〈가평군의 논맴소리〉, 《경기도 논맴소리》Ⅰ, 전국문화원연합회 경기도지회, 2002. 발행연도는 2002년이지만 저자가 녹음을 한 시점은 1987~1989년이다.

횡성군은 서쪽과 동쪽이 다른 문화권을 가지고 있다고 한다. 이 것은 홍천군의 아래쪽에 위치한 횡성군의 형태가 홍천과 닮았기 때 문일 것이다. 홍천 지역을 산간 지역과 들 지역의 문화로 나누어 설명하듯이 횡성 지역 역시 서쪽과 동쪽이 다르다. 횡성의 서쪽 지 역은 여주나 양평 지역과 교류하면서 논농사를 많이 지었고 상대적 으로 동쪽 지역은 밭농사를 주로 하며 다른 지역과의 교류는 제한 적이었다.[34] 횡성군은 〈논매는소리〉로 초벌 맬 때는 〈단허리〉를, 두 벌 맬 때는 〈상사소리〉를 주로 부른다. 인접 지역인 평창군에서 부 르는 〈오독떼기〉가 횡성군에서는 나타나지 않는다. 홍천 지역과 경 계를 이루는 공근면, 갑천면, 청일면에서는 〈논매는소리〉로 〈단허 리〉, 〈상사소리〉, 〈미나리〉 등이 조사되었는데 더욱이 〈단허리〉가 우세한 것으로 나타난다.

---

**34** 박관수,《강원의 민요》Ⅰ 횡성군편, 2001, 1,239~1,240쪽 참조. 또한 횡성군 민요의 특징을 아래와 같이 설명하고 있다.
평창 지역과 횡성 지역 모두 〈논매는소리〉로 〈단허리〉와 〈상사데야〉가 불린다. 그 러나 〈오독떼기〉의 경우는 평창 지역에서만 〈논매는소리〉로 기능하고 있다. 다시 말하면, 영동 지방에서 불리는 〈오독떼기〉의 영향권이 평창 지역에 한정되고, 태 기산, 청태산, 사자산을 가로지르는 남북측의 산들 때문에 서쪽으로의 전파가 차 단되고 있는 것이다. 이는 횡성 지역이 평창 지역과도 다른 민요권으로 볼 수 있게 한다. 또한, 사설이 없이 구음으로만 제창되는 〈긴방아〉의 경우는 횡성 지역 서쪽 에서만 불리는데, 이 소리는 봉복산과 매화산을 잇는 남북측의 산맥 동쪽 지역에 서 채록되지 않고 있다. 이와 같이 횡성 지역 자체도 지형상 특성으로 말미암아 두 개의 민요권으로 나눌 수 있다(1,246쪽).

## 4) 들 지역과 홍천강 유역 민요권의 특색

들 지역의 〈논매는소리〉는 산간 지역에 견주어 복잡한 양상을 띤다. 이것은 들 지역에 속한 면이 산간 지역보다 넓고 산간 지역보다 들 지역에서 논농사가 활발하기 때문이다. 이 지역의 〈논매는소리〉는 〈상사소리〉, 〈방아소리〉, 〈단허리〉 등이 복합적으로 나타나며 어느 소리가 더 강세라고 말하기도 어려운 상황이다. 다만 홍천 지역과 인접한 지역들에서 교류 양상을 보여 주는 사례가 있어 주목된다.

홍천강은 북한강 지역 가운데 한양에서 강원도 지역으로 접근할 때 가장 양호한 접근로 구실을 할 수 있어 다른 지역보다 수도권의 영향을 먼저 받을 수 있는 지역이라고 할 수 있다.[35] 인접 지역인 춘천시, 가평군, 양평군, 횡성군의 〈논매는소리〉와 별다른 차별성을 발견할 수 없다는 것이 이러한 것은 이러한 이유때문이지 않을까. 양평군의 경기도색이 짙은 〈논매는소리〉 종류가 홍천 지역에서 발견되지 않은 것이 주변 지역과의 교류적 특색이라고 할 수 있다.

---

**35** 김영철, 앞의 논문, 15~16쪽. 일제시대 초기는 도로 교통이 발달하지 못하여 신작로가 개통되기 전까지는 강을 따라 배가 다닐 수 있는 곳은 조선 후기와 마찬가지로 수운을 통하여 물자가 운반되었으며, 사용된 배는 앞에서도 언급한 지토선이었다(27쪽).

# V. 결론

이상의 논의를 정리하면 다음과 같다.

첫째, 홍천 지역의 〈논매는소리〉는 산간 지역에 견주어 들 지역의 양상이 복잡하다. 산간 지역보다 들 지역이 논농사에 적합하고 이에 따라 〈논매는소리〉가 발달하였기 때문이다. 또한 들 지역은 홍천강 유역과도 비슷하다. 이것은 강이 소통로의 역할을 하면서 외지의 소리와 문화를 빨리 받아들이는 역할을 했다는 것이다.

둘째, 홍천 지역의 민요권역에서 중요한 점은 해발고도이다. 홍천에서 내면으로 가는 길에서 농업 생태권이 달라지는 경계선이 해발고도이다. 해발고도가 높은 곳에서 냉해를 입기 쉽고 그에 따른 논농사가 위축되어 〈논매는소리〉 역시 크게 발달하지 못하였다.

셋째, 홍천 지역에서 큰 권역을 차지하는 〈논매는소리〉는 〈상사소리〉, 〈방아소리〉, 〈단허리〉임을 다시 한 번 확인하였다. 그렇지만 내면 지역을 제외한 결과이고 이것은 강원도 영서 지역의 〈논매는소리〉 권역과 같다. 〈상사소리〉는 홍천강 상류 지역인 북쪽과 외부 지역으로 연결되어 있으며 〈방아소리〉와 〈단허리〉는 주로 홍천 지역의 남동부와 외부 지역으로 연결되어 있음을 알 수 있다.

넷째, 홍천 전체를 아우르는 〈논매는소리〉 외에 분포 범위가 작은 권역에는 〈논매는소리〉가 거의 없는 것으로 나타났다. 〈어웨기소리〉와 〈입타령소리〉 등이 홍천 지역의 각각의 리 단위에서 조사되었을 뿐이다. 〈어웨기소리〉는 동면 속초리에서만 조사되었고 〈입타령소리〉는 홍천 남면 시동리과 유치리 횡성군과 양양군 일부에서 조사되었다. 강원 지역에서 홍천 지역에만 있는 이 〈논매는소리〉들 역시 홍천 지역의 험난하고 넓은 지리적 조건에 의하여 가능한 것으로 생각한다.

다섯째, 홍천강이 〈상사소리〉나 〈방아소리〉의 유입이 가능한 통로 역할을 했지만 〈미나리〉와 같이 영서 북부 지역의 소리가 넘어오지 못하게 하는 역할도 함께 했다고 본다. 홍천 지역은 남북으로는 백두대간이, 동서로는 홍천강이 문화 교류의 선으로 작용했다. 이로써 홍천 산간 지역은 외부와 소통하기 어려웠던 반면 들 지역은 홍천강 유역을 중심으로 활발한 교류를 펼쳐 왔으며 이는 홍천 지역의 강원도 중부 지역 〈논매는소리〉의 각축장 역할을 하였다.

앞으로 홍천 지역의 지리적 조건과 교통로, 교역로 등을 더 세심하게 살피고 소권역 중심의 〈논매는소리〉 조사를 좀 더 치밀하게 하는 것이 과제이다.

# 참고문헌

1. 자료

강릉대학교 국어국문학과, 《강릉어문학》 11, 1996.

강원도, 《강원의 민요》 Ⅰ, 2001.

_____, 《강원의 민요》 Ⅱ, 2002.

김영운 · 김혜정 · 이윤정, 《경기도의 향토민요》, 경기도문화재단, 2006.

한림대학교 국어국문학과, 《강원구비문학전집》 1 홍천군편, 한림대학교 출판부, 1989.

문화방송, 《한국민요대전》 강원도편, 1995.

이소라, 〈가평군의 논맴소리〉, 《경기도 논맴소리》 Ⅱ, 전국문화원연합회 경기도지회, 2004.

황루시 외, 《증편 한국구비문학대계 2-12》, 강원도 홍천군편, 역락, 2014.


2. 논문

강등학, 〈〈모심는소리〉와 〈논매는소리〉의 전국적 판도 및 농요의 권역에 대한 연구〉, 《한국민속학》 38, 2003.

_____, 〈경기지역 〈논매는소리〉의 기초적 분석과 지역적 판도〉, 《한국민 요학의 논리와 시각》, 민속원, 2006.

_____, 〈강원도 논매는소리의 기초적 분석과 지역적 판도〉, 《한국민속

학》53, 한국민속학회, 2011.

곽종철, 〈청동기시대~초기철기시대의 수리시설〉, 《한국고대의 수전농업과 수리시설》, 한국고고환경연구소, 2010.

김양자, 〈우리나라 고개에 관한 지리적 고찰〉, 이화여자대학교 석사학위논문, 1989.

김영철, 〈북한강 상류지역의 정기시장 체계변화-양구군·인제군·홍천군을 중심으로-〉, 한국교원대학교 석사학위논문, 2001.

김유미, 〈강원도 홍천지역의 뙌 연구〉, 공주대학교 석사학위논문, 2013.

노중국, 〈한국고대의 수리시설과 농경에 대한 몇 가지 검토〉, 《한국고대의 수전농업과 수리시설》, 한국고고환경연구소, 2010.

김창환, 〈홍천강 유역의 지리적 환경〉, 《강원인문논총》4, 강원대학교 인문과학연구소, 1997.

유명희, 〈강원 지역 아라리의 분포 양상과 권역별 특징〉, 《한국민요학》16, 한국민요학회, 2005.

_____, 〈〈논매는소리〉를 통해 본 가평민요권의 특성〉, 《한국민요학》20, 한국민요학회, 2007.

_____, 〈홍천 산간지역의 〈논매는소리〉 교섭 양상-홍천군 내면의 〈논매는소리〉를 중심으로-〉, 《역사민속학》41, 한국역사민속학회, 2013.

이종봉, 〈한국 중세의 농업기술과 노동형태〉, 《두레노동과 소리문화》, 민족음악연구소, 2004.

이춘경, 〈GIS를 이용한 강원도 홍천군의 지형적 특성 연구〉, 강원대학교 교육석사학위논문, 2001.

# 5. 강원도 홍천군 강촌 전승의 〈이괄설화〉 연구

최 명 환(한국외국어대학교 지식콘텐츠학부)

## Ⅰ. 머리말

강江의 흐름은 시간과 공간을 초월하며, 강과 강 주변에 다양한 문화 현상들을 형성한다. 인류 문명의 발상지가 모두 강을 중심으로 분포하고 있는 데서도 이를 확인할 수 있다. 나일 강이 존재하였기에 이집트문명이 있었고, 티그리스 강·유프라테스 강이 있었기에 메소포타미아문명이, 인더스 강이 있었기에 인더스문명이, 황하 강이 있었기에 황하문명이 있었던 것이다.

보(화촌면)

홍천강 돌다리(화촌면)

　문명이 아니더라도 강에는 강을 생업의 터전으로 하는 어부漁夫들과 강을 오르내리던 소금배와 뗏목의 뱃사공과 관련한 다양한 민속이 있다. 뱃사공들을 대상으로 먹을거리와 잠자리를 제공하던 주막이 형성되었으며, 마을 주민들에게 소금을 받아 넘기던 소금 도매상도 있었다. 강은 마을 주민들의 일상적인 생활·생업과 관련한 민속도 형성하게 하고, 식수食水의 공급원이 되며, 마을 아낙네의 빨래터, 아이들의 놀이터이기도 하다. 또 논농사를 짓기 위해 물을 대어 주던 '보'를 만들기도 하였다. 한편, 강은 마을과 마을, 인간과 인간을 가로막는 장애물이 되기도 한다. 이를 극복하기 위해서 인간들은 돌다리, 섶다리, 외나무다리 등의 다리와 관련한 민속도 남겼다.

　설화 속에서도 '강'의 다양한 역할들을 찾아볼 수 있다. 고구려 시조인 주몽의 어머니 유화柳花는 강의 신 하백河伯의 딸이다. 하늘[天

帝]의 아들 해모수解慕漱가 그녀를 유혹하여 웅신산熊神山 아래 압록변鴨淥邊에서 사통私通하고 태어난 사람이 바로 주몽이다. 곧 〈주몽설화〉 속에서 강은 고구려 건국의 신성한 '모태母胎'로서 자리하고 있다. 또한, 강은 희망의 땅으로 들어가기 위한 '통로通路'를 상징하기도 한다. 쫓아오는 병사에 쫓긴 주몽은 물고기와 자라의 도움으로 '강'을 건너 졸본부여를 건설하였다는 데서 이를 확인할 수 있다. 강은 또한 세계와 또 다른 세계의 경계境界로써 인식되기도 한다. 서사무가에 등장하는 바리공주가 고난 끝에 강을 건너 서천西天 서역국西域國에서 생명수를 구해 오기도 한다.

강원도 홍천군 남쪽으로 '홍천강'이 흐른다. 예전에는 홍천강을 벌력천伐力川, 녹요강綠繞江, 화양강華陽江 등으로 부르기도 하였다. 홍천강은 홍천군 서석면 생곡리 미약골 산에서 발원해 많은 하천을 수용한다. 내촌천, 장남천, 야시대천, 풍천천, 덕치천, 오안천, 성동천, 어룡천, 중방천 등을 차례로 합류한 뒤 북한강으로 흘러든다. 홍천강 유역에는 그곳에 살던 또는 사는 사람들에 의해 형성된 다양한 문화가 함께 존재한다. 홍천강 스스로도 자연유산에 해당하며, 구석기시대부터의 선사 유적지와 삼국시대의 성곽 등을 비롯한 유형의 문화유산, 서낭제와 설화 등의 무형의 문화유산 등이 함께 전승하는 공간이 '홍천강'이다. 그리고 그러한 문화유산 속에는 홍천강 유역 사람들의 기억 속에 각인된 홍천강의 모습을 확인할 수 있다.[1]

저자는 홍천강 인근 지역에 위치한 마을들을 대상으로 설화를 조

---

[1] 강을 생업적인 측면과 연계하면 산이나 들보다 지역민들에게 인식이 낮은 편이다. 이는 마을 주민들이 강 자체나 강에 소재한 지형 지물들의 이름을 만들어 내지 못하고 있다는 데서도 확인할 수 있다.

사하였다. 설화 가운데서도 인물 전설에 주목하였다. 채록한 설화 각편들을 통해서 홍천강 유역 마을들에서 살았던 사람들이나 살고 있는 사람들에게 홍천강이 어떠한 의미로 자리하고 있는가를 확인할 수 있었다. 이 글에서는 〈이괄설화〉를 대상으로 설화 속에 담긴 홍천강의 역할과 의미를 살펴보려 한다. 〈이괄설화〉는 홍천강 인근 지역인 서면 팔봉리와 어유포리, 홍천읍 소매곡리, 검율리 등에서 전승하며, 홍천강의 지류인 덕치천 인근 일부 지역에 소재한 증거 물들을 대상으로 동면 덕치리, 성수리 등에서도 전승한다.[2]

## II. 홍천강 유역의 〈이괄설화〉 전승 현황

### 1. 이괄과 홍천과의 연계성

홍천강 유역을 중심으로 전승하는 〈이괄설화〉와 〈이괄설화〉 속에 담긴 홍천강의 역할과 의미를 살펴보기 위해서는 먼저 이괄과 홍천의 연계성을 찾아야 한다. 이괄은 조선시대 중기의 무신이다. 본관은 고성固城이며, 병조참판을 지낸 이육李陸의 후손으로 알려져 있다. 선조 때 무과에 급제한 뒤 형조좌랑·태안군수를 지냈다. 1622년(광해군14년) 함경북도 병마절도사에 임명되었으며, 신경유申景裕의 권유로 광해군을 몰아내고 새로운 왕을 추대하는 계획에 가담, 1623년 3월 인조반정 때 큰 공을 세웠다. 그러나 반정 과정에서 주도 세력인 거의대장擧義大將 김류金瑬의 우유

---

2 홍천군 동면과 서석면 일대에서는 이괄이 제의의 대상이 되기도 하며, 관련 설화도 전승한다.

부단한 처사에 크게 반발하면서 불화가 생겨 반정 뒤에 겨우 한성부 판윤이 되자 불만이 많았다. 1623년(인조 1년) 포도대장을 지낸 뒤 평안병사 겸 부원수에 임명되었다. 평안도 영변에 출진해 군사훈련에 힘쓰는 한편 그 지방의 성책城柵을 보수해 진을 방비하였다.

그해 윤10월 반정에 참가한 공신들의 공훈을 책정할 때 정사공신靖社功臣 2등의 첫째가 되었다. 1624년 정월에 외아들 전栴이 한명련韓明璉·정충신鄭忠信·기자헌奇自獻·현집玄楫·이시언李時言 등과 반역을 꾀한다는 무고를 받았다. 이어서 선전관과 의금부 도사 등이 그의 군중軍中에 머물던 아들 전을 붙잡아 사실 여부를 조사한다는 명목으로 영변에 내려오자, 이괄은 이들을 죽이고 반란을 일으킨다. 이괄은 신속한 행군으로 한때 서울을 점령, 기세를 떨쳤으나[3] 곧 관군에 대패해 피신하던 중 부하 장수에게 살해되었다. 이 사건을 일명 '이괄의 난'으로도 부르는데, 조선시대 유일하게 한양을 점령한 난이며, 뒤에 병자호란의 빌미가 되었다는 데에서 관심을 갖는다.

현재 이괄과 관련한 문헌 기록은 '이괄의 난'을 중심으로 난이 진행되는 과정과 결과만 부각되었을 뿐, 그와 관련한 개인적인 정보는 구체적으로 알려져 있지 않다.[4] 일부의 문헌 기록에서 이

---

3  1624년 10일에 이괄이 한명련과 함께 말을 나란히 하여 도성에 들어올 때 이괄의 아우 수邃는 이충길李忠吉과 이시언李時言의 아들 이욱李煜 등을 데리고 모집한 군사 수천여 명을 거느리고 무악毋岳의 북쪽에서 적을 영접하여 길을 인도하였다. 또 각 군청의 서리와 하인들이 의관을 갖추고 나와서 맞이하였으며, 백성들은 길을 닦고 황토를 깔고 맞이하였다. 이괄이 서울에 들어와 경복궁 옛터에 주둔하였다(《연려실기술練藜室記述》 24권).

4  저자가 확인한 이괄의 가계는 '이우 → 이암 → 이강 → 이원 → 이지 → 이욱

지李墀의 아들로 기록하고 있고,[5] 일부 설화에서는 이육李陸[6]의 아들로 전승하고 있을 뿐이다. 그러나 이지는 이육의 부친이고,[7] 이육은 이괄이 출생하기 89년 전에 세상을 떠난 인물이기에, 이들을 이괄의 부친으로 보기에는 어려움이 있다. 곧, 현재 남아 있는 문헌 기록을 보면 이괄의 조부와 부친이 누구인지도 명확하지 않다. 다만, 이육의 후손인 것임에는 분명하다.[8] 또한 처와 자녀 가운데 아들 전을 제외한 자녀들과 관련한 기록 또한 확인하기 어렵다. 그렇기에 홍천과 직접적인 연계 가능성을 확인하는 것은

---

→ ? → ? → 이괄 → 이전' 등이다.

**5** 이홍식, 《국사대사전》, 학원출판공사, 1987, 1113쪽.

**6** 이육(李陸, 1438~1498)은 1471년(성종2년) 장례원판결사에 등용되고 당상관에 오른 뒤, 이어서 대사성·공조 참의를 거쳐 1477년 충청도관찰사에 부임하였다. 다시 예조·이조·호조의 참의를 역임하고, 병조 참지·형조 참의를 지냈다. 1484년 가선대부로 승급, 경상도 관찰사·한성부 우윤을 지내고, 1488년 동지중추부사가 되어 서반으로 옮겼다가 그해 형조 참판이 되었다. 이듬해 강원도 관찰사로 나갔다가, 1490년 예조 참판이 되어 정조사正朝使의 부사로 명나라에 다녀와서 병조 참판·형조 참판을 지냈다. 1494년 성종이 죽자 고부청시청승습사告訃請諡請承襲使의 부사로 다시 명나라에 다녀와서 동지춘추관사로서 《성종실록》 편찬에 참여하였다. 연산군이 즉위하자, 1495년(연산군1년) 경기도관찰사로 나갔다가 이듬해 대사헌에 등용되어 여러 가지 시폐의 시정을 건의하였다. 그해 다시 동지중추부사가 되었으나, 연산군 즉위에 소극적이었다는 대간의 탄핵을 받았다. 그 뒤 한성부의 좌윤·우윤, 호조 참판·병조 참판을 지냈다. 저서로는 《청파집靑坡集》·《청파극담靑坡劇談》 등이 있다(한국학중앙연구원 한국역대인물종합정보시스템 참조).

**7** 《국조문과방목國朝文科榜目》 참조.

**8** 이지 부친인 이원의 묘가 경기도 성남시에 있는데, 이괄의 난 이후 파명당破明堂하였다는 기록이 보이기 때문이다. 이괄의 5대조인 의정부 좌의정을 지낸 이원의 묘소를 비롯하여 고조, 증조, 조부와 아버지의 묘를 파명당하여 부관참시剖棺斬屍를 하고 마을 주변 곳곳에 보초를 세우고 섬처럼 사람들이 접근을 못하게 하여 섬마을로 불렸다는 설화도 있다(〈성남디지털문화대전〉).

많은 어려움이 따른다.

이괄의 신상 정보를 확인하기 어렵다는 점으로 기존의 입장에서는 '설화를 통해 볼 때 강원도와 밀접한 관련을 지닌 인물이다',[9] '역사에 드러나지 않은 사실로써 홍천과 관련 있을 수 있다'[10] 등으로 〈이괄설화〉의 홍천 지역 전승을 통해서 이괄과 홍천 지역의 연계성을 막연하게 추정할 뿐이다. 물론, 반란을 일으켰다는 측면에서 보면 이괄과 홍천과의 연계성이 소실되었을 가능성도 충분히 있다. 이처럼 문헌 기록의 한계로 말미암아 이괄과 홍천의 연계성을 찾기 어려운 입장에서 설화를 통해서 홍천과의 연계성을 정리하면 다음과 같다.

• 역적으로 몰린 이괄은 그가 소년시대 숨어 살며 무술을 익히던 홍천 산골의 이곳에 찾아 들어 소일했다. ……[11]
• 이괄 저. 장군 훈련시켜다는 데가. 동면 거 입구. 거기에 있어요.[12]
• 이괄이 성이라고. 거기서 이괄이 있었기 때문에. 지금은 이괄성이 아니라. 성재라 부르지요. 성재. 성을 쌓았다고.[13]

이상의 설화에서 확인할 수 있듯이 설화를 전승하는 홍천군 주민들은 이괄이 누군지에 대해서 구체적으로 제시하지 않는다. 홍천과의 연계성에 있어서도 '어려서 무술을 연마하던 곳', '군사를

9  김의숙, 〈이괄 설화의 민중 심리〉, 《강원도민속문화론》, 집문당, 1995, 381쪽.
10  이학주, 〈홍천 이괄 관련 지명과 설화 조사 연구〉, 《강원민속학》 22집, 2008, 333쪽.
11  강원도, 《향토의 전설》, 241~242쪽.
12  제보자: 지찬길, 남 · 74세, 홍천군 남면 월천리, 2012년 12월 20일 채록.
13  제보자: 신덕명, 남 · 78세, 홍천군 홍천읍 검율리, 2013년 01월 09일 채록.

은주암(원주시 지정면 간현리)

훈련시키던 곳', '거주하며 생활하던 곳' 등으로 막연하게 인식하고 있을 뿐이다. 이괄이 직접 성을 쌓았으며, 홍천에서 군사를 훈련시켜 난을 일으켰다고도 한다. 또한 이괄이 소년 시절을 홍천에서 보냈다 하기도 하고, 이괄의 난이 실패로 끝나자 홍천으로 숨어들어 살았다고도 한다. 그러나 〈이괄설화〉에서 언급하는 이괄과 홍천의 연계성은 역사로서의 개연성이 충분해 보이지 않는다. 설화를 전승하는 전승자는 해당 지역의 증거물들을 대상으로 하나의 설을 증명하기 위해 이괄과 홍천이 연계됨을 언급하는 것으로 보인다.

이러한 입장에서 구체적으로 이괄과 홍천의 연계성을 언급한 설화 각편도 있다. 원주시 지정면 간현리에 소재한 '은주암'을 증거물로 전해지는 설화와 홍천군 동면 좌운리에 소재한 김해 허씨 집안에서 전해 내려오는 설화에서 이괄과 홍천과의 연계성을 유추할 수 있다.

> • …… 이괄의 장모는 횡성 조씨이다. 이괄의 난이 실패하자 장모
> 가 삼족의 멸을 피하기 위해 바로 원주로 왔을 때 추격군이 쫓으므
> 로 이곳에 숨었다. 그러자 추격군은 배가 갑자기 없으졌으므로 파선
> 한 것으로 알고 돌아가는 바람에 횡성에서 무사히 숨어 살 수 있었
> 다는 것이다.[14]
>
> • 명천공 할아버지하고 처남 남매 간이야. 우리 저. 11대조 할아
> 버지에서 삼파손이에요. 우리가 맏집이고. 둘째가 내촌. … (조사
> 자: 처남 관계라는 기록이 있습니까?) 글쎄, 거기까지는 자세히. 모
> 르고. 사실 참 흘러간 옛 자취인데. …… 아마도 처가가 있으니까.
> 의지해 살았겠지.[15]
>
> • 처가가 홍천군 내촌면이었으며 ……[16]

위의 설화 각편들은 모두 처가妻家로서 이괄과 홍천 또는 횡성
과의 연계성을 이야기한다. 앞의 설화는 이괄의 장모가 배를 타
고 쫓겨 오다가 피했다는 원주시 간현리에 소재한 은주암을 대상
으로 전해지는 설화 각편이다.[17] 이괄의 난이 실패로 끝나자, 그
의 장모가 배를 타고 강원도로 내려오는 상황을 보여 주고 있다.
이 설화에서는 역사적 사실로서 확인하기 어렵지만 이괄의 장모

---

**14** 원주시,《원주의 옛 이야기와 노래》, 2011, 278쪽.

**15** 제보자: 허명구, 남 · 83세, 홍천군 동면 좌운리, 2013년 01월 09일 채록.

**16** 김의숙, 〈이괄 설화와 민중심리〉,《강원도민속문화론》, 집문당, 381쪽.

**17** 원주시에서 간행한 문헌에는 수록하고 있지만, 지정면 간현리 일대 마을 조사
에서는 설화 전승을 확인할 수 없었다(2012년 10월 18일).

허수의 묘(동면 좌운리)

를 '횡성 조씨'라 하고, 홍천 인근인 횡성에 숨어 살았다고 한다.
한편, 홍천군 동면 좌운리 김해 허씨 집성촌에서 전승하는 설화
각편에서도 이괄과 홍천의 연계를 비교적 구체적으로 제시한다.
동면 좌운리에는 명천부사를 지낸 허수許邃[18]의 묘가 소재해 있
다.[19] 허수에 대해서도 구체적인 기록을 찾기 어렵지만, 문중에서
전해지는 설화에 이괄과 처남 매부 사이였다고 한다. 더 나아가
서 처가가 홍천군 내촌면이라고도 한다.

  한편, 이괄과 홍천의 연계성을 확인하는 데 있어서 중요한 자료

---

**18** 허수許邃의 호는 효무재曉武齋. 부사 결潔의 아들. 1620년 무과에 급제하여 수
어별장守禦別將이 되었다. 인조를 모시고 남한산성으로 들어가 기인한 공을 많이
세웠다. 소현세자를 모시고 심양에 들어갔다. 동궁대군東宮大君이 수계修契를 하면
서 첩帖을 만들었는데, 효종이 임어하시어 일등 공신을 하사하였다. 관직은 명천
부사明川府使에 이르렀다(강원도, 《국역 강원도지》하, 2005, 1303~1304쪽).

**19** 《국역 강원도지》(강원도, 2005)에는 허수許㙂로, 《홍천군지》(홍천군지편찬위
원회, 1989),《우리고장 홍천》(홍천군, 1992)에는 허성보許成甫 등으로 기록되어 있
어서 확인이 필요하다.

와 설화 각편이 있다.

• 강원 감사 윤안국尹安國이 치계하기를, "이괄의 얼제 이해李邂와 조카 이노李櫓 등을 간성군杆城郡에서 잡아 보낼 적에 이괄이 도성에 들어가 변란을 일으켰다는 말을 이들이 듣고 달아났는데, 노는 잡아서 엄히 가두었고 해는 현재 추적하고 있습니다. 그리고 이괄의 서처남庶妻娚 이원李瑗은 왕옥王獄에서 탈출하여 적진에 들어가고 이방필李邦弼과 아들 이찬李璨 · 이관李瓘 · 이린李璘 등도 모두 적진에 들어가 적의 전령傳令을 가지고 홍천洪川에서 변란을 일으켰는데 적이 패한 뒤에 산골짜기로 달아나 숨어 있는 것을 모두 잡아서 효시하고 수악首惡 이방필은 엄히 가두어 조정의 명령을 기다리고 있습니다." 하였는데, 금부가 본도本道에 지시하여 이방필 · 이노도 아울러 경상境上에서 효시하게 하였다.[20]

• 이괄이가 거기 와서 성을 쌓고 반란을 일으킬 적에 살던 사람들이 아니야. 거기 살던 사람이 좌운리의 이 서방네가 살았어. 우리가 우리 민 서방네가 서울서 낙향을 해 가지고 터를 잡으니까. 이 사람들이 밀려 가지고. 이사를 갔지. 그래서 그 뒷산이. 그 다 좌운 이씨네 산이야.[21]

• 이괄 장군 묘는 당고개에 있어요. 유원지로 나가는 고개. 그 당집을 기준으로 해서 당고개라고 그래요. 거개. 좌측에 있는 산이 평창 이씨네 산이에요. 선산이에요. 이괄 장군이 평창 이씨네에요. 내가 직접 가보지는 않았는데. 이괄 장군 묘소라고. 그런 얘기가 있어

---

20 `《인조실록》 2년 2월 25일조.
21 제보자: 민경복, 남 · 83세, 홍천군 동면 성수리, 2013년 01월 09일 채록.

요. 거기 평창 이씨네요.[22]

이괄과 홍천의 연계성을 찾는 과정에서 주목해 볼 만한 기록이 《인조실록》 2년 2월 25일조이다. 《인조실록》에는 이괄의 난이 실패로 돌아가고, 진압하는 과정에서 '이방필李邦弼과 그의 아들들이 홍천에서 변란을 일으켰다.'고 기록하고 있다. 곧 홍천군은 이괄을 진압하는 과정에서 그와 연계된 인물들이 변란을 일으킨 곳이다.

이와 같은 역사적 사실은 홍천군에 전승하는 설화 각편들이 일부 보완해 준다. 비록 본은 다르지만, 〈이괄설화〉가 전승하는 지역에서 이미 '이씨'들이 자리를 잡고 살았다는 것을 설화들이 증명한다. 설화에서 이괄이 난을 일으키기 전에 평창 이씨 또는 전주 이씨가 터를 잡고 살았던 곳이 서면 팔봉리, 동면 좌운리 등이라는 것이다.

평창 이씨 선산(서면 팔봉리)

이자립의 묘(서면 팔봉리)

22  제보자: 반선균, 남·75세, 홍천군 서면 팔봉리, 2013년 01월 12일 채록.

172

또한 서면 팔봉리에 '삼성산'이 있는데, 이곳 삼성산에는 용이 승천한 곳이라는 의미의 '도롱골'이 있다. 서면 팔봉리 주민들은 이곳에 '이괄의 묘'가 있다고 한다. 이괄의 묘가 도롱골에 있다는 설화 각편은 이괄의 아장이었던 이자립의 묘가 팔봉리에 있고, 지금도 그 후손이 제사를 지내고 있다는 데서 비롯된 것으로 보인다.[23]

위와 같은 역사적인 사실과 설화 등을 살펴볼 때, 이괄의 난이 진압되고 이어서 일어난 홍천 변란에 영향을 받아 홍천군 주민들이 홍천군과 연고가 직접적으로 없는 〈이괄설화〉를 전승했을 가능성이 있다고 보인다.


## 2. 설화 전승자들이 인식하는 이괄

앞에서도 언급하였지만, 문헌 기록에서 이괄과 관련한 신상 정보는 구체적으로 확인할 수 없다. 또한 홍천과의 연계성은 역사적 사실과 설화 등을 통해 유추할 수 있을 뿐이다. 지금까지 이괄의 난과 관련해서는 《조선왕조실록》, 《연려실기술》, 《성호사설》 등에 비교적 상세하게 기록되어 있다.[24] 또한 병자호란을 전후해서 나온 소설인 〈병자임진록丙子壬辰錄〉, 〈부랑패설夫娘稗說〉, 〈목란시木蘭詩〉 등에서도 이괄의 모습을 확인할 수 있다. 이들 문헌 기록과 소설에 등장하는 이괄은 '난을 일으켰으나 실패한 인물'이

---

**23** 김의숙, 〈이괄설화와 민중심리〉, 앞의 책, 394쪽.

**24** 신익성의 〈연평일기〉, 저자 미상의 〈일사기문〉, 조경남의 〈속잡록〉, 저자 미상의 〈계해정사록〉, 김시양의 〈하담파적록〉 등에도 이괄의 난을 중심으로 수록하고 있다(김의숙, 앞의 책, 383쪽).

라는 데 공통점을 가지고 있다.

한편, 이괄을 바라보는 다양한 민중들의 인식은 전승하는 설화 각편에서 확인할 수 있다. 설화 속에서 홍천군 설화 전승자들이 인식하는 '이괄'의 모습을 엿볼 수 있는 것이다. 〈이괄설화〉를 분석한 기존의 논의들은 홍천군 설화 전승자들이 〈이괄설화〉를 전승하면서 다른 지역과는 달리 '이괄 장군'이라고 지칭하고 있다는 점을 들어, 이괄을 문헌 기록과는 달리 '민중 영웅'으로 인식하고 있다고 하였다. 역사에서 말하는 인물과 민중이 바라보는 인물 사이에는 차이가 분명하다는 것이다.

그러나 이괄의 행적을 살펴보았을 때, 과연 이괄이 민중들의 영웅으로 자리할 정도의 인물이었던가에 대해서는 많은 의문이 든다. 단순히 장군이었고, 반정을 했다는 이유만으로 '민중의 영웅'으로 자리하기에는 뭔가 석연치 않다. 역사적으로 실존했던 인물이 민중의 영웅으로 자리하기 위해서는 분명한 이유가 성립해야 하는데, 이괄의 경우는 그렇지 않다. 이괄은 자신의 개인적인 사유 때문에 반정을 일으킨 인물이기 때문이다. 여기서는 설화를 전승하는 전승자들이 이괄을 어떻게 인식하고 있는지에 대해서 살펴보려 한다.

> • 이괄이 누구야? 그냥 그 소리만 들었지. (조사자: 이괄이 누군지는 모르시구요?) 그럼. 우린 모르지. 그런 소리만 들었지.[25]
>
> • 이괄이 요 있지요. 옛날 장수지요.[26]

---

25 제보자: 지금흥, 남 · 79세, 홍천군 북방면 소매곡리, 2013년 01년 09일 채록.
26 제보자: 신덕명, 남 · 78세, 홍천군 홍천읍 검율리, 2013년 01월 09일 채록.

- 힘이 세니까 장수라고 하지요. 장군이라고는 안 그럴 거요.[27]
- 이괄 장군이 거기서 말 타고. 거 바우산을 올라갔다, 내려 왔다고. 그리고 서울을 하루에도 몇 번씩 갔다 왔다는 거야.[28]

위에서 보는 바와 같이, 설화를 전승하는 전승자들은 이괄이 어떠한 인물인지에 대해서는 구체적으로 인지하지 못하고 있다. 홍천군 설화 전승자들은 이괄이라는 인물 자체에 대해서는 별다른 관심이 없고, 해당 지역의 증거물들을 설명하려는 데 주안점을 두고 있다. 이괄을 호칭할 때도 '이괄 장군'이라고 부르기보다는, '이괄이'라고 부르는 제보자가 보편적으로 많았다. 이괄이 성을 쌓고, 군사들을 훈련시켰으며, 힘이 강하고 몸이 빠르기에 '장군', '장수' 등으로 막연하게 언급하고 있는 것이다. 역사적인 사실을 알고 있는 일부 제보자들도 '난을 일으킨 인물' 등으로 인식할 뿐이지, 구체적으로 그가 왜 난을 일으켰는지는 알지를 못한다.

또한, 이괄의 성격에 대해서는 다음과 같이 이야기한다.

- 옛날에 이괄이 아버지가 이괄이에게 이렇게 하고 시켰으면 또 저렇게 하고. 또 이렇게 하면 그냥 이렇게 하구. 반대로만 했다는 얘기야. 그래 가지구선 이괄이 부모가 돌아가시고서는. 돌아가실 적에 유언을 남기기를. 아휴 우리 저 자식 놈이 이렇게 하면 저렇게 하니까는. 그러면 또. 이 개울가에 묻어다 묘를 써 달라 그렇게 하면. 또 반대루다 산에 갖다 쓸 줄 알고. 그래고서 유언을 하고 죽은 게. 뭐야. 그러니까. 내가 살아생전에 우리 부모네한테. 내가 반

---

27  제보자: 김종철, 남 · 80세, 홍천군 홍천읍 검율리, 2013년 01월 09일 채록.
28  제보자: 지찬길, 남 · 74세, 홍천군 남면 월천리, 2012년 12월 20일 채록.

대로만 이렇게 했으니까. 유언하신 거. 개울가에 써 달래니까. 개울가에 썼다는 거야. 그래 이괄이 죽은 귀신이. 이 청개구리가 꽥꽥꽥 울면. 그게 이괄이 죽은 귀신이라는 거야. 우리 부모 떠내려간다고. 장마 지고 비 오면. 전설에 그렇게 내려온 거야. 청개구리가 꽥꽥꽥 울면 그게 이괄이 혼이라는 거야.[29]

• 이괄이도 역적으로서. 저시기 했잖아요. 그 이괄이 그기하고 있어. 그 사연을 들어본 직은. 그 이괄이. 그가. 여느. 성질이 급했던 거라. 그런데. 그 누가 유명했었대여. 그 누가. 그 누가 말이야. 성질이 급하니까는. 인제. 이 대게. 손에. 이괄이 말이야 급해 가지고서는 잡아 쨰고서는 역적으로 올랐었대잖어. 근데 이제. 그 누가 이르기를. 이 정말 참. 용기가. 어디까지. 이. 올라가는지. 매디가 이게. 올라가는 데. 매디가 있잖아요. 두 매디를 지나서 두 매디 닿을 적에 그때. 가라. 근데 그걸 안 듣고. 이래. 요. 한 마디 올라간 걸. 째고서는 올라갔다는 거야. 그래 가지고서는 역적모의를 했는데. 벌써. 그 삼일용상을 했잖아요. 이괄이가. 삼일용상에. 떡하니 용상에 앉으니까. 용상이 부르르 떨더라. 이런 얘기야. 그래 내가 이 자리를 못 앉을 자리냐고 하며. 칼로 용상을 찔렀다는 그런 전설도 있잖아요.[30]

• 이괄이가 아주 성질이 자기 고집대로 하고 그래서. 그래서 저. 뭐야. 지금도 저. 노인네들이 애들이 말을 안 들으면. "아휴 저거 이괄이 성질 닮았네." 그냥 그래지.[31]

• …… 이조대왕이 남한산성에서 다시 조정으로 돌아오셨는데, 그때 돌아와 가지고서는 그 후에는 대왕께서도 그렇고 그 뒤에도 여

---

29  제보자: 지금흥, 남 · 79세, 홍천군 북방면 소매곡리, 2013년 01년 09일 채록.
30  제보자: 허명구, 남 · 83세, 홍천군 동면 좌운리, 2013년 01년 09일 채록.
31  제보자: 지금흥, 남 · 79세, 홍천군 북방면 소매곡리, 2013년 01년 09일 채록.

176

러 임금들이 홍천 사람은 벼슬을 안 줬어. 홍천 사람은 우악하고 그런 반역심을 가지고 있는 사람이 있기 때문에 홍천 사람은 벼슬을 못 준다. 그래 가지고 이조 말엽까지 홍천 사람은 벼슬을 아예 안 줬어. 그래서 벼슬을 할려고 하는 사람은 홍천이 아니고, 원주나 춘천 다른 데 가서 하구 그랬다구. 벼슬을 하구 그랬다구.[32]

위의 설화 각편들에서 홍천군 설화 전승자들이 이괄 성격에 대해서 직접적으로 말하고 있음을 확인할 수 있다. 유년 시절 이괄의 성격을 '청개구리'로 표현하는 설화 각편도 있다. 이괄은 어려서부터 항상 반대로 했으며, 성격이 급하기까지 하다. 급기야는 고집이 있거나, 어른들의 말을 잘 듣지 않는 아이들을 질책할 때 "이괄이 성질 닮았네!"라고도 하였다. 여기서 더 나아가 홍천 사람들이 벼슬길에 나아가지 못하는 이유도 이괄의 난에서 찾기도 한다.

설화 전승자들은 이괄이 유년 시절부터 '반反'의 입장에 서 있음을 강조하고 있으며, 일을 함에 있어서도 신중하지 못하였다고 한다. 그리고 이러한 성격으로 말미암아 결국 반란의 실패로까지 이어지게 되었다는 것이다. 〈이괄설화〉를 전승하는 전승자들의 입장에서 이괄을 '민중 영웅'으로서 인식하기보다는 반란에 실패할 수밖에 없었던 이유를 그의 성격에서 찾고 있다.

---

32 강원도, 앞의 책, 268~269쪽.

## III. 〈이괄설화〉에서 강江의 역할과 의미

〈이괄설화〉는 홍천강 인근에 소재한 증거물들을 중심으로, 해당 마을에 국한해서 전승한다는 특징을 보인다. 팔봉산을 중심으로 한 홍천군 서면 팔봉리와 어유포리, 남면 월천리, 북방면 소매곡리, 홍천읍 검율리와 동면 덕치리 등이 있다. 이들 마을들은 모두 홍천강과 지류인 덕치천에 인접한 마을들이다. 홍천강 유역을 중심으로 〈이괄설화〉가 전승하기 때문에 전승하는 과정에서 홍천강이 〈이괄설화〉 형성과 전승에 직간접적인 역할을 담당한다. 여기서는 이러한 부분에 주목해 〈이괄설화〉에서 홍천강이 하는 역할과 의미에 대해서 살펴보려 한다.

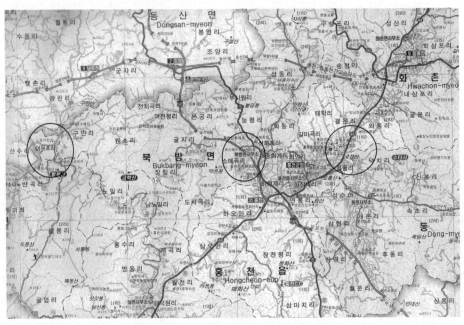

홍천군 〈이괄설화〉 전승 지역

## 1. 승천昇天과 좌절挫折의 공간

홍천강은 〈이괄설화〉에 있어서 승천과 좌절의 공간이 된다. 역사적 인물들의 실패를 풍수와 연계해서 설명하려는 것은 설화에서는 보편적인 현상이다. 앞에서 언급한 이괄의 성격과 관련하여 이괄의 부친이 '거꾸로 묻어라' 곧 '바로 묻지 말라'는 금기사항을 제시한다. 그러나 이괄은 부친의 말을 따르지 않고 통상적인 매장법에 따라 매장한다. 그러한 결과로 이괄의 왕운旺運이 사라지게 된다.

이괄이 일으킨 난의 실패를 담고 있는 설화는 홍천군을 비롯해서 강원도 원주시 손곡리,[33] 경기도 양평군 양평읍 등지에서도 전승된

---

**33** 요 아래 내려가면 손곡리예요. 거기도 손곡 3리, 요 후영리고개 넘어가 주고 에, 삼리회관, 마을회관 고기에서 좌회전을 해 오면 여기잖아요. 고 싹 들어서면서 좌회전하면 고 동네가 알산골이라 그래, 알산골. 예 알산골이라고. 지금 동네 이름을 알산골이라고 썼나? 고기 돌이 섰던데. 그래 그 옛날에 뭐, 그, 이괄이가 어디 있는지두 나는 몰러. 거기 지금 전주 이씨네는 몇 집들 계시거든요. 그래 또 선산을 갖고, 뫼시고 계신 분네들도 알고 있고, 근데 그렇게 대하고 자세하게는 모르고. 근데 고 동네, 이렇게 된 산에, 고 알산골내 산에 이괄이 할아버지 묘라고 그래드라고. 근데 묻어 있어요. 이장을 하지 않고. 그래 이 저, 이괄이 할아버지 돌아가실 무렵에 어느 스님이 와서 이제 그 양반에 집에서 자게 됐는데, 그 자구 가면서 뭐, 알을 달래드라는 거여. 그래서 쇠죽, 소죽을 쑤다가, 지금도 쑤어 주는데 있답니다만은 옛날에는 이 소를, 가마솥에다 죽을 쒀가 주고 퍼다 줬잖아. 짚을 삶아서. 그래가 주고 줄 때 뭐 새벽에 좀 먹고 갈래나부다 하고, 계란을 그 소죽 솥에다 삶, 그냥 끓는 데다가 넣었다가 갖다 줬더니, 그가 그 달걀을 받아가주구 뭘 주문했더니, 뭐 어떻게 해주구 가면서, 이 달걀을 산에다 묻으라 해드래요. 그래서 갖다 묻었더니 닭이, 그다음 날 밤중에도 안 울구 그다음 날 새벽에 가서 울드래는 거야. 그래, 그렇게 그냥 확실하게 들었는 닭 소리만 듣고 계시다 갔는데, 결국 인제 거기다가 묘를, 닭이 울거든 거기다 쓰라고 그래서 인제, 닭이 운

이괄의 묘가 있다는 떠드렁산(경기도 양평군 양평읍)

다. 이들 지역의 설화 각편에서는 앞에서 언급한 이괄의 성격이 드러나며, 이들 설화 각편 속에서도 이괄의 난을 역사적 사실로 이야기하고 있다. 곧 설화 전승자들은 이야기 속에서의 '이괄'과 '이괄의 난'을 역사적 사실로 믿고 있는 것이다. 또한, 이괄의 금기사항 위반 행위가 결과적으로 이괄 난의 실패가 됨을 시사한다.

• …… 그 이괄이가 그때메 요 양평을, 양근을 나가 가지고서는 보니까 아버지가 돌아가셨어. 그래 그때 생각을 해보니까누루, '내가 평생 살아 있을 적에 아버지가, '앉아' 하면 일어나고, '하나' 하면

---

다음에 거기다 이괄의 할아버지 묘를 썼는데, 그 이괄이가 났다. 삶은 달걀이기 때문에 참다운 이, 참다운 알이 아니기 때문에 그런 사람이 났다라는, 그렇게 얘길하는. 이괄이 얘기는 여기서 별루 없어요. 거의 없어요. 그래서 우리가 그 동네 이름이 알삶, 알을 삶아서 했다는 뜻에서 뭐 알삶골이라고 그러는데, 뭐 알산골이라 그러든지 산골이라 그러는지(2012년 11월 23일 채록).

'둘'을 했으니 여간 이거 못할 짓이거든. 그러니까누루 마지막으루 아버지께서 나한테 부탁하신 거. '내가 죽게 되면 양근 땅 한강 땅에 건너산 밑에다가 가서 묻되, 이렇게 저 무꾸 구뎅이 파듯이 깊이 파 나를 똑바로 세워다가 묻어라' 그런 말씀을 하셨지. 그랬으니까 이괄이가 이거라도 안 들어주면 이거 내가 안 되겠다. 그러니까 아버지가 시키는 대로 돌악시는 담에 인제 군병들을 풀어 가지고 인제 아버지를 묻어 드렸어. 똑바로 세워가지고. 그니깐 이제 용상을 치고서는 삼족을 멸망을 멸문지화를 당했을 적에 나라에서 그거를 파고 보니까누루, 이렇게 내려 이렇게 했던 것이 이게, 뒤집혔어. 이게 사람이 머리가 당으로 들어가고 이게 꼭대기로 올라갔는데 이 반은 벌써 용이 됐어. 그리구 이 반은 사람이야. 그때 그 군병들이 탁 치니까누루 그 피가 한강 물로 들어가드라 그거야. 그때 이괄이 아버지가 "나를 죽거든 여기다 거꾸로 묻어라." 해서 거꾸로 묶었으면 용이 돼 가지고 한양으로 가서 내려갔었으면은 이괄이가 용상을 아주 뺏었을런지 몰라.[34]

위의 설화 각편은 이괄의 난이 실패할 수밖에 없는 이유를 풍수와 연계해 제시하고 있다. 이괄의 비극적인 결말이 부친이 남긴 유언을 따르지 않았기 때문이다. 그리고 그 원인은 앞에서도 언급하였지만, 이괄의 '청개구리'와 같은 성격이 제공한다. 더욱이 홍천강 인근 지역에서 전승하는 '이괄이 일으킨 난의 실패를 풍수와 연계하려는 설화' 각편에서는 이괄 부친이 홍천강의 '용'이 되지 못했음을 강조한다.[35]

---

**34** 강원도, 앞의 책, 269~270쪽.

**35** 강원도, 앞의 책, 269~270쪽. 강과 인접하지 않은 원주시 손곡리에는 닭으로,

용龍은 군왕君王 및 시조始祖 등을 상징한다. 고유어 '미르'에 대응하는 한자어로, 미르의 어근은 '밀-'로서 물〔水〕의 어원과 같듯이 용은 물과 떼려야 뗄 수 없는 관계를 지닌다.[36] 용은 강이나 우물, 연못, 소, 바다 등과 같은 물 속에 거주하면서, 비나 바람을 일으키거나 몰고 다닌다고 여겨지기에 농경문화권에서 군왕君王과 용은 자연스럽게 결합되었다.[37] 곧 홍천강을 중심으로 전승하는 이괄 부친의 '용 승천과 좌절'은 이괄 난의 성공과 실패와 관련해서 중요한 사건이 되는 것이다.

## 2. 비범함과 무모함을 보여 주는 공간

홍천강은 〈이괄설화〉에서 이괄의 비범함과 무모함을 보여 주는 공간이 된다. 설화 속에서 영웅은 초월적 능력과 신비한 영험을 보여 준다. 〈이괄설화〉에서도 이괄의 비범함이 일부 보인다. 그는 일반 사람들이 도저히 할 수 없는 행동을 한다. 더욱이 이괄은 홍천강을 대상으로 비범함을 보인다. 강은 경계를 구분 짓고, 흐른다고 하는 속성을 지니고 있기 때문에 장해 요인으로도 인식된다. 그러나 장해의 극복[문제 해결]을 조력자가 아닌 설화 주인공 스스로 했을 때, 그의 영웅성이 확대된다. 곧 영웅 설화에서 강은 영웅의 비범함을 돋보이게 하는 공간이기도 한 것이다. 그러나

---

홍천과 마찬가지로 강에 인접한 양평군 양평읍에서는 용으로 이괄 난의 실패를 이야기한다.

**36** 전국 각지에서 쓰이는 용정龍井, 용호龍湖, 용지龍池, 용추龍湫, 용담龍潭, 용소龍沼, 용강龍江 등의 지명에서도 확인할 수 있다.

**37** 《한국문화상징사전》 1, 동아출판, 1992, 485~490쪽.

홍천강을 대상으로 보이는 이괄의 비범함은 오히려 무모한 행동에 가깝다. 이 또한 이괄이 일으킨 난의 실패에 대해 설화 전승자들이 인식한 결과라고 할 수 있다.

• …… 용하고. 이괄하고 대결을 하는데. 이괄은 서울 갔다가 오고. 한양 갔다 오고. 용은 산맥을 끊어서 강줄기를 글로. 강물이 글로 나가게. 원래 이. 저쪽 산에서부터 건너온 거거든. 요 팔봉리. 우리 노인정 앞에 산까지. 그래 이걸 끊었잖아요. 원래 강물이 이렇게 돌아 나갔던 거거든. 이제 전설에 내려오는 게. 그래 서울 갔다 오자마자. 이걸 끊었다는 얘기는 있어요. (조사자: 내기를 했는데 누가 이겼대요?) 그냥 비겼지. 비겼어요. 이기지를 못했어요. 오고 막 끊고.[38]

• 팔봉산이 있는데. 옛날부터 그 산이 내려오는 영산이에요. 옛날

팔봉산과 홍천강(서면 팔봉리

---

38  제보자: 반선균, 남·75세, 홍천군 서면 팔봉리, 2013년 01월 12일 채록.

엔 무슨 면장이나 군수나 이런 대관도 그 앞으로 그 산 밑으로 말을 타고 못 댕겼다. 왜 못 댕겼냐 하면 말에서 내려서 가지 않으면 산신령이 노해서 말발굽이 떨어지지 않았거든. 그런데 이괄이 역적으로 몰려서 말을 타고 가는데 말굽이 붙어서 거지 못하는지라 이괄이 말에서 내려 창을 꺼내어 말을 퍽퍽 각을 떠가지고 팔봉산에다 피칠을 했대.[39]

이괄은 설화에서 인간의 범위를 넘어서 신적인 존재들과 대결한다. 위의 설화 각편에서 이괄은 용, 곧 수신水神과 내기를 한다. 이괄이 서울을 갔다 오는 동안, 용은 삼성산과 도룡골을 파헤쳐 강물을 돌려놓는 것이다. 이괄이 서울을 갔다가 돌아오는 순간, 용도 마침 산맥을 갈라 서로 비겼다. 수신인 용과 한 내기에서 이괄이 비록 이기지는 못했지만 비겨 용과 대등한 관계에 있게 된다.

한편, 이괄은 홍천강 옆에 소재한 팔봉산 산신과 대적하기도 한다. 이괄이 팔봉산을 지날 때 말발굽이 떨어지지 않았다. 그래서 화가 난 이괄은 자신이 타고 가던 말을 죽여, 그 피를 산신이 거주하는 신당神堂에 뿌린다. 마을의 신성한 공간인 산신당山神堂을 부정하게 만든 것이다. 고관대작들도 그 영험함으로 말미암아 말에서 내려 걸어갈 정도인데, 반란에 실패해 도망치는 입장에서 이괄은 산신山神에게 대항한다.

'삼성산'과 '팔봉산'은 인근 지역에서 신성하게 여기는 공간이다. 더욱이 팔봉산에 소재한 산신당에서는 해마다 마을 주민들이 산신제를 지내고, '팔봉산당굿'을 한다. '팔봉산당굿'은 400여 년

---

**39** 최웅 외,《강원전통문화총서-설화》, 국학자료원, 1998, 214쪽.

의 역사를 지닌 오래된 제의다.[40]

지역민들이 전승하는 설화 속에서 그들이 모시고 있는 신과 대결하고, 신성한 공간을 부정하게 하는 이괄의 모습은 긍정적이지 않다. 곧, 인간으로서 비범함을 보인다고 할 수 없다. 이괄은 반란에 실패한 인물이고, 그러한 반란의 실패 원인을 풍수와 연계해서 찾기도 하며, 자신들이 신성하게 여기는 신과 공간에 대항하는 행위에서도 찾고 있다. 이러한 무모한 행위는 홍천강을 배경으로 한 설화 각편에서도 보인다.

> • 하화계리 지나서 고개 가다가 이쪽으로 솔밭 앞에 논이 있었어요. 거개. 흙무더기가 이런 게 거기 두 개 있었다구요. 그래서. 이괄이가 거기서. 흙을 한우쿰 집어던진 게 이괄이가 던진 거다. 이렇게 해가지고 전설이. 두무더기가 거시기 한 게.[41]
>
> • …… 그게 이괄이 얼매나 날랬는지. 산에서. 자기 마누라를 내던지고 강에다 내던지고 강에 떨어지기 전에 내려가서 받았대.[42]
>
> • 장독이라는 데 있어요. 야루정이라는 데. 거기서 놀다가. 누나를 떨어뜨려 죽였대. 거기서 떨어졌다는 말이 있어요.[43]
>
> • …… 그가 숨어서 산 곳에는 큰 바위가 있었고, 그 바위 밑에는 명주 한 꾸러미가 다 들어간다는 소가 있었다. 그 소 옆에 정자를 지은 그는 할 일 없이 매일 애첩과 바둑을 두었다. 바둑을 둘 때 상대방인 애첩이 지면 명주 한 필이 들어가다가 소에다가 그녀를 던졌

**40** 김의숙, 앞의 책, 1995, 297쪽.

**41** 제보자: 지금흥, 남 · 79세, 홍천군 홍천읍 소매곡리, 2013년 01월 09일 채록.

**42** 제보자: 민경복, 남 · 83세, 홍천군 동면 성수리, 2013년 01월 09일 채록.

**43** 제보자: 신덕명, 남 · 78세, 홍천군 홍천읍 검율리, 2013년 01월 09일 채록.

다가 꺼내 올리고 자신이 지면 건너편 바위에다 불을 매고 줄타기를 하는, 목숨을 건 내기를 하였다. ……[44]

• …… 술을 먹다가 거기 꼭대기에서 술을 먹다가 작은 부인을 그 아래 강으로 집어던지면 떨어질 거 아니에요. 그러면 자기가 밑에 먼저 그 아래 내려와 가지구 받아가지구 다시 올라가고 그랬단 얘기가 있어요.[45]

• …… 작은 마누라를 손에다 들고 졸다 가서 공중에 척 띄운다 이거예요. 순간적으로 공깃돌 던지며 첩마누라를. 그냥 술을 한 동이나 들어 다 마시고서 한 손으로 받았어. 이괄 씨가. 그런 유명한 양반이야. 그러니까 작은 부인이 왜 안 떨어졌는가 해서, "당신 참 재주가 이렇게 이미 좋은 줄 알지만 이렇게 좋은 줄은 몰랐소. 그러니까 당신이 어쩐든 이번에 두 동이를 마시고 좀 받으시오" 그러니까, "좋다." 이 말이야. 술이 얼간히 취하니까. 힘껏 치던지면서 술을 두 동이째 마시구서 입을 띠는데 저 바로 요 여기 돌아가면 저 이렇게 웅덩이가 있어요. 연못 모양으로 바우 옆 성 밑에 제일 깊은데. 거기는, 옛날에 거기는 명지고리가 하나 모잘렀어. 짚기가. 거기에 풍덩 빠져 죽었어. 작은 마누라를 받지 못했으니까.[46]

〈이괄설화〉에서 이괄은 홍천강을 대상으로 다양하고 비범한 행동을 보인다. 홍천군 동면 덕치리에는 오룡산이 있다. 이 오룡산과 강을 사이에 두고 홍천읍 검율리에 이괄바위가 있고, 그 아래에는

**44** 강원도, 《향토의 전설》, 강원도청, 1979, 241~242쪽.

**45** 강원도, 앞의 책, 318쪽.

**46** 한림대학교 국어국문학과, 《강원구비문학전집》, 한림대학교출판부, 1989, 116~118쪽.

오룡산(동면 덕치리)

'이괄소' 또는 '애기소'라 부르는 곳이 있다. 이곳은 이괄이 머무르며 무술을 닦기도 하고, 산성을 쌓았다고 하는 곳이다. 이괄은 이곳에서 강을 건너뛰어 장을 뜨러 다녔다. 또한 북방면 소매곡리에 소재한 '이괄이 마당터'에서 흙을 한 주먹 강 건너로 던져 흙무더기를 쌓기도 했다.

그의 행위는 여기에서 그치지 않는다. 여기서 더 나아가 부인[작은 부인, 애첩]을 산에서 홍천강에 떨어뜨려 받기도 한다. 일부 설화 각편에서는 산에서 떨어뜨린 부인[작은 부인, 애첩]을 받지 못해 홍천강에 빠뜨려 죽게 만들기도 한다. 곧 이괄이 가지고 있는 비범한 행동이 홍천강에서 오히려 부인을 죽게 만드는 결과를 초래하기도 하는 것이다.

## Ⅳ. 맺음말

이괄은 조선 중기 인조반정의 주역이면서, 흔히 이괄의 난이라고 하는 반란을 일으킨 역사적 인물이다. 역사적 실존 인물인 이괄과 관련한 설화는 강원도 원주시, 충청북도 보은군, 경기도 평택시, 양평군 등지에서도 일부 전승하지만, 홍천군을 중심으로 분포한다. 더욱이 이들 설화의 분포는 홍천강과 지류인 덕치천 주변에 집중한다.

〈이괄설화〉를 대상으로 한 기존 논의에서는 이괄의 민중적 영웅성에 주목하고 있다. 그러나 역사적 실존 인물이 민중들의 영웅이 되기 위해서는 반드시 그 타당성이 인정되어야 하나, 이괄의 경우 '장군이라는 점'과 '반란을 일으켰다는 점' 말고는 민중들이 영웅으로서 인정할 충분한 자격을 갖추지 못하였다. 따라서 이 글은 이러한 의문점을 가지고 시작하였으며, 더욱이 설화 전승 지역이 홍천강과 덕치천 등 강 유역 마을에서 집중적으로 분포하기에 〈이괄설화〉속에서 '강'이 어떠한 역할을 담당하고 의미를 지니는지를 살펴보고자 하였다.

현재, 이괄의 신상 정보를 확인할 수 없으며, 홍천과의 연계성은 더욱더 찾기 어렵다. 다만, 역사적 사실과 설화를 통해서 유추할 뿐이다. 설화를 전승하는 홍천 주민들도 이괄이 누군지에 대해서 구체적으로 제시하지 않았다. 홍천과 관련해서도 '어려서 무술을 연마하던 곳', '군사를 훈련시키던 곳', '거주하며 생활하던 곳' 등으로 막연하게 인식하고 있을 뿐이다. 또한, 이괄과 홍천과의 연계성을 처가에서 찾기도 하며, 이괄의 난을 진압하는 과정에서 홍천에서 일어난 변란에서 찾기도 하였다. 이와 같은 역사적인 사실과 설화 등을 볼 때, 이괄의 난이 진압되고, 이어서 일어난 홍천 변란에 영향을 받아 홍천군 주민들이 홍천과 연고가 직접적으로 없는 〈이괄설화〉를 전승했을 가능성이 높아 보인다.

한편, 이괄의 성격에 대해서 사람들은 유년 시절부터 '반反'의 입장에 서 있음을 강조하고 있다. 이는 그로 말미암아 반정을 하게 되었다는 암시를 설화 전승자들 스스로 하고 있는 것이다. 또한, 이괄은 홍천강을 대상으로 비범함을 보인다. 강은 경계를 구분 짓고, 흐른다고 하는 속성을 지니고 있기 때문에 장해 요인으로도 인식된다. 그러나 장해의 극복[문제 해결]을 조력자가 아닌 설화 주인공 스스로 했을 때, 그의 영웅성이 확대된다. 곧 영웅 설화에서 강은 영웅의 비범함을 돋보이게 하는 공간이기도 한 것이다. 그러나 홍천강을 대상으로 보이는 이괄의 비범함은 오히려 무모한 행동에 가깝다. 이 또한 이괄이 일으킨 난의 실패에 대해 설화 전승자들이 인식한 결과라고 할 수 있다.

# 참고문헌

강원도, 《국역 강원도지》, 강원도지편찬위원회, 2005.

_____, 《향토의 전설》, 강원도청, 1979.

김의숙, 《강원도민속문화론》, 집문당, 1995.

_____, 〈홍천강 및 팔봉산 주변의 민속문화〉, 《강원인문논총》 4집, 강원대학교 인문과학연구소, 1997.

서대석 외, 《한국구비문학대계》 2-2, 한국정신문화연구원, 1981.

이학주, 〈홍천 이괄 관련 지명과 설화조사 연구〉, 《강원민속학》 22집, 강원도민속학회, 2008.

정윤수, 〈홍천의 이괄전설 전승양상〉, 《강원민속학》 20집, 강원도민속학회, 2006.

최명환, 〈역사인물담에 수용된 남한강의 의미〉, 《충북학》 10집, 충북학연구소, 2008.

_____, 〈역사인물담 전승과 문화권역 설정을 위한 시도―강원도를 중심으로〉, 역사문화학회, 2009.

최 웅 외, 《강원전통문화총서》 설화편, 국학자료원, 1998.

한림대학교 국어국문학과, 《강원구비문학전집》 홍천편, 한림대학교출판부, 1989.

홍천군, 《홍천군지》, 1989.

_____, 《우리고장 홍천》, 강원출판사, 1992.

# 6. 강 지역 주민의 의식구조적 특성 및 원형(archetype)
―홍천 지역을 중심으로―

강 명 혜(강원대학교 기초교육원)

## Ⅰ. 머리말

인류의 삶에서 환경, 지리, 배경 등의 공간적 특성은 그 지역민의 의식구조나 생활 태도, 습성, 생활양식 등에 상당한 영향을 끼친다. 이러한 특성은 오랜 세월이 지나면서 집단무의식〔原型, ar-chetype〕을 형성하기도 한다. 저자는 이를 염두에 두고 홍천 '산간 지역 주민'의 의식구조적 특성 및 집단무의식적 측면을 살핀 바 있다.[1] 이 글에서는 홍천 지역 가운데 '강 지역' 주민들의 의식구조적 특성 및 원형성 등을 민속이나 민간 의식, 설화 등을 통해서 추출해 보고 이들 특성과 환경, 지리, 배경 등의 공간적 특성은 어떻게 서로 연맥되고 있는지, 실생활에서는 그 지역민의 삶에 어떻게, 얼마만큼 영향을 끼치고 있는지 등을 밝혀 보고자 한다.

홍천 지역은 홍천강이 홍천시내를 관통하고 있다는 특성을 지닌다. 홍천강은 북한강으로 흘러들어 가는 북한강의 지류이기는

---

[1] 강명혜, 〈산간지역 주민의 의식구조적 특성―홍천군 산간지역 설화를 중심으로〉, 《온지논총》, 사단법인 온지학회, 2012.

하지만 '홍천강'이라는 이름이 의미하듯이 독자적으로 발원한—내면, 또는 서석이 발원지라고 함— 강으로서 군내를 관통해서 흐른다는 점에서 상당히 독특한 환경, 지리적 배경을 지닌다. 이곳 지역민이 강가를 중심으로 취락을 형성한 기원은 적어도 중석기 이상이다.[2]

물(강)[3]은 인류 생존 조건의 필수적 물질이다. 물은 인간의 삶을 영위시키는 물질로서, 우물, 샘, 시내, 강, 바다, 비, 수증기로 순환하면서 인간의 생명을 존재시키는 필요 충분적 물질로 기능한다. 따라서 인류 공통 상징으로 생명, 생생력生生力 등의 원형(archetype)으로 상징된다. 하지만 다른 한편으로는 '죽음'을 상징하기도 한다. 생명을 죽음에 이르게 하고 생명을 위협할 가공할 만한 힘을 지니고 있기 때문이다. 물(강)은 이렇듯이 양가적 가치를 지닌다. 그 밖에도 강은 죽은 생명체나 영혼 등을 다른 세계로 운반, 인도, 이동시키기도 하고, 새 생명을 탄생시키는 공간이기도 하며, 물속에서 정화된다는 점에서 생명체의 재생을 의미하기도 한다. 따라서 물은 설화나 작품 중에 불완전하거나 결핍된 것을 완전하게 하거나 충족시켜 주거나 해소시켜 주는 매개체로 등장하는 경우도 많다.[4] 더 나아가 결핍을 해소시켜 준다는 점

---

2 홍천군 하화계리에서 중석기시대 유물이 대량 발견되었다는 점에서 이렇게 추정할 수 있다. 최근 밝혀진 바로는 구석기 유물이라고 한다.

3 이 글에서의 물은 강을 의미하기도 하고, 강이 물을 의미하기도 한다. 강은 결국 물로 구성되어 있기 때문이다. 하지만 '물⊃강'이라는 공식은 변하지 않는다.

4 강명혜, 〈죽음과 재생의 노래 〈公無渡河歌〉〉, 《우리문학연구》 18집, 우리문학회, 2005쪽, 108~119쪽 여러 부분 참조. 이를테면, 新羅始母 王妃 閼英은 태어날 때 缺乏의 요소를 지녔으나 '물'에 의해 淨化된다. 곧 물을 통해 완전함을 획득하고 아름다운 모습을 찾게 되며, 결국 귀한 신분으로 상승한다. 물을 통해 결핍을

에서 생명체에게 안정과 평화를 선물하기도 한다. 이렇듯 다양한 특성 및 고리순환적인 구조를 내포하고 있는 것이 바로 물이 지니는 추상적, 상징적 이미지라고 할 수 있다. 물의 이러한 원형적 특성들은 영원한 속성을 지니는 것으로서 동서고금을 막론하고 많은 작품을 통해서 반향되어 온 보편적인 사실이기도 하다.

저자는 '물(강)이 지니는 이러한 여러 가지 상징성은 인간의 삶과 직접 연관된 것일까? 또한 인간의 실제적 삶을 통해서 형성된 것인가?'라는 질문에서 출발하여, 물이 지니는 추상적이며 원초인 상징성이 과연 인간의 삶에 있어서 어떤 기능과 특징을 바탕으로 조성되었는가에 대해서 살핀 바 있다. 곧, 물이라는 물질소나 그 속성이 인간의 삶에 근원적이고 통과제의적 기반이 되는 원형성으로 인식된다는 것은 실제 생활에서 물이 인간에게 끼치는 영향이 지대하며 필수 불가결한 물질소이기 때문일 것이라는 생각과, 어떠한 상징성이든지 처음에는 구체적인 삶이나 구체적 실상에서부터 비롯되었을 것이라는 믿음을 바탕으로 해서 천착했다. 그 결과, 실제적으로 강은 우리에게 ①서경 및 관조의 공간, ②생산 공

---

해소시키는 것이다. 百濟 武王의 母親도 물을 통해 葛藤과 缺乏을 解消하고 귀한 신분의 아들을 잉태한다. 자신의 욕구를 연못 속의 龍을 통해 해소하며, 결국은 王의 母親이라는 高貴한 신분을 획득하는 것이다. 《沈淸傳》만 해도 '심청'이는 물을 통해 죽음을 경험하며 물을 통해 새로 태어난다. 왕후라는 새 신분을 획득하여 고귀한 인물로 새롭게 탄생하는 것이다. 또한 高句麗의 柳花는 물을 부르는 나무인 '버드나무'를 이름으로 갖고 있으며 임신을 전후하여 물을 드나들었고, 또한 高麗 太祖의 祖母로 알려진 龍女 또한 '물'과 밀접한 관계를 지닌다. 그뿐만 아니라 《배비장전》의 배비장도 '물'을 통과한 뒤 정화되어 새로운 인물로 변모한다. 이렇듯이 '물'은 정신적·육체적인 '죽음'과 '생명 탄생', '정화', '재생'이 모두 가능한 상징물인 것이다.

간, ③이동 공간, ④의식 및 제의 공간, ⑤놀이 및 유흥의 공간이라는 특성을 지니고 있었으며, 결국 실생활의 기능적 측면이 추상적, 상징성으로 응축되어 나타났다는 사실을 밝힐 수 있었다.[5]

물은 이와 같은 여러 기능적 요건으로 말미암아 무엇보다도 풍요적인 의미를 지니고 있으며 이런 이유로 '풍요성'으로 표상되기도 한다. 물을 통해서 식수 및 물고기, 수생식물 등 먹거리를 얻고 있고 생산활동과 깊은 연관을 맺고 있다는 점에서 풍요성은 죽음, 생명탄생보다 더 인간의 삶에 큰 영향을 끼친다고 할 수 있다. 또한 의식적, 무의식적으로 지향하고 추구하는 목표나 이상에 해당되기에 이를 함유한 상징이나 표징으로 기능한다. 이런 점을 염두에 두고 이 글에서는 특별히 물(강)이 지니는 상징적 관념어인 '풍요성'에 주목하고자 한다. 이미 언급했듯 물이 생명수, 생산 공간 등의 기능과 상징성으로 말미암아 '풍요'와 깊게 연관된다는 점은 만고의 진리이기 때문이다. 이 풍요성을 더 확장시킨다면 생명과 연관된다는 점에서 여성성, 곧 아니마(anima)적 특성으로 표상되고 있다는 점도 동서고금 모두 동일한 원형(archetype)이다.

이렇듯이 '강(물)'은 인류의 생명과 관련되거나 삶을 유지하고 가능하게 한다는 점에서 공동 취락의 장이자 터전의 공간이며, 이러한 특성은 공시적·통시적으로 지속되거나 변모되면서 인간의 삶과 직간접으로 깊이 관련된다. 결국 물이 지니는 이러한 생명 및 풍요적 특성(여성성)이 강 지역이나 인근에서 생활하고 있

---

5  강명혜, 〈書와 畵에 투영된 북한강 특성 및 민속〉, 《세계강문화 국제학술대회 발표요지》, 국제아시아민속학회; 강명혜, 〈〈해관자집〉에 투영된 북한강의 특성 및 물 원형성과의 관련성〉, 《온지논총》 23, 사단법인 온지학회, 2009. 8. 1.

는 사람들의 실생활적 측면과 어떻게 서로 연관되고 있는지, 또한 서로 어떤 상관성을 지니고 있는지, 어떤 특성을 보이고 있는지 등에 대해 실제적인 답사를 통해서 밝혀 내고자 하는 것이 이 글의 목적이다.

　따라서 이들 강 지역 생활권 주민들의 민속, 민간신앙, 설화 속에 풍요적 측면이 어떻게 투영되고 있으며, 어떤 방식으로 추출되는지 살펴보고자 한다. 곧 연역적 방식을 통해 결과를 추출하고, 이 결과는 또 어떻게 그 원인에 영향을 주는지 쌍방향적인 측면까지도 살펴보고자 하는 것이다. 우선 홍천강과 관련된 지역의 사회, 역사, 문화적 특징을 살펴보고, 그 지역의 민속, 민간신앙, 설화 등을 통해 풍요성을 추출해 보며, 이러한 풍요적인 의식구조적 특성과 그 지역의 풍요성(경제적 측면)과는 어떻게 연관되는지에 대해서도 살펴본다. 이 지역 주민들은 강과 어떤 관계를 형성하고 있고, 실생활에서 물은 이들에게 어떤 기반이 되고 있고, 역으로 이러한 특성은 집단의식 세계에 어떻게 영향력을 행사하고 있는지, 이러한 요소들은 그물망처럼 엮이면서 어떻게 집단의식으로 형성되는지 등에 대해서 자세히 살펴보고자 한다.


## II. 홍천강 지역의 사회, 역사, 문화적 특징

　洪川은 '큰물 홍'에 '내 천' 자로 이루어져 있다. 따라서 홍천은 명칭부터 물이 흔한 지역이었음을 암시한다. 홍천군은 고구려 때 명칭이 벌력천현으로서 역시 '川' 자가 들어가 있다. 홍천강이 홍천읍내를 흐르는 등, 이름이 환기하는 대로 홍천은 물을 흔하게 볼 수 있는 공간적 특징을 띠고 있다. 홍천강을 이전에는 화양강이라고 부르기도 했다. 게다가 홍천 지역은 동서로 긴 지형적 특성을 지니는데, 이 긴 지형을 따라 강이 흐르기 때문에 강을 끼고 있는 지리적 공간이 더욱 크다. 따라서 강 유역 주민들의 삶이나 생산활동은 산간 지역보다 두드러진다고 할 수 있다. 더욱이 산은 막힌 공간이지만 강은 열린 공간으로, 물의 유동성까지 가미되어 넓은 지역으로 확산되기에 강 지역민들의 활동 무대는 상대적으로 넓을 수밖에 없다.

홍천강 지역은 홍천강을 따라서 형성되므로 동면, 북방면, 서면, 남면 일부가 모두 강 지역에 해당된다. 이들 지역은 강이 흐르면서 그 주변 구릉지를 중심으로 취락이 형성되거나 강변을 끼고 마을이 형성되었다. 이러한 특성은 북방면 하화계리를 통해서도 확인할 수 있다. 수만 년 전인 중석기시대부터 하화계리가 인류의 생활 터전이었음이 증명되고 있기 때문이다.[6]

물이 흔한 지역이기에 이들 강 지역 주민들은 주로 농업을 생업으로 하고 있으며, 하천 유역에서는 벼농사를 주로 행한다. 이와 같이 이들 지역은 전형적인 농업 지역(벼농사 중심)으로서 푸른 산, 맑고 깨끗한 물, 오염되지 않은 공기와 토지를 활용한 자연 친화적 환경 농업으로 벼, 감자, 고추, 옥수수, 시설 채소를 키운다. 그 밖에도 산도 많기 때문에 잣이나 약초, 산채 등 밭이나 과수농사를 하기도 한다. 산간 지역에서는 주로 밭농사를 하고 있지만 벼농사가 상대적으로 많다는 것은 홍천강 지역 생산활동의 특성으로 볼 수 있다. 또한 이들 지역은 군부대 및 공장이 전혀

---

6  원영환, 〈홍천강하류 서면과 문화유적〉, 《홍천강과 팔봉산 문화조사》, 강원대 인문논총 4집, 1997, 214쪽.

유치되지 않은 곳이니만큼 관광자원이 풍부하고 잘 보존되고 있는 편이다. 주민 생활권은 서울, 춘천, 홍천, 가평, 양평 등으로, 연간 관광객을 150만 명 정도 유치하는 등 '강'이 가지고 있는 이점을 잘 부각시키고 있다.[7]

북방면은 홍천군 북서부에 위치하여, 면적 146.42제곱킬로미터, 1,755세대이고 인구는 4,220명으로 남자 2,222명, 여자 1,998명이다(2008년). 면 소재지는 상화계리이다. 본래 홍천군 지역으로 홍천읍의 북쪽에 위치한다고 하여 북방면이라 하다가 한때 화계면으로, 그 뒤 다시 북방면으로 개칭되었다. 북서쪽에는 대룡산(899미터), 연엽산(850미터) 등 높은 산이 솟아 있으며, 남쪽에는 망령산(96미터), 불금봉(499미터), 금확산(655미터) 등이 있다. 이곳에 성동천이 남류하여 하화계리에서 홍천강에 합류하고, 홍천강이 남부 서쪽으로 흘러 그 유역에 평야가 형성되어 있다. 더욱이 상화계리, 중화계리 및 하화계리 일대에는 대규모의 산록 완사면과 저위 구릉지가 형성되어 지역 주민들의 주요 생활 무대가 되고 있다. 고구려시대에는 벌력천현에 속했고 신라시대에는 화산현에 속하다가 1143년(인종 21년)에 홍천현 북방면이라 칭해졌다. 전형적인 농업 지역으로 농가가 71퍼센트에 해당된다. 주로 하천 유역에서 벼농사가 행해지며 잣, 옥수수, 약초, 산채, 고추 등이 많이 생산된다. 굴지 유원지, 강재구 공원 등이 있다.

화촌면은 화양강 경계에 있다. 서쪽은 홍천읍과 북방면, 남으로는 공작산을 경계로 동면과 서석면, 북은 해발 1,051미터의 가리산을 중심으로 두촌면과 춘천 동산면과 접해 있다. 면적은 19,962헥타르로서 밭이 1,155헥타르, 논이 796헥타르, 임야가 18,011헥타

---

7  홍천군 인터넷 사이트,《홍천군지》등 참조.

르다. 화촌면의 중심부를 흐르는 화양강이 있어 교통이 매우 불편했던 예전과는 달리 최근에는 많은 다리가 놓여 교통이 편리하다. 신라시대에는 화산현에 속하다가 1018년(현종 9년)에 홍천군으로 편입되었다. 교통의 요충지 44번 국도와 56번 국도의 교차점이며, 잣 생산지이다. 풍천1, 2리(360헥타르)에서만 연간 36톤을 생산해서 전국에서 손꼽히는 잣 생산지이다. 또한 육우 및 농업이 유명하다. 밭작물은 고추, 옥수수, 콩, 열무, 감자 등이며, 조는 과거에 많이 심었다. 최근에는 표고버섯, 인삼 등을 많이 재배하고 있다.

서면은 서울, 춘천, 원주 방면의 교통 요충지이고 전국에서 두 번째 넓은 홍천군의 서쪽 끝에 위치하고 있다. 여덟 봉우리의 기암괴석 비경과 홍천강이 어우러진 수려한 팔봉산 국민 관광지를 비롯한 팔봉, 반곡, 개야, 모곡, 수산, 밤벌, 마곡 백사장 등 넓고 긴 강과 소하천(102.7킬로미터), 그리고 봄, 여름, 가을, 겨울 사계절 체류형 관광지인 대명비발디파크(스키장, 골프장, 콘도) 등 천혜의 관광자원이 있다. 벼, 감자, 시설 채소 등 다양한 청정 농산물을 생산한다. 면적은 123.37제곱킬로미터, 1,624세대, 인구는 총 3,387명으로 남자 1,780명, 여자 1,607명이다(2008년). 면 소재지는 반곡리이다. 고구려시대 벌력천현, 신라시대 화산현, 고려시대 홍천현 감물악면에 속하다가 1895년 춘천부 홍천군이라 했다. 1917년 홍천군 서면으로 개칭되었다. 면적은 123.37제곱킬로미터(군의 6.8퍼센트)이다. 홍천강 하류에 해당되기에 상류로부터 흘러온 물이 불어서 큰 강을 이루고 있어 수량이 풍부한 편이다. 특히 팔봉강과 모곡 일대는 수량이 풍부해서 팔봉산 관광지와 모곡 밤벌 유원지가 발달했다.[8]

---

8 홍천군청 사이트; 〈홍천강과 팔봉산 문화조사〉, 강원대학교 인문과학연구소,

서면 팔봉강

서면 비발디파크

1997; 홍천문화원, 〈홍천군의 역사와 문화유적〉, 1997 참조.

6. 강 지역 주민의 의식구조적 특성 및 원형(archetype)　199

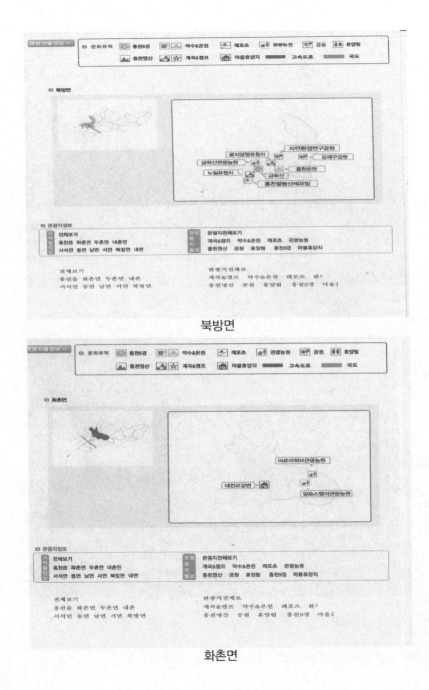

북방면

화촌면

서면

남면

위에 제시된 관광지도를 보면 홍천군에서 관광지와 유원지는 80 퍼센트 이상이 모두 강 지역을 중심으로 해서 조성되고 있다. 자연을 접하고 그 속에서 생활하게 되면 사람들이 치유된다는 정보와 아이들의 교육장으로도 자연만 한 것이 없다는 연구 결과가 확산되면서 강 지역을 중심으로 많은 사람들이 모여들고 있다. 서울에서 비교적 가까운 모곡, 팔봉강 등 홍천강 가에는 하루 물놀이뿐만이 아니라 텐트를 가지고 와서 여러 날을 머물다 가는 가족이 점차 증가되고 있는 것이 최근의 추이이다.

## Ⅲ. 홍천강 지역의 풍요의식 및 여성성

홍천강 유역권을 답사, 채록하면서 보고 느낀 것은, 이곳 지역민들은 본인들이 의식하든 의식하지 않든 '물'과 상당히 관련된 삶을 살고 있었고 또 살고 있다는 점이다. 이곳 풍습도 다른 지역과 마찬가지로 상당히 많이 사라지고 없어서 아쉽지만 단편적인 정보는 얻을 수 있었다. 이러한 정보는 잘 알려지지 않은 사실이거나 이미 알려진 내용이더라도 한 번 더 실제로 확인할 수 있었기에 상당히 의미 있고 가치 있다. 세시풍속, 민간신앙, 설화를 중심으로 해서 이곳의 특성을 살펴보고자 한다.

### 1) 세시풍속 및 의례

물은 무에서 유를 생성하며, 생명을 보존하는 원천이라는 원형성도 생성되어 있다. 그렇다면 실제로 홍천강 지역민의 민속이나 세시풍속에는 어떠한 점이 내재되어 있을까?

홍천강 유역권의 지역민들은 본인들이 의식하건 의식하지 않건 '물'과 상당히 관련된 삶을 살고 있다. 북방면 성동리 주민들은 어렸을 때(6·25 끝난 뒤) 강변에서 백중행사를 했다고 해서, "왜 하필 강가에서 했습니까?"는 질문을 하니, "그거야 거기가 제일 넓으니까"라는 답변을 했다. 또 보름날 달맞이나, 불놀이, 망우놀이 등을 강가에서 하도 해서 보름날이면 "강변이 새빨겋다"라는 표현을 하는 반곡리 주민들한테 "왜 강변에서 그랬나요?"고 물으면, "그야 물 옆에서 불놀이를 해야 위험하지 않지"라고 무심히 답변을 했다. 또 "강이 주는 이익이 있었습니까?"고 물으면 "거의 없다"고 대답하면서 "강에서 무엇을 했습니까?"고 물으면 "빨래도 하고, 놀기도 하고, 물고기도 잡고, 물구경도 하고, 여름에는 강변에서 잠도 자고… 등"을 나열하면서 좋았다는 표정들을 지었다. 강변 주민들은 물과 관련된 많은 경제활동, 의례 및 행사, 놀이, 생활을 하고 있으면서도 정작 본인들은 그 사실에 대해 인지하지 못하는 듯했다. 하지만 강 지역에서만 행해지는 여러 유습들이 시행되고 있었다. 상세히 살펴보면 다음과 같다.

### ① 어부슴(어부심, 어부식, 어부, 용왕멕이기, 용왕제)

산간 지역 주민들이 거의 하지 않고 있는 어부슴에 대해서 70~80대 강 지역 노인분들은 최근에는 대부분 없어졌지만 물가에서 '어부슴'을 했던 경험을 간직하고 있었다. 심지어 성동리 박훈제(81세), 김옥인(81세) 부부는 이 행위를 일컫는 '어부슴'이라는 명칭은 잘 모르지만 아직까지도 대보름날 아침이면 자손들을 위해서 이 행위를 하고 있다고 한다. 원래 아들이 네 명이라 여섯

(부부 포함) 명에 대한 어부슴을 했는데 지금은 아들들이 모두 커 장가를 들어 각자 아이를 두 명씩 낳아서 현재는 열 명분 것을 한 다. 보름날 아침 동이 트기 전(5~6시), 흰 멥쌀과 찹쌀을 섞어서 밥을 한 뒤 각자의 밥그릇에서 한 수저씩 덜은 뒤 이것을 각자 생 년월일을 적은 한지에 싼다. 글을 써 주는 사람이 따로 있는 경우 도 있다. 한지에 밥을 싼 뒤 물가에 가서 용왕님한테 "한 해의 신 수가 좋게 해 달라"고 빌면서 성산 앞 강 깊은 곳에 던진다. 그러 나 이 행위의 이름은 잘 모른다고 했다. 지금은 이를 행하는 집이 몇 집 되지 않지만 이전에는 집집마다 모두 행했다고 한다.

이분들처럼 행위의 이름도 잘 모르면서 행하거나, 아니면 '어부 식', '어부', '어부슴', '어부심', 심지어 '용왕제'[박훈제(81세), 백 명훈(79세)] 등 무엇이라고 부르든가에 상관없이 '어부슴'은 '물' 이 있는 곳에서는 대보름이면 모두 행했던 강 지역 유습이다. 속 으로 읊든지, 큰 소리로 '어부슴하시오! 어부슴하오!'라고 외쳤든 지(굴운리 박화용, 96세), 달한테 절하면서 물에 비는 행위는 모 두 동일하다고 할 수 있다. '내 자식 조심시키느라고, 물이 무 서우니까, 아이가 여섯 명이면 지(자기) 밥에서 세 숟가락씩 떠 서 한지에 싸서 던졌다'고 하기도 한다. 결국 '용왕한테 제물 주 는 것'이라고 했다. '물에 나가도 용왕님이 보살펴서 잘 봐달라는 것'(서면 반곡리 이순교, 82세)과 마찬가지라는 것이다. 이와 같 이 행위 양식은 조금씩 다르지만 이러한 행위가 풍요와 안녕을 위한 행위라는 점에서는 동일하다.

또한 지역마다 어부슴을 했던 시간도 조금씩 다르다는 특징도 있다. 이를테면 서면 반곡에서는 대보름날 저녁 때, 자식들을 위 해 '어부슴'을 했다고 한다. 강가로 가서 떠오르는 달한테 절하며

'어부슴'을 한 다음 횃불놀이를 했다고 한다(이순교, 82세). 그러
나 북방리와 화촌면에서는 보름날 새벽에 이를 행한다는 차이점
이 있다. 아예 강가에 음식(밥과 나물)을 차려 놓고 절을 하기도
한다(최금옥, 78세). 어부슴을 하는 행위자는 거의 주부이지만 예
외도 있었는데, 이를 가장이 하기도 했다는 점에서 그러하다. 곧,
굴지리 염춘수(85세) 씨는 어렸을 때 아버지가 데리고 가서 했다
고 하며, 자신의 아이를 위해 자신도 몇 년 했다고 한다. 성동리
박훈제 씨도 자신이 직접 한다고 했으나 대부분은 안주인이 한다
고 한다. 달과 물, 여인이 모두 함께 했던 우리나라 대보름 풍습
이 바로 '어부슴'이다. 더 구체적으로 말하자면 '달과 물'이 있는
곳에서는 어디서나 어떤 방식으로나 행할 수 있었던 우리의 오래
된 대보름 풍습 가운데 하나이며 그 기반은 '풍요성'에 있다는 것
에 주목할 필요가 있다.

어부슴을 했던 북방면 개울

## ② 달맞이, 달 보기, 횃불놀이, 망우

정월 대보름에 하는 큰 행사 가운데 하나는 '어부슴' 말고도 '달맞이' 행사가 있다. 이 명칭도 '달맞이, 달 보기, 횃불놀이, 망우' 등 다양하고 횃불놀이 방식도 조금씩 다르지만 '달'을 신성시해서 '달한테 절하면서 비는' 마음 및 행위는 모두 동일했다. 결국 '풍년(풍요)'을 비는 행위인 것이다. '어부슴'이 '개인의 안녕과 안전, 행복'을 비는 행위(벽사 및 안녕, 풍요 기원)였다면 '달보기'는 '경제적 부' 획득을 기원하는 행위(풍요 기원)였음을 알 수 있다. 따라서 '달을 보고 점을 쳤으며'(크기, 색깔, 좀생이와의 관계 등), 심지어는 농사를 짓는 데 큰 조력자인 소를 통해서 풍년을 점치기도 했다. 이를테면 보름날 아침 소한테 밥과 나물을 갖다 주고 무엇을 먼저 먹느냐에 따라 풍년 및 흉년을 점쳤던 것이다.

홍천강 지역 주민들은 이전에 달맞이를 하기 위한 준비물인 대궁(나무)으로 주로 '삼나무'를 사용했다. 삼대(삼대–삼나무 대 마른 것, 콩대와 흡사함) 껍데기를 벗긴 알맹이를 가지고 나이 수만큼 묶은 다음 그 위에 관솔가지를 꽂아서 불을 붙였다. 그러나 삼나무가 많이 나지 않은 지역인 서면 일부 지역에서는 싸리나무를 사용하기도 하고, 삭대를 세우기도 했으며, 저릅(겨릅)을 세우기도 했고, 심지어는 콩대를 사용(최금옥, 83세)하기도 했다. 양식은 비슷한데 자기 나이만큼 대를 묶은 뒤 불을 붙이는 형태는 공통적이다. 이때 어린아이의 경우는 주로 부모가 매 주었다. '삭대를 10센티미터 간격으로 묶어서 세우고 여기에 불을 붙여서 1년 동안 잘되게 해 달라고 달맞이를 하면서 빈다'. '삭대한테도 절을 하고 달님한테도 절을 한다'. 15일은 보름이고, 16일은 귀신 날이다. 귀신이 신고 갈까 봐 신발을 엎어 놓고 체를 걸어 놓고 집 안으로 들어간다. 귀신이 신을 신으면 나쁘다고 믿었다(반정욱, 70세). 보름날에는 횃불놀이, 농악을 했다. 삼 껍데기를 벗기고 알맹이를 자신의 나이대로 묶은 다음 불을 붙인 뒤 달을 보고 절한다. 대궁은 1미터 50~52센티미터 정도의 높이로 만들었다. 이것을 한 아이당 한 개씩 마련해 준다(이석철, 74세). 저고리의 동정을 태우기도 하고(굴지리), 보름날 밤에 용왕한테 액막이를 하면서 각자 러닝셔츠(런닝구)를 하나씩 내서 모아 불에 태우기도 한다. 예전에는 횃불놀이를 한 뒤 석전놀이도 했다고 한다(북방면). 달을 보면서 기원하는 달맞이는 동네마다 집집마다 했다는 것을 알 수 있다. 이 경우도 여러 양식 및 형식이 공존하지만 대보름날 달을 보고 기원하는 행위라는 점에서는 모두 공통된다.

달 숭상은 주로 농경민들에 의해 행해진다. 농사 주기는 달 주기에 영향을 받기 때문이다. 특히 강 지역 주민들의 경우 강가에서 주로 '달맞이, 달 보기, 횃불놀이, 망우'를 했다고 하는데 달과 물은 농사짓는 데 필요한 존재들이다. 그리고 이는 곧 풍년, 풍요와 관련된다. 세계적으로 풍요를 기원하는 초기의 제의에서는, '농사'와 관련된 사물들이 주로 숭배의 대상이 되었다. 이를테면, 생산과 소출, 생생력과 직접적으로 관련된 '땅'이라든가, '달', '물', '바람', '햇빛' 등이 신앙의 대상이 되는데, 더욱이 '땅'은 생생력과 소출의 직접적인 모체라는 점에서 중요하게 인식되었고, 유사한 특성을 지닌다고 생각되는 '여성'과 '달'과 동일시되거나 유사하게 취급되었다. 곧 여성은 생산력의 주체라는 점에서, 달은 끊임없이 재생한다는 특성을 지녔다는 점(생생력의 원천)에서 동일시되었던 것이다. 더욱이 달은 음성陰性이고 풍요(생산의 주체)를 상징한다는 의미에서 인류의 역사상, 오래전부터 '여성신'으로 인식되었다.

달의 특성인, '발아→성장→쇠퇴→소멸→재생(발아)'하는 과정이 곡식(농사)의 주기와 닮아 있고, 여성은 또 생산의 주체였기 때문에 풍요적인 의미를 공유한다고 믿었다. '달'이 지모신地母神으로서 여성화되어 여신으로 숭배 받았던 편린은 세계 곳곳에서 나타나고 있다. 예컨대, 브라질, 보토쿠인, 아트족, 카리브인, 그리인란드인 등에서 골고루 나타난다. 고대, 칼데아 지방의 여신 마그나 데아, 아라비아의 알 우짜, 그리이스, 로마의 달 여신 아르테미스, 세레라, 바빌론의 이슈타르, 이집트의 이시스, 프리지아의 시벨르, 페르시아의 아나히타, 켈트족의 모신인 아누(아니스), 구약에서 비난받고 있는 아세라는 모두 달의 여신과 지모신의 면모를 지니는 풍요의 신이다.[9] 이렇듯이 인류공통의 원형 풍요로 상징되는 달의 여신은 한편으로는 지모신(≥농사의 신)을 의미하며, 이런 점에서 고대인들은 달에게(여신, 뒤에는 특정한 동물) 풍성한 수확, 가축들의 다산, 자손의 번성을 기원했던 것이다. 우리나라의 시조모인 웅녀熊女나 고구려 시조모인 유화柳花, 신라 알영閼英 등도 모두 지모신적인 면모를 지니고 있다.

이렇듯 인류 초기에, 특히 농사를 주업으로 하는 농경 민족들에게 지모신地母神, 월신月神은 풍요적인 의미를 지니는 원형으로 인식되었고, 이러한 면모는 바로 홍천강 지역에서 행해지는 '달맞이'를 통해서도 확인할 수 있다. 이들 지역민들은 평범한 놀이나 의례를 습관적으로 하고 있는 것이겠지만, 그 안에는 아주 오래된 인류의 원형인 풍요의 원리가 내재, 함축, 응축되어서 저마다 전해 오고 있음을 새삼 발견할 수 있다.

---

**9** "大母神의 새는 비들기로 표상된다." 에스터 하딩, 김정란역, 《사랑의 이해》, 문학동네, 1996, 91쪽.

### ③ 기우제

기우제도 농업과 관련이 있으며 결국에는 풍요와 연관된다. 비가 적당히 와서 농사가 잘되면 소출이 많아지기 때문이다. 기우제의 경우도 강 지역 마을마다 조금씩 그 양식이나 형식 등이 달랐지만 '여자'가 주체가 되어 '물'에 가서 한다는 점에서는 거의 모두 동일했다. 굴운리의 경우 "과부가 치(키)를, 세 명의 과부가 치를 쓰고 개울에 가서 곡을 한다. 물가에서 키를 까부는데, 옷은 입고 한다. 곡하고 치에다 물을 담아서 까부는 것이다. 치는 물을 절대로 묻히지 않는데 기우제 때는 키를 적신다. 아이고 아이고 곡을 한다. 비 오시라고 운다."(염춘수)는 기우 행위를 했으며, 야시대리에서는 "용소에서 개를 잡아서 피가 고이면 바위에 뿌린다. 기우제를 지내고 오다 보면 비가 온다. 조금이라도 꼭 내린다. 부정을 피우면 비가 온다."는 기우 행위를 했다고 한다. 성산리에서는 "외아들이 있는 집에 가서 여자들이 그 집 화장실에 물을 끼얹는"(김학승) 기우 행위를 했다고 한다. 본궁리 같은 경우는 "마을에 물이 워낙 없어서 혹 기우제를 지내게 되면 인근 마을인 역전평리 앞 냇가에 부녀자들이 치를 가지고 가서 까불며 비 오기를 빌었다"(이인옥)고 한다. 서면에서는 기우제를 다음과 같이 행했다고 한다.

날은 가문데 물을 펄 양수기가 없으니 모심을 때 못 심어서 기우제를 지낸다. 비린 것(고등어 두 마리)을 가지고 강에 가서 물에 씻어서 비린내를 풍기면 비가 온다. 기우제 갈 때는 40~50살 된 여자들이 쌀 한 되씩을 내서 밤벌이라는 곳으로 간다. 밤벌에는 큰 용늪(엄청 크다)이 있는데 용늪이 깊지만 물가는 강 모양으로 물이 깊지 않다. 여기에 와서 밥을 해 먹는다. 비린 것도 씻으면서 그때 젊은 과부도 같이 가는데 어린아이가 있는 젊은 과부가 키를 씻으면서 넋두리를 하면서 빈다. "하나님 이렇게 날이 가물면 모도 심지 못하고 남편도 없는데 어린 새끼하고 어떻게 사냐, 비를 주어야지 어린 새끼하고 살지 않냐?" 하면서 키를 씻으면 빈다. (조사자: 왜 하필 젊은 과부인가요?) 그거야 젊어야지 새끼가 어리니 더 불쌍하지 않느냐? 이렇게 빌고 오면 비가 꼭 온다. 한 방울이라도 온다. 희한하게 저녁이면 꼭 온다. 나도 여기는 쫓아 다녔다. 이곳의 기우제는 천렵 겸 기우제이다. 양수기 들어오면서 안했다. 가물면 과부를 데리고 간다. "키 씻으러 가자" 하면 가는데 이때에는 남자들도 다 허락한다. 열 명 내지 스무 명 사이로 간다. 과부 혼자 누가 가겠냐? 나는 시집와서 2~3년 즈음부터 했다(반곡리 이순교, 82세).

그 밖에도 굴지리에서는 '과수댁 아주머니들이 자기 몸을 단장하고(생리 중인 과수댁 아주머니들은 알아서 불참) 괴바위에 가서 씻으면서 용왕님께 절도 하고 그랬다. 괴바위 근처는 으슥하다. 남자들이 잘 가지 않는다. 거기에서 키를 씻고 목욕을 한다(염춘수)'고 한다. 굴운리 지복화 씨는 젊어서 성산에 있을 때 직접 기우제를 지냈다고 한다. "자근골에서 외아들이 있는 집에 가서 화장실 지붕에다가 물을 끼얹는다. 젊은 여자들이 물을 끼얹는다. 그때 나는 30대였다. 비 오라고 지냈다"고 한다. 이렇듯이 강 지역에서는 비가 오지 않을 때 여성들이 주관하여 기우 행위를 했다는 것을 알 수 있다. 기우 행위는 양수기가 생기기 전까지 했다고 한다.

기우제나 기우 행위 역시 농업이 잘되어 풍요를 누리는 데 필수 요소인 '물'을 비는 행위이다. 이런 행위의 주체자 역시 인류 공통의 원형 가운데 하나로, 풍요의 주체로 알려진 '여성'이 주축이 된다는 점 또한 주목할 만한 것으로서 앞에서 언급한 것과 동일한 의미로 환원된다. 이렇듯 강 지역 주민들은 본인들도 의식하지 못한 채 인류의 오래된 공통 상징인 풍요 원리에 바탕을 둔 여러 가지 의례나 행사를 하면서 풍요 행위를 끊임없이 재생하면서 생활하고 있었다.

고래로부터 풍요의 힘을 소유한 달이나 물, 여성에게서 풍요의 힘을 받는다고 여겼던 것이다. 그러므로 풍요의 능력을 지닌 달의 여신은 한편으로는 지모신地母神(≥농사의 신)을 의미하며, 이런 점에서 고대인들은 달에게(여신, 후에는 특정한 동물) 풍성한 수확, 가축들의 다산, 자손의 번성을 기원祈願했다. 이렇듯 인류 초기에, 더욱이 농사를 주업으로 하는 농경 민족들에게는 지모신地母神, 월신月神은 '여성'으로서 숭배의 대상이 되었다. 더욱이 여성은 달의 주기에 따라 생생력[月 週期]을 획득한다. 이런 점에서 세계적으로 오래된 설화에서는 여성이 인류의 시원始原을 주도한 것으로 상징되는 경우가 많다.[10]

---

**10** 이러한 사실은 동남아 여러 나라의 설화 속에서도 추출된다.

더욱이 만주족의 설화 가운데, 세계의 생성과 발전을 다룬 창조 신화이면서 만주족의 샤먼 신화인 〈천궁대전天宮大戰〉을 보면, 최고의 신이 여신이다. 이 최고의 여신인 아부카허허는 후에 인간과의 갈등으로 홍수를 불러오고, 그때 살아난 오직 한 사람인 '여인'과 '매'의 '결합'으로 인류는 번성하게 되었다는 것이 대강의 줄거리다. 이때 주목할 점은 홍수 전에는 최고신이 여성인 '아부카허허(허허는 만주어로 여자라는 뜻)'였는데, 홍수 후에는 '아부카언두리(언두리는 남자라는 뜻)'라는 남신으로 호칭이 바뀌었다는 점이다. 최고의 신을 여성에서 남신으로 바꾸고, 이를 숭배한 것이다. 이는 비로소 남성이 사회 운영의 주체로 등장했음을 의미한다.

우리나라에도 이러한 설화가 없는 것은 아니다. 〈목도령과 대홍수〉 설화를 보면 천상의 선녀가 내려와 그 나무의 정기에 감응하여 미남자를 낳는다(천상의 여

북방면 굴지리

이 모든 점에서 볼 때 홍천강 유역 지역민의 민속이나 의례 행위는 모두 풍요를 바탕으로 하고 있음을 알 수 있다. 곧 농사에 꼭 필요한 물과 달, 여성의 생생력은 농사가 잘되어 부를 축적할 수 있게 해 주는 풍요와 직결되는 상징적 구현물인 것이다.

### 2) 설화 및 민간신앙

홍천강 지역 역시 다른 지역과 마찬가지로 설화가 거의 채록되지 않았다. 기존에 알려진 설화도 몇 편 되지 않았고, 새삼 채록된 것도 서너 편이 전부일 정도로 미비했다. 기존에 채록된 설화

인+지상의 남성 신). 이 남자가 목도령인데, 목도령은 높은 산에 사는 노파의 딸과 결혼하여 인류의 조상이 된다. 이 경우에도 주체는 여성으로 되어 있다. 여성+자연물은 모계사회의 한 부분을 반영하는데, 이러한 상징은 생산의 주체인 여성만이 중요할 뿐 그 상대가 누구인지는 중요하지 않다는 것을 의미하기도 하고, 또 여성과 자연(精氣, 용, 土龍)의 결합은 탄생된 후손이 신성성을 획득한다는 것을 의미하기도 한다.

는 다음과 같다.

1. 서면: 〈팔봉산 3부인신〉, 〈각시바위〉, 〈해산바위〉, 〈도깨비〉, 〈벼락소〉, 〈팔봉산〉, 〈배바위〉, 〈산신과 호랑이〉, 〈남이장군〉
2. 북방면: 〈호랑이를 알려준 소〉, 〈호랑이 이야기(거의 없음)〉
3. 화촌: 거의 없음, 〈호랑이 이야기〉, 〈바보이야기〉[11]

최근에 새로 채록된 설화는 〈팔봉산 여산신〉, 〈벼락바위〉, 〈노고산신〉, 〈각시바위〉 등 몇 편 되지 않으며, 주로 서면에서 채록되었다. 북방면에서는 〈괴바위〉 설화를 채록할 수 있었다. 〈각시바위〉와 〈괴바위〉 설화를 소개하면 대략 다음과 같다.

각시가 옛날에 이쪽 마을(팔봉리) 사람이 아들을 데리고 윗면에서 나이어린 여자(며느리)를 데리고 오는데 강가에 이르렀을 때 갑자기 비가 억수같이 쏟아졌다. 원래 이 강은 두 가락으로 물이 내려오는데 물이 말랐을 때는 걸어서 건너고 물이 장마가 지면 나룻배를 타고 간다. 그런데 얕아서 걸어서 건너던 중 비가 많이 오니 물이 갑자기 불었다. 나룻배도 없어서 이 남자가 자기 아들을 건네 놓고 와 보니 이미 며느리감이 물에 쓸려 가서 보이지 않았다. 며칠 만에 물이 빠져서 찾았더니 각시바위 사이에 박혀 있었다. 그 바위는 사람이 들어갈 정도의 틈(굴)이 있다. 그래서 장사를 지냈는데 그 뒤로는 그 바위를 각시바위라고 한다. 이 근처에서 옛날에는 남자가 많이 빠져 죽었다.(〈각시바위〉, 팔봉 어유포리 김주칠, 68세)

---

11 《강원구비문학전집》홍천군편, 한림대학교출판부, 1989; 《강원의 설화》, 강원일보사, 2007 등 참조.

팔봉강이 불어나 모두 잠기는데 고양이 등처럼 한 곳의 바위만 남는다. 그래서 괴바우인데 남자들이 그곳에 가기를 꺼린다. 왠지 으스스하다는 것이다. 여자들이 숨어서 목욕을 하거나 기우제를 지내는 곳으로 사용된다.(〈괴바위〉, 북방면 박영기, 77세)

이들 설화의 특징은 물과 여자와 관련된 설화가 주축을 이룬다는 점이다. 특히 〈팔봉산 여산신〉은 팔봉강가에서 아직도 존재하는 민간신앙과 맞물린다는 점에서 설화와 민간신앙을 아울러 다루고자 한다.

민간신앙은 다양한 형태로 여러 곳에서 행해지고 있었다. 산간 지역의 신앙 형태가 거의 '산신'이나 '성황', 그것도 주로 '남성신'을 섬기고 있는 데 견주어 강 지역은 '여산신'을 섬기고 있는 지역이 상당히 부각된다. 산간 지역의 〈권대감〉 신앙이 비록 '내면' 지역에서만 섬김 대상이 되고 있지만 그 영향력 및 신앙 형태가 상

팔봉산 각시바위

214

당히 부각되고 있는 것과 마찬가지로, 강 지역권에서는 비록 팔봉 강 지역에 국한되고 있지만 팔봉강가 〈팔봉산 여산신〉에 대한 민 간신앙 형태가 상당히 두드러지고 있다는 특성을 보인다.

민간신앙의 또 다른 특성은 거리제, 노제, 장승제, 성황제 등 다양한 형태의 제의가 보이고 있다는 점이다. 본궁리도 산신제 외에도 두 개의 장승을 위한 제의가 남아 있었다. 하지만 그 규모 가 크지 않고 지명도도 상당히 낮은 편이다. 또한 주민들 자체도 그리 큰 관심을 보이지 않고 있다. 또한 화촌 구룡포에서는 '노제' 라는 독특한 제의가 이루어지고 있다. 이렇듯이 산간 지역에 비 해 강변 지역은 치성 대상이 다양하다. 본궁리의 경우 장승제는 새로 세운 장승이 부식되면 지낸다고 한다. 장승은 대략 3~4년 정도면 썩는데, 그때 비로소 장승제를 지낸다. 따라서 장승제는 3~4년에 한 번씩 하는 셈이다. 마을 주민들은 동제 지내는 풍습 이나, 절차 등을 소상히 알려는 주었지만 실상은 동제에 대해 거 의 신경을 쓰지 않는 듯했다. 심지어 굴지리의 경우는 성황당을 부수고 그 안에 있는 말(20센티미터 정도, 주물로 만든 쇠말)과 성 황까지 오한막(오함마)으로 부쉈다고 한다(염춘수). 이런저런 사 정에 따라 민간신앙이 없어진 경우는 강 지역민의 경우가 산간 지역민의 경우보다 더 심하다. 이는 아마도 강이라는 특성상 개 방된, 열려 있는 의식구조 때문이 아닌가 추정된다.

이런 측면에서 보더라도 팔봉산 여산신에 대한 민간신앙 형태 는 상당히 독특하다고 할 수 있다. 이러한 특성으로 말미암아 기 존 논의도 이미 여럿 이루어졌다.[12] 팔봉리 지역민인 김주칠, 김 대인 등을 만나 보았지만 이미 알려진 것과 내용이 크게 다르지

---

12  강명혜, 김의숙, 이학주, 강원대학교 연구팀 등.

않기에 저자는 현재까지 당주堂主로 있는 조 보살(조정순, 82세)을 만나 무녀의 시각에서 채록했다. 채록한 내용을 간략히 제시한다.

원래 이곳의 당주는 한양의 양반집 아가씨였는데 신기神氣가 있어서 17살 때 아버지가 죽이려고 했다. 그래서 엄마가 뒤주에 넣어서 몰래 물에 띄워 내보냈다. 흘러가다가 멈춘 곳이 이곳 팔봉산이다. 100살 넘게 살면서 이곳의 당주를 했다. 그 뒤 여러 명이 있었지만 이곳의 신들은 아주 까다로워서 잘 버티지 못했다. 나(조정순 무녀)는 이곳에서 잘 버티고 있다. 나는 37세에 신이 와서 10년 동안 산속 바위굴에서 기도를 하면서 지냈다. 팔봉산 2봉 중간에 물도 있다. 거기에 집을 지으라 해서 집을 지었다. 거기서 집을 지을 때 무거운 돌을 날라도 아주 흥겨웠고 한밤중에도 지었다. 신이 나서 춤을 추면서 집을 지었다. 낮에는 시주 다니고 눈 속에 빠지면서도 1,000일 기도를 했다

이곳에는 삼여신, 칠성님, 산신이 있는데 다섯 명 모두 여산신이다. 산신이나 칠성님은 어른들이다. 김, 이, 홍 씨는 성황님인데 선녀들로서 하늘에서 내려와 팔봉에 안착했다. 원래는 주신이 칠성과 산신이었고 이 삼부인은 성황신이 되었다. 김 씨는 며느리고 이 씨는 시어머니이고 홍 씨는 딸이다. '이들의 정체가 선녀라는 유래는 현몽으로 알려 주어서 안다.' 다른 사람은 모른다. 나만 알려 주어서 안다.

이 신들은 돈 나오는 것도 싫어한다. 군에서 돈을 주는 것도 싫다

고 했다. 재물도 화려한 것은 싫어해서 꼭 필요한 것만 올린다. 말 많은 것도 싫어하고 번거로운 것 싫어한다. 원래 주민들은 산신의 자손들인데 자손들한테 심하게 부리거나 돈을 요구하면 다 내쫓는 다. 당이 몇 번 탔다. 당주는 무력(돈)을 탐하지 말라, 갖다 주는 돈 만 취하라고 한다. 자신은 40여 년 동안 불탄 적이 없다.

이곳에는 원래 산신이 있었고 삼부인은 없었다. 그러다가 삼인이 내려앉았다. 이 씨 부인은 칠성 기운이 있고, 홍 씨 부인은 사해용왕 기운을 지녔다. 김 씨 부인은 산신의 기운을 가졌다. 삼부인은 세 신 으로 궁생이 다 필요한 것을 가지고 있다. 내가 맡고 나서는 군내 민 관이 다 편안하다. 희한하게 도와준다. 꿈에 다 선몽해 준다.

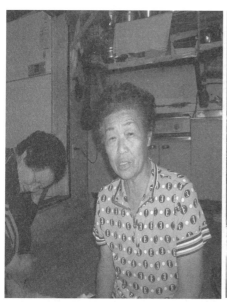

팔봉산 당지기 조정순 무녀      어유포리 조정순 무녀의 경당

산사에서 4월 8일 정일에 운맞이 굿을 한다. 동네에서 칠성날 7월 7일에 지낸다. 정월에도 지낸다. 굿을 할 때는 여산신들이 하늘에서 내려온다. 이 고장 축원은 삼신三神한테 한다. 일은 삼부인이 다 한다. 어느 해에는 김 씨가, 어느 해에는 이 씨가, 어느 해에는 홍 씨가 실린다. 김 씨는 마른 논을 가진 사람한테 좋다. 그러니까 나머지는 홍수가 든다. 홍 씨는 아주 까다롭다. 주민들은 산신의 자손들인데 막 대하면 여산신들이 좋아하지 않는다(어유포리 조정순, 81세).

앞에 제시한 것은 무녀의 시각과 견해이기에 모두 수용하기에는 논리의 오류가 일어난다고 해도 아직도 당주가 현존하면서 신앙 체계를 이어 간다는 점은 홍천강 지역민—현재 이를 행하는 주민 수가 적고 지엽적이라고 해도—이 지니고 있는 의식구조 가운데 하나로 기능한다고 볼 수 있다.

여성신과 여성 당주를 이 지역민의 오래된 원형의 현존화 가운데 하나로 본다면 너무 확장된 시각이 아닐까? 하지만 이 지역에서는 물과 달, 여성과 상당히 연관된 민속, 설화, 신앙 체계 및 습속이 대부분이라는 점만은 확실하다. 따라서 강 지역민들의 집단 무의식은 모두 풍요의 원리며 주체인 물, 달, 여성들과 깊게 연맥되어 있는 의식구조를 바탕으로 하고 있음은 확연하다. 즉 이 모두가 땅과 달과 여성의 풍요성과 밀접한 관계를 확증하는 증거물일 수 있다. 땅과 달, 여성과 연관된 풍요의 원리는 궁중 의례 가운데 가장 중요한 제의의 대상인 사직신社稷神과도 연결되는 농업이 주축인 지역의 필수적인 의식구조인 것이다. 따라서 모든 것들은 그물망처럼 얽히면서 '풍요성'이라는 하나의 원리로 수렴된다.

물과 여성이 관련이 깊은 것은 물이 생생력의 원천지로 인식되고 생명의 탄생은 물과 연관이 깊기 때문이다. 우선 생명탄생에 있어서 필수적 요인인 정자는 물로 이루어졌고, 엄마의 양수羊水 속에서 아기는 생존하게 되며, 사람들이 살아가는 데 있어서 '물'은 필수불가결한 대상이다. 이러한 여러 가지 이유로 말미암아 '물'은 생명수의 표징이며, 생산의 주체자였던 여성으로 상징화되었다. 이렇듯이 물이 생생력의 원천으로 인식되었던 것은 상당히 오래전부터였다. 예컨대, 나정蘿井 우물 옆의 표주박을 닮은 알에서 나왔다는 박혁거세의 탄생 설화, 그리고 알영왕후의 신화에서 이러한 특성을 찾을 수 있다. 우물에서 용이 현시하여 오른쪽 갈빗대 밑으로 여아를 탄생시켰는데, 이가 바로 알영왕후라고 한다. 또한 많은 시조신화始祖神話에 등장하는 난생卵生 모티프는 바로 양수(물)와 잉태, 혹은 모태(알)의 상징이라고 할 수 있다. 곧, 고구려 시조모인 유화柳花는 물의 신인 하백河伯의 딸이며, 지모 신으로 지금까지도 발해 부근에서는 여신으로 봉안되기도 하는데, 버드나무가 물을 끌어들이는 나무로 인식되어 있는 점을 생각한다면 '유화'가 지니는 상징성이 추출된다. 곧 유화는 바로 물과 연결될 수 있으며, 물의 상징성과 치환 가능한 인물로 환원된다는 것이다. 이런 점에서 볼 때, 유화는 바로 생생력을 상징한다고 볼 수 있다. 또한 고려 때 시조인 태조太祖의 할머니를 용녀라 부르고, 그 출생지를 서해 용궁이라고 한 것도 물의 여러 가지 의미를 상징한다. 심지어는 무속에서 '바다 신'으로 섬기는 해랑당의 신들도 모두 여성이라는 점에서 그러하다. 또한 영동할미도 '물과 바람을 관장'하는 여신이다. 그 외에도 강에 빠져 죽는 역사적, 전설적 대상들도 거의가 여인으로 설정된다는 점에서 주목된다. 낙화암에 빠져 죽은 백제의 '궁녀들', 왜장을 안고 함께 강에 뛰어든 남강의 '논개', 돌아오지 않는 남편을 기다리는 바닷가의 '박제상 부인', 심지어는 고대 시가의 '수로부인', 고대소설의 '심청이'까지 모두 물과 연관되어 있다. 물과 관련된 기우제도 '여성들'이 주축이 된다. 민속에서 '물할머니 모셔 오기'도 그러하다. 이러한 이야기 구조는 결국 물이란 위대한 생명탄생의 기틀을 마련하는 장치이며, 장차 왕국의 번영과 힘의 원천을 물에서 구하고자 한 발상의 일환이라는 것을 알려 준다. 물이 지니는 상징성으로 볼 때 가능한 일이다.[13] 이런 모든 점에서 물은 생생력의 원천으로서 '풍요성'을 기본으로 하고 있으며, 풍요의 원천인 '여성성' 곧 아니마성으로 표상된다. 아니마적인 물은 고요하고 잔잔한

서면 홍천강　　　　　　　　　　팔봉강 여산신당

**13**　강명혜, 〈강 민속에 나타난 여성〉, 《국제아시아민속지》, 국제아시아민속학회, 2006. 251쪽.

물이다. 또한 물인 강을 통해 얻게 되는 여러 가지 산물도 풍요적 측면으로 상징화되는 데 이바지한다.

이렇듯이 강과 여성은 밀접한 관계를 보이고 있기에 강가에 세워진 동상이나 강과 관련된 인물은 동서고금이 거의 다 여성이다. 저자가 과문해서인지 모르지만, 강가에 '남성'상을 세웠다는 이야기는 들은 바가 없다. 강원도만 해도 의암호의 '인어상', 춘천 소양강가의 '소양강처녀', 정선 아우라지강가의 '아우라지처녀', 청평사의 공주상 등 강변에 세운 인물상은 모두 '여성'들이다. 바닷가 해랑당도 '여서낭'의 모습을 그려놓고 치성을 하며, 바닷가에 세운 박제상 부인 동상 역시 '여성상'이다. 그뿐만이 아니라 남한강을 끼고 가면서 목계 부흥당 처녀신, 여주 마고할미, 고모당까지 그 예는 비일비재하다. 산간 지역이 대부분 아니무스(animus)적인 특성을 지닌 설화와 민간신앙적 요소를 지닌 것에 견주어 보면 그 변별성이 두드러진다. 홍천 지역도 산간 지역의 대표신인 권 대감을 비롯해서 남성적, 곧 아니무스적인 민간신앙이 대부분이었던 것을 상기한다면 강 지역의 여성성 즉 아니마성 요인 또한 확연히 구분된다. 이 모든 것은 고대로부터 전해 오고 있는 원형 가운데 하나인 '풍요성'이 홍천의 강 지역민에게도 심층적으로 내재하면서 현재까지 전해 오고 있다는 것을 반영하고 입증하는 것이라고 결론 내릴 수 있다.

## Ⅳ. 강 지역 주민들 삶과 풍요성의 상관성

강 지역 주민들의 의식구조 및 집단의식은 '풍요성'에 연맥되고 있음을 '민속', '민간신앙' 등으로 밝힐 수 있었다. 그렇다면 홍천강 지역민들은 풍요, 곧 '부富'와 실제적으로 관련이 있을까? 이에 대하여 실제적인 측면에서 살펴보고자 한다.

이들 화촌, 서면, 북방면의 주요 산업은 대부분 농업이다. 곧 하천 유역에서 벼농사가 행해지며, 잣·옥수수·약초·산채·고추 등이 많이 생산되기에 전형적으로 농업에 종사한다고 할 수 있다. 이들은 농가가 1,051가구(71퍼센트)로서 북방면, 화촌면, 서면 등이 모두 농업에 주로 종사한다. 그 외에 잣이라든가 버섯, 인삼 같은 특용작물, 소, 돼지 같은 축산업 등의 생업을 하고 있다.

이들 삶의 특징은 '예나 지금이나 한결같다'는 것이다. 물론 이전에 홍천강의 수운을 이용해서 홍천강을 따라 교역이 발달하였을 시기만 못한 경우도 있었다. 하지만 현재에도 벼농사와 소 축산, 관광업 등으로 이전과 견주어 못사는 것은 아니다. 이는 홍천군 산촌 지역이 흥망성쇠의 모습을 보이는 것과는 확실히 변별된다. 산간 지역은 광업 생산을 하다가 망하기도 하고, 살기 어렵다가 고랭지 채소를 심어서 잘살게 되기도 하는 등 흥하고 망함이 심했지만 강 유역 주민의 삶은 비교적 일정하고 안정적이라고 특징지을 수 있다.

북방면은 홍천강 지류인 풍천리천, 업천, 산천 등을 합친 곳으로 면의 중앙에 강이 흘러 그 유역에 하안단구와 하곡평야가 형성되어 있다. 이러한 지형적 특색으로 말미암아 농사가 비교적 수월하다. 따라서 주요 산업은 농업이며, 이 가운데 벼농사가 중심이다. 잣을 비롯한 약용작물, 산채 등의 생산도 많다. 구성포리

서면 반곡리 밤벌 유원지

모곡 밤벌 유원지

상화계리 홍천곡물처리종합소

에는 홉(hop) 재배단지가 있어 홉 생산이 증가하고 있다. 송정리에는 목각 특산단지, 군업리에는 군업 특산단지(엿가공), 야시대리에는 도자기 특산단지 등이 있다. 그 밖에 옥수수, 약초, 산채, 고추 등이 많이 생산된다. 화촌면도 농업을 주축으로 인삼, 축산업에 종사한다. 현재 화촌에는 화촌농협 벼 건조장이 있으며 명품 쌀인 '햇쌀'이 그 명성을 더해 가고 있다.

서면 반곡리는 서창이 있던 곳이다. 서면 반곡리의 홍천강을 가로질러 동서로 건설한 반곡교에서 남쪽 강변을 따라서 약 700미터 내려가면 산봉우리 왼쪽으로 홍천현에 서창西倉이 있었다고 한다.[14] 이처럼 반곡리는 세곡을 저장하였다가 수로를 이용하여 경창京倉으로 수송할 수 있는 지리적 위치에 가장 적합한 곳일 정도로 농업 생산량이 많았다.

이렇듯 이들 지역은 농사를 지으면서 현재까지 평온을 유지하고 있다. 또한 다른 지역이 춘궁기에 시달릴 때도 이들은 물고기를 잡아먹으면서 허기를 달랬기에 상대적으로 풍요로웠다고 할 수 있다. 어유포리 김주칠 씨는, "팔봉강은 '물 반, 고기 반'이었다. 매운탕집을 했는데 손님이 와서 주문을 하면, 물을 불에 올려 놓고 그제서야 강에다 그물을 던지러 나갔고 바로 잡은 고기로 매운탕을 끓여 주었다"는 것이다. 굴지리 염춘수 씨는 이렇게 말하고 있다.

여름이면 모기가 많아서 멍석을 짊어지고 이불도 가지고 가서 강가에서 재우다가 새벽이 되면 왔다. 너 나 할 것 없이 부락민들이 거의 다 갔다. 고기가 너무 많았다. 물 반 고기 반. 매운탕도 끓여 먹고 찜도 해 먹었다. 거의 매일 먹었다. 저녁이면 8~9시에 관솔불을 해 갖고 반

---

**14**  김복성(83세)씨 증언, 원영환, 앞의 책, 237쪽 재인용.

도(족대)를 가지고 가서 밤새 잡으면 바께스(양동이)로 하나 가득 잡았다. 서너 명이 나누어 가졌다. 고기 종류로는 빠가사리, 튕가리, 진개미, 미꾸라지, 그령체, 매자, 두루지(모래무지) 등 종류가 많았다.

서면 반곡리 이순교 씨도 이렇게 말하고 있다.

옛날에는 참 좋았다. 강에서 목욕도 하고 달팽이, 다슬기, 고기 등을 잡거나 빨래 등을 했다. 지금은 오염되고 관광객들 오고 다리도 생기니 별로 좋지 않다. 강에 갈 일이 별로 없다. 이전에는 정말 좋았다. 장마가 지면 물 구경도 나가고 했는데 지금은 할 것 없다. 여자들도 고기가 먹고 싶을 때는 빨래를 하러 갈 때 옹기그릇에다 된장 풀어서 부치고 보재기를 씌우고 구멍을 뚫어 놓았다. 이렇게 오기옹백에다 가운데 구멍 뚫어서 놓으면 그곳으로 고기가 들어간다. 어항은 없었다. 부자나 남자들은 어항을 사서 강 (한)복판에 넣는데 우리 여자들은 어항이 없으니 머리를 써서 옹백이를 어항 대신 사용했다. 잡은 고기로는 찌개를 끓여 먹었다. 고추장을 풀고 해서 먹었다. 팔팔 끓으면 고기 밸을 따서 밀가루를 묻힌 다음 집어넣어서 먹었다. 요즈음 그렇게 하는 것이 맛이 덜하다고 한다. 다 해서 조금씩 떠서 온 식구들도 먹었다. 각자 가지고 갔다. 옹기는 각각 가지고 왔다. 한 탕끼씩 정도는 고기가 들어서 가지고 갔다. 자주는 못했다. 어쩌다 한 번씩 했는데 거의 들어가는 고기는 피라미였다. 미꾸라지는 주로 고래논(고래실, 항상 물이 있는 곳)에 있었다. 남자들이 주로 미꾸라지를 족대로 잡아 소금 넣고 씻어서 재어 놓는다 (진흙을 토하라고). 해금을 시켜서 밀가루를 씌워서 끓였다. 아주 맛있었다. 지금은 갈아서 주로 먹지만 이전에는 통째로 끓여 먹었다.

그 밖에도 "4월 달에는 강에 말풀이라는 것이 났는데, 강에 있
는 말풀을 건져다가 깨끗하게 골라서 말려서, 기름 넣고 무쳐도
먹고, 튀겨도 먹고, 죽도 쑤어 먹고 한다. 4월 달에 건져다가 바
짝 말려서 부숴서 기름을 넣어 구워 먹기도 하고, 김처럼 구워서
부각처럼 부숴서 먹는다. 쇠면 못 먹는다. 비비빅같다."고 한다.
이렇듯이 강 지역 주민들의 삶은 실제로도 산간 지역 주민에 견
주어 보면 아무래도 풍요롭게 살았다고 할 수 있다.

더욱이 현재 이들 강변 지역에는 유원지가 개발되어 관광 수입
이 만만치 않다는 점에서 역시 풍요롭게 사는 경우가 많다고 볼
수 있다. 곧 현재에도 홍천강 유역은 높은 산과 깊은 계곡 맑은
물이 있어서 여름 피서지로 각광 받는 관광 지역으로 발돋움하
고 있다. 주요 관광지로는 국민 관광지로 지정된 서면 팔봉리의
팔봉산 관광지를 비롯하여, 마곡리의 마곡 유원지, 개야리의 개
야리 유원지, 모곡리의 밤벌 유원지, 북방면 성동리의 강재구 공
원, 굴지리의 굴지리 유원지, 소매곡리의 소매곡 유원지, 화상대
리의 물골안 유원지, 남면 남노일리의 남노일리 유원지 등이 유
명하다. 서면 팔봉리에는 팔봉산뿐만이 아니라 대명 홍천 스키장
이 인접해 있어 전국적으로 알려져 있다. 또한 북방면 매곡리에
는 온천이 있었지만 현재는 번성하지 못하고 지지부진한 상태에
놓여 있다. 하지만 언젠가는 개발되지 않을까 한다. 이와 같이 홍
천강 유역은 수도권 관광객들이 즐겨 찾는 곳이며 자연 탐방 활
동 중심지로서 수련회나 산악회 등 단체 이용이 많은 편이다. 현
재에도 이용객이 증가 추세에 있어 관광 특화 지역으로 발전되고
있다. 또한 강을 중심으로 다양한 축제가 개발되고 있다는 점에
서 이들 지역 경제적 측면은 아주 밝다고 할 수 있다.

남면 홍천강

2015 서면 마곡리 배바위 축제

화촌면 농협쌀 상표[15]

6. 강 지역 주민의 의식구조적 특성 및 원형(archetype)　227

이렇듯이 강변 지역의 주민들은 집단무의식이나 실제적 삶의 측면에서 다른 지역보다 '풍요로운 생활'을 영위하고 있다는 점에서 '풍요성'이 근저를 이룬다고 할 수 있다.[15]

## V. 결언

이 글에서는 홍천강 지역 생활권 주민들의 민속, 민간신앙, 설화 속에 풍요적 측면이 어떻게 투영되고 있으며, 어떤 방식으로 추출되는지 살펴보았다. 연역적 방식을 통해 결과를 추출하고, 이 결과는 또 어떻게 그 원인에 영향을 주는지 쌍방향적인 측면까지도 살펴보고자 했다. 결과는 다음과 같다.

홍천강 지역민들이 대보름날 행했던 민속 가운데는 '어부슴'이 상당히 성행했고, 비록 소수이지만 지금도 행하고 있음을 알 수 있었다. 달과 물, 여인이 모두 모여서 행했던 우리나라 대보름 풍습이 바로 '어부슴'이었다. 그 밖에도 달을 보면서 기원하는 달맞이는 동네마다 집집마다 했다는 것을 알 수 있었다. 이 경우도 여러 양식 및 형식이 공존하지만 대보름날 달을 보고 기원하는 행위라는 점에서는 공통된다. 기우제의 경우도 마을마다 조금씩 그 양식이나 형식 등이 달랐지만 '여자'가 주체가 되어 '물'에 가서 한다는 점에서는 모두 동일했다. '민간신앙'도 산신만이 대상이 아니라 다양한 형태로 이루어졌거나 이루어지고 있었고, 무엇보다도 산간 지역 민간신앙의 특색이었던 〈권대감〉 신앙과 비견되는

---

15 〈마곡리 배바위 축제사진〉은 홍천군청 강주원 제공, 〈화촌면 농협쌀 상표〉 사진은 햇곡원 조영민 제공.

〈팔봉산 여산신〉이 부각되고 있다는 점에서 하나의 특색 있는 민간신앙으로 수렴되고 있었다. 설화는 채록된 것이 별로 없지만 그래도 다른 지역과 견주어 물과 여자와 관련된 설화가 소수 채록되었다. 이렇듯 강 지역민들의 민속 행위는 많은 부분이 '달'과 '물', '여인'과 밀접한 관계를 보였다.

달과 물은 농사짓는 데 필수 불가결한 존재들이라는 점에서 이는 곧 풍년, 곧 풍요와 관련되고, 여성은 생산력의 주체라는 점에서, 달은 끊임없이 재생한다는 특성을 지녔다는 점(생생력의 원천)에서도 동일시되었음을 밝힐 수 있었다. 세계적으로 풍요를 기원하는 초기의 제의에서는 '농사'와 관련된 사물들이 주로 숭배의 대상이 되었다는 점을 상기할 때, 홍천강 지역의 경우도 동일한 결과를 보인다고 결론 내릴 수 있었다. 이렇듯이 강 지역 주민들은 본인들도 의식하지 못한 채 인류의 오래된 공통 상징인 풍요적 원리에 기반을 둔 여러 가지 의례나 행사를 하면서 풍요의 원리를 끊임없이 재생하는 삶을 영위하고 있었다.

또한 실제적으로 강변 지역민들은 다른 지역보다 큰 부침 없이 평온하게 살았다는 것을 알 수 있었으며, 실제로 배고픈 시절이 산간 지역민보다 훨씬 덜 했다는 것을 알 수 있었다. 이러한 요인은 강이 주는 생산적 측면이 작용했기 때문이라는 것도 확인할 수 있었다.

이렇듯이 강변 지역민들은 산간 지역 등 다른 지역보다 실제로 풍요롭게 살고 있었는데 이는 물이 지니는 풍요성이 지역민들의 무의식 속에서 근간을 이루고 있다는 징표라고 볼 수 있으며, 다른 측면으로는 '물'이 상징하고 있는 '풍요성'은 실제적인 생활에서부터 연원되었음을 반증하는 것이기도 하다. 이러한 모든 사실을 홍천 강 지역민의 삶을 통해서 확인할 수 있었다.

# 참고문헌

1. 채록자

북방면: 이인옥(81세), 박영기(77세), 이형진(80세), 김종문(56세).

화촌면: 반정욱(70세), 박훈제(81세), 정창남(89세), 용석환(77세),
　　　최금옥(78세), 박용도(90세), 지복화(81세), 백명훈(79세),
　　　염춘수(86세), 김학승(70세), 나종윤(52세), 반정욱(70세).

서면: 김광순(84세), 권철중(56세), 최명자(75세), 홍순표(85세), 조정순
(81세), 이순교(82세), 김주칠(68세).

강명혜, 〈죽음과 재생의 노래 〈公無渡河歌〉〉,《우리문학연구》18집, 우
리문학회, 2005.

_____, 〈강 민속에 나타난 여성〉,《국제아시아민속지》, 국제아시아민
속학회, 2006.

_____, 〈세계 강문화 국제학술대회: 書와 畵에 투영된 북한강 특성 및
민속〉,《국제아시아민속지》, 국제아시아민속학회, 2009.

_____, 〈《해관자집》에 투영된 북한강의 특성 및 물 원형성과의 상관성〉,
《온지논총》23, 사단법인 온지학회, 2009.

_____, 〈산간지역민의 의식구조적 특성-홍천군 산간 지역 설화를 중
심으로-〉,《온지논총》, 사단법인 온지학회, 2012.

강원도,《민속지》, 강원도청, 1989.

230

강원대학교 강원문화연구소, 〈강원도 홍천군 학술답사보고서〉, 《강원문화연구》 11, 1992.

_____ 인문과학연구소, 〈홍천강과 팔봉산 문화조사〉, 강원대학교 국어국문학과, 1997.

국립문화재연구소, 《한국의 가정신앙》 강원도편, 2006.

김명선, 《조선조 문헌설화연구》, 이회, 2001.

김선풍, 《조선족구비문학총서》, 민속원, 1991.

김의숙, 강명혜, 《강원인의 생산민속》, 민속원, 2006.

_____, 〈홍천군 붓꼬지의 관성사 연구〉, 《강원지역문화연구》 2, 강원지역문화연구회, 2003.

_____ 외, 《한국의 마을제당》, 국립민속박물관, 1997.

_____, 이학주, 《강원인의 일생의례》, 민속원, 2005.

박종익, 《한국구전설화집》, 민속원, 2000.

서대석, 《한국인의 삶과 구비문학》, 집문당, 2002.

손진태, 최인학 역편, 《조선설화집》, 민속원, 2009.

H. G. 아르노스, 송재용, 추태화역, 《조선의 설화와 전설》, 제이엔씨, 2007.

원영환, 〈홍천강하류 서면과 문화유적〉, 《홍천강과 팔봉산 문화조사》, 강원인문논총 4집, 1997.

임석재, 〈강원도의 민속문화〉, 《강원민속학》 4집, 강원도민속학회, 1986.

정윤수, 〈홍천의 무형문화 전승실태〉, 《강원민속학》 18집, 강원도민속학회, 2004.

_____, 〈홍천지역 동제와 성신앙〉, 《강원민속학》 19집, 강원도민속학회, 2005.

조희웅, 《한국설화의 유형》, 일조각, 1996.

천소영, 《물의 전설—전설이 있는 문화유적》. 창해, 2000.

최남선, 《조선의 신화와 설화》, 홍성사, 1986.

최운식, 《한국서사의 전통과 설화문학》, 민속원, 2002.

한국정신문화연구원, 《한국구비문학대계》, 강원도 편, 1980~1988.

《한국의 마을제당》 2권 강원도편, 국립민속박물관, 1997.

홍태한, 《한국구전설화집》, 민속원, 2010.

홍천군, 《강원구비문학전집》 홍천군 편, 한림대학교출판부, 1989.

_____, 《우리고장 홍천》, 강원출판사, 1992.

, 《홍천군지》, 1989.

홍천문화원, 《홍천의 전설과 효열》, 1998.

_____, 《홍천군의 역사와 문화유적》, 1997.

한국구비문학회, 《구비문학과 인접학문》, 박이정, 2002.


나카자와 신이치, 김옥희 역, 《신화, 인류 최고의 철학》, 도서출판 동아
시아. 2003.

스티븐 코헨·린다 샤이어스, 임병권·이호 옮김, 《이야기하기의 이론》,
한나래. 1997.

에스터 하딩, 김정란역, 《사랑의 이해》, 문학동네, 1991.